编 委 会

主　审：赵为民　汪小根
主　任：戴春平
副主任：张谦明　侯　杰
编　委：（按姓氏笔画排序）

马丽萍　王少静　王永丽　王　卓　王笑丹
方夏萍　兰丽伟　任　宏　刘卫海　刘虔铖
刘　瑶　李　雪　李燕杰　余丽玲　宋　卉
张乐吟　张建华　陈　琦　罗兰苹　周代营
胡亚妮　钟　瑜　贺媛媛　倪明龙　黄佳佳
黄海潮　崔丽净　崔　英　覃玉群

■ 广东食品药品职业学院广东省课程思政示范高职院校建设成果系列

课程思政教学改革研究与实践

戴春平 张谦明 侯杰◎主编

暨南大学出版社
JINAN UNIVERSITY PRESS

中国·广州

图书在版编目（CIP）数据

课程思政教学改革研究与实践／戴春平，张谦明，侯杰主编. -- 广州：暨南大学出版社，2024.8.
ISBN 978 - 7 - 5668 - 3952 - 7

Ⅰ．G711

中国国家版本馆 CIP 数据核字第 202421CW62 号

课程思政教学改革研究与实践
KECHENG SIZHENG JIAOXUE GAIGE YANJIU YU SHIJIAN
主　编：戴春平　张谦明　侯　杰
··

出 版 人：阳　翼
责任编辑：冯　琳　雷晓琪
责任校对：苏　洁
责任印制：周一丹　郑玉婷

出版发行：暨南大学出版社（511434）
电　　话：总编室（8620）31105261
　　　　　营销部（8620）37331682　37331689
传　　真：（8620）31105289（办公室）　　37331684（营销部）
网　　址：http://www.jnupress.com
排　　版：广州尚文数码科技有限公司
印　　刷：广东信源文化科技有限公司
开　　本：787mm×1092mm　1/16
印　　张：16.25
字　　数：300 千
版　　次：2024 年 8 月第 1 版
印　　次：2024 年 8 月第 1 次
定　　价：69.80 元

（暨大版图书如有印装质量问题，请与出版社总编室联系调换）

前　言

习近平总书记在党的二十大报告中明确指出：教育是国之大计、党之大计。培养什么人、怎样培养人、为谁培养人是教育的根本问题。育人的根本在于立德。全面贯彻党的教育方针，落实立德树人根本任务，培养德智体美劳全面发展的社会主义建设者和接班人。这是以习近平同志为核心的党中央对新时代教育事业的总体战略部署。课程是实现教育目的的重要途径，是组织教育教学活动的最主要依据，是集中反映教育思政和教育观念的重要载体，要落实立德树人的根本目标，就是要强化课程教育核心地位的作用。高等职业院校肩负着培养高素质技术技能人才的重任，就是要在课堂教学中注重寓德于技，培养受教育者的品德、公德、大德和职业道德，以及执着专注、精益求精、一丝不苟、追求卓越的精神。中共中央办公厅、国务院办公厅《关于深化新时代学校思想政治理论课改革创新的若干意见》和《教育部等八部门关于加快构建高校思想政治工作体系的意见》、教育部《高等学校课程思政建设指导纲要》等文件的出台，为高职院校课程建设、课堂教学改革指明了方向。

广东食品药品职业学院作为国家优质专科高等职业院校、中国特色高水平高职学校和专业建设计划项目（"双高校"）立项建设单位、第一批国家示范性职业教育集团培育单位、教育部第二批现代学徒制试点单位、广东省示范性高职院校、广东省一流高职院校、广东省五一劳动奖状获得单位、广东省绿色学校，长期以来，始终坚持以党建为引领，以立德树人为根本，以教育教学为中心，走内涵式发展的办学路线。新时代以来，学校牢记习近平总书记办人民满意教育的殷殷重托，认真落实全国高校思想政治工作会议、全国职业教育大会精神，落实国家相关工作部署，围绕"大健康"特色，秉承"明德精业、惟民其康"校训，完善工作机制，强化团队建设，以社会主义核心价值观引领人才培养，挖掘课程中蕴含的思想政治元素，深化课程设计和课堂教学改革，成立了课程思政工作领导小组、设立了课程思政教学研究中心，"一中心三平台"的课程思政运行机制、"三维五横七纵"课程思政育人新范式逐步形成。随着工作的推进，学校各相关部门间分工合作、齐抓共管的"五横"联动机制作用发挥越来越好，课程思政育人的理念深入人心，"学校有氛围、部门有分工、院（群）有特色、专业有特点、课程有品牌、门门有思政、品牌有示范"课程思政育人大格局正在形成，"守好一段渠，种好责任田"成为广大教职员工的共识，"春风化雨""润物无声"的课程育人效果得到充分体现和落实。

习近平总书记指出："高校立身之本在于立德树人。"高职院校要全面推进课程思政建设、落实立德树人根本任务，就必须切实提高政治站位和思想认识，充分发挥教师队伍"主力军"、课程建设"主战场"、课堂教学"主渠道"作用。围绕课程思政建设总体部署，学校出台了一系列制度和文件，开展了一系列丰富多彩的活动。2020 年以来，学校深入实施课程思政"七个一"工程，通过"设立一个教改专项""建设一批示范课程""打造一批示范课堂""完善一项培训制度""构建一套考评体系""选树一批优秀教师""开展一系列主题宣传"活动，将课程思政建设推向一个新的高度。在这一系列活动中，一些好的做法、好的经验得以形成。为更好地将建设成果在全校范围内推广应用，2022 年开始，学校又开展了课程思政建设研究与实践成果认定工作。一年多来，共有 13 个二级行政部门和教学单位的 100 多位教师参与其中，共收集近 80 个成果，涉及 64 门课程和课程思政建设专项工作内容。其中，教务部张谦明老师的《构建"一中心三平台"运行机制，探索"三维五横七纵"课程思政育人新范式》和药学院任宏老师的《"双线合一"递进式 SPOC 教学模式下的"实用医学概要"课程思政教育——"心力衰竭辨识及慢病管理"课堂教学案例》入选"2023 年广东省高职院校课程思政教育案例"。为进一步巩固思政教育实践成果，推动全校课程思政建设工作高质量发展，优选了 29 个成果编辑成册，以期发挥其示范引领和带动作用，最大化提升学校课程育人的成效，形成"学校有氛围、学院有特色、专业有特点、课程有品牌、讲授有风格、教师有榜样、成果有固化"的"七有"育人环境，实现"知识传授、技能培养"与"价值引领"的有机统一。同时，也将相关成果向国内同级同类院校推广，为同行提供工作借鉴。

本书由戴春平、张谦明、侯杰统稿，赵为民、汪小根主审。

超星泛雅集团资深课程顾问罗兰苹为本书相关案例提供了有益的数据，并参与了本书的编写。

戴春平　张谦明

2024 年 7 月于广州

目　录

下 编   课堂教学设计研究与实践

上 编

机制、体制、体系构建研究与探索

"一中心三平台" 课程思政运行机制探索

张谦明①

自 2020 年 5 月教育部印发《高等学校课程思政建设指导纲要》(教高〔2020〕3 号)以来,广东食品药品职业学院始终立足立德树人根本任务,坚持"育人为本、德育为先"的理念,围绕"大健康"特色,秉承"明德精业、惟民其康"校训,不断完善工作机制,强化团队建设,以社会主义核心价值观引领人才培养。三年多来,学校通过走访兄弟院校、派员参加专题培训、召开线上线下研讨会等形式,开展了全面、细致的专题调研,认真梳理分析了学校课程思政建设中存在的问题,提出了解决问题的思路、路径,采取了一系列措施,开展了一系列活动,取得了一系列建设成果,有效推动了学校课程思政建设,使学校课程思政建设步入了快车道。学校课程育人功能得到全面提升,为提高学校办学水平和人才培养质量奠定了坚实的基础。通过三年的建设,党委领导下的多部门联动的课程思政育人共同体逐渐形成,具有"大健康"特色的"一中心三平台"课程思政运行机制得以构建(见图1)。

本文将从解决的问题、解决问题的策略、实施效果、创新与示范、反思与改进五个方面进行阐述。

---

① 张谦明,广东食品药品职业学院教务部副部长、课程思政教学研究中心副主任,广东省职业院校教学管理工作指导委员会副秘书长、广东省医学教育协会医药教师发展专业委员会委员,长期从事高教研究工作。主持省级教改项目 4 项、省教育规划项目 1 项;认定省级课程思政教学案例 1 个,获全国人事科学科研成果奖二等奖、广东省高教研究优秀成果奖二等奖。

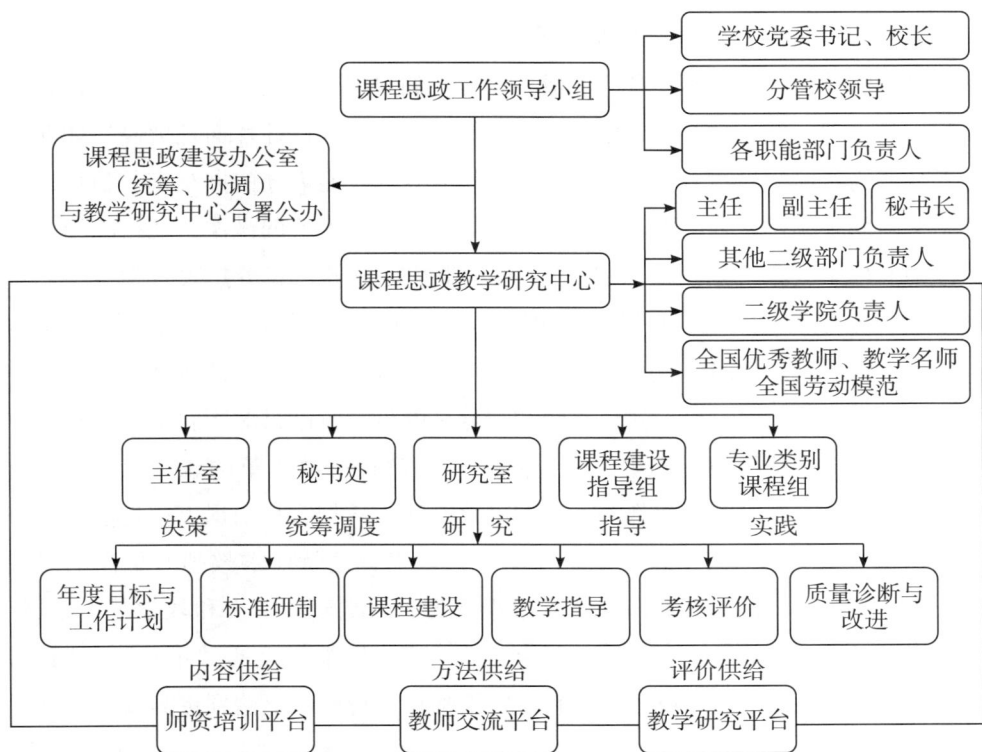

图1 "一中心三平台"课程思政运行机制结构图

一、 解决的问题

（一）课程思政协同合力发挥不足

课程思政建设是一项系统工程，需要全校各部门共同发力、专业教育与校园文化建设融为一体、思政课教师与专业课教师紧密配合，才能形成强大的育人合力，取得良好的育人效果。在建设初期，学校课程思政没有构建统一的指挥系统，运行机制不够健全，保障机制尚未完善，导致部门间的协调性、专业课教师与思政课教师间的配合度、专业教育与校园文化建设的融合度都还有待进一步加强，同向同行的育人合力还不够强。为解决这一问题，《高等学校课程思政建设指导纲要》出台后，学校进一步加快课程思政体制机制建设，通过出台课程思政建设方案、建立课程思政工作领导小组、成立课程思政教学研究中心，进一步完善了课程思政的制度保障、建立了多部门联动机制、进行了课程思政理论探索与政策研究、开展了丰富的课程思政活动，学校课程思政建设工作得到全面推进，有效提升了立德树人的工作成效。

（二）教师认识片面、能力不足

坚持立德树人的根本任务已经成为全社会的共识，学校育人的重要价值得到了很好的体现。但在教育实践中，一些高职院校和教师往往片面理解高等职业教育以就业为导向、以培养实践能力强的高素质技术技能人才的办学定位目标，加之一些高职院校过分强调以成果为导向开展教师个人评价的做法，使得相当一部分教师产生了教育"功利心"，过分注重学生技能培养，过分热衷带学生参加各种"技能竞赛"、做"比赛教练"。这既忽视了师德的锤炼，也忽视了课程育人、课堂育人的职责。同时，也有不少教师认为学校有专门的思政课教师，有专职辅导员，思想政治教育只是思政课教师和辅导员的事，自己只对所教课程的知识和技能负责就行，从思想上产生了"不想"开展课程思政改革的念头。课程思政改革要求教师对每一门课程都深入挖掘思政元素，并与课程知识点、技能点充分融合，起到"春风化雨，润物无声"的育人效果，这就要求教师有更高的思想理论水平和政治觉悟，有更高的课堂组织能力、教学表达能力和教学艺术水平。但现实中不少教师显然达不到这一要求，造成了教师能力上的"不能"。课程思政改革从来都不是一蹴而就的事，它需要教师在自身修养上达到更高要求，在学习上投入更多时间，在教学准备上付出更多心血，在教学过程中承受更大压力，这一切会给教师带来心理上的畏难与行动上的"不为"。教育的"功利心"、教师思想上的"不想"、能力上的"不能"、行动上的"不为"互相叠加，造成了教师"认识片面、能力不足"的问题。为解决这一问题，学校通过加大宣传教育力度、开展专项培训、成立课程指导组等方式，有效提升了专业课教师参与课程思政建设的热情与信心，整体提升了教师课程思政建设能力，实现了思政课程与课程思政的同向同行。

（三）"重技能、轻素养"的传统人才培养思维

高职院校以培养高素质技术技能人才为目标，在人才培养和课程体系设置上往往出现更重视技能培养而忽视人文素养培育的倾向，产生了"重技能、轻素养"的问题。《高等学校课程思政建设指导纲要》指出专业教育课程"要根据不同学科专业的特色和优势，深入研究不同专业的育人目标，深度挖掘提炼专业知识体系中所蕴含的思想价值和精神内涵，科学合理拓展专业课程的广度、深度和温度，从课程所涉专业、行业、国家、国际、文化、历史等角度，增加课程的知识性、人文性，提升引领性、时代性和开放性"。为解决这一问题，实现学校办学定位和育人目标，2020 年学校重新修订并发布了专业（群）《人才培养方案编

制指导意见（2020 版）》，明确了专业建设和课程建设中"课程思政"的总体要求，指导专业（群）进一步明确"着力培养理想信念坚定、专业知识过硬的高素质技术技能人才"育人目标，找准专业培养和思政教育融入点；要求每一门课程重新修订课程标准，依照知识内容、技能要求的逻辑体系，梳理知识点、技能点中蕴含的思政元素，进行顶层规划，分层落实，构建具有专业（群）特色的课程思政体系，确保课程思政落地生根。

（四）课程思政协作不深，辐射不够

课程思政应该作为高职院校"为党育人、为国育才"的重要抓手，要把思想政治工作贯穿教育教学的全过程。越来越多的高校出台了相关制度、管理办法，成立了课程思政教学研究中心，开展了示范课程建设，举办了形式丰富的活动，育人成效愈益凸显。但也有不少学校仅仅停留在立几个教改专项、搞几门示范课程、写几个教学案例、编几个课程标准等浅层次工作当中。现实当中，教师各自为政的情况屡见不鲜，如同一门课程不同任课教师间信息也不共享，或课程思政改革做得好的教师不愿把经验拿出来交流等，造成了"协作不深，辐射不够"的问题。为解决这一问题，学校通过开展课程思政示范课程设计大赛、组织大赛观摩、实施集体备课、开展公开课、优秀成果展示等活动，达到了"团队协作、资源共享、成果辐射"的课程思政建设效果。

二、 解决问题的策略

（一）思路

课程思政建设总体目标就是要从解决"培养什么人""怎样培养人""为谁培养人"这三个根本问题入手，自上而下推动，全员参与建设。学校开展课程思政建设，就是要围绕全面提高人才培养能力这个核心点，在学校的统一领导下，全校各部门各司其职、协同发力，在全校所有专业中全面、深入推进，让课程育人的理念深入人心，提升广大教师参与建设的能力，建立健全各部门齐抓共管、协同推进课程思政建设的工作运行机制，创新课程思政育人模式，将课程育人贯穿于整个人才培养工作全过程，构建"三全育人"大格局，全面实施"五育并举"计划，努力培养担当民族复兴大任的时代新人，培养德智体美劳全面发展的社会主义建设者和接班人。

为实现这一目标，学校确立了"强化顶层设计、注重教师素养提升、注意思政元素挖掘、关注学生理想信念养成和知识技能提升"的课程思政建设总体思路，从探索建构具有"大健康"特色的课程思政工作体系、重构专业课程内容体系、建设具有协同效应的教学体系入手，发挥党委领导下多部门联动机制，采取齐头并进、多措并举的方式，整体推进学校课程思政建设工作，在课程思政教学团队建设、课程思政教学资源建设、课堂教学实践、考核评价等多个层次进行全过程课程思政建设，使价值引领和知识技能相互嵌合，实现知识传授、技能养成和思政育人的有机统一，真正做到课程思政高质量建设、技术技能人才高质量培养。

（二）过程和做法

1. 健全工作机构，打造课程思政育人共同体

自 2020 年 5 月《高等学校课程思政建设指导纲要》发布以来，学校进一步加大了课程思政建设工作运行机制的完善力度，建立并健全工作机构，课程思政育人共同体初见雏形。

（1）成立课程思政工作领导小组。

2020 年 12 月，学校成立了由学校党委书记、校长任组长，分管思政工作和分管教学的副职校领导任常务副组长，其他校领导任副组长的课程思政工作领导小组，负责统筹推进全校课程思政建设工作；领导小组下设课程思政建设办公室挂靠教务处，负责课程思政建设工作的总体协调和推进。

（2）组建课程思政教学研究中心。

2022 年 7 月，学校又组建了课程思政教学研究中心，中心主任由教务处处长担任，副主任由马克思主义学院院长、教务处副处长、诊改办主任担任，中心下设秘书处、教学研究室、课程建设指导组、专业类别课程组（根据学校专业特色，设置了食品类专业组、药类专业组、医卫护理类专业组、康养保健类专业组、管理类专业组、信息类专业组、人文艺术类专业组 7 个专业类别课程建设组，分别由各专业组内相关二级学院派负责课程思政建设的领导担任课程建设组组长）；为做好政策、成果宣传，专门建设了课程思政专题网站。课程思政建设办公室与课程思政教学研究中心联署办公，但又职责分立，互相协作；办公室负责总体协调、项目立项、竞赛举办等工作，研究中心负责理论与实践研究、课程教学指导、集体备课召集、成果展示交流等工作。党委领导下的多部门联动的课程思政育人共同体逐渐形成，解决了课程思政协同合力发挥不足的问题。

2. 完善工作制度，护航课程思政教学改革

（1）发布课程思政建设工作运行机制相关方案、文件。

2020 年，学校发布《推进课程思政建设实施方案》，确立课程思政建设指导思想、建设目标、工作原则、工作要求、教学资源建设、课程思政元素融入等内容以推动学校课程思政建设工作，同时对重点任务、保障措施等内容全方位作出了纲领性、总体性的要求。2021 年，学校发布《关于成立课程思政工作领导小组的通知》，搭建了课程思政推进工作的组织架构。2022 年，学校发布《关于成立课程思政教学研究中心的通知》，对机构设置、中心主要功能、组织架构、中心内设机构主要功能职责等作出了明确的要求；同时出台《课程思政教学研究中心管理办法（试行）》，从中心成立的目的意义、机构设置、基本任务、工作制度、经费管理、考核评估等方面，对中心提出了具体的工作要求。2022 年 7 月，学校根据人员调整及工作变动，又及时发布了《关于调整课程思政工作领导小组组成人员的通知》。这 4 份文件的出台和发布，为学校课程思政建设工作推进确立了坚实的组织保障和运行依据。

（2）出台课程思政项目与经费管理办法。

为进一步推进学校课程思政建设，鼓励广大教师积极投身课程思政教育教学改革研究与实践，培育一批可供复制和借鉴的课程思政建设成果，2022 年，学校先后出台了《课程思政示范项目管理办法》《课程思政建设专项经费使用管理办法（暂行）》两个管理文件。按照学校总体规划，课程思政示范项目主要分为"建设项目"（含课程思政示范课程、教改专项、示范团队等）、"认定项目"［含专业类课程思政教学研究示范中心（二级中心）、教学名师、课程思政案例等］、"竞赛项目"（含教学设计大赛、示范课堂评比等）三个类别进行管理，并就相关项目的申报、过程管理、结题验收、经费下发及使用等方面作出了具体的规定，为教师开展研究与实践提供了规范文件。

（3）研制课程思政建设相关标准文件。

为使课程思政建设避免出现课程教学与思政育人目标"两张皮"、课程思政元素"刻板移植"、课程思政全过程育人"碎片化"等问题，学校研制了相关标准文件。一是人才培养方案编制从源头抓起。2020 年，学校出台了《人才培养方案编制与实施管理办法》《人才培养方案编制指导意见（2020 版）》两份文件，对人才培养方案编制作出了规范要求，在人才培养方案编制意见中明确提出"要强化课程思政。梳理每一门课程蕴含的思想政治教育元素，发挥专业课程承载的思想政治教育功能，在编制课程标准时，结合课程特点，纳入思想政治教育

的内容与要求"这一总体要求。二是出台课程建设相关文件。2022 年，在学校课程思政教学研究中心的推动下，学校又出台了《课程思政教学指南》《课程思政示范课程建设指导意见（2022—2025 年)》两份管理制度，研制了"课程思政教育教学改革示范课程评审指标体系"，从教学方法和手段创新、优质数字化资源建设、课程评价体系构建等方面明确了不同类型课程思政示范课程建设、验收标准，资金安排与使用等要求，实现课程思政建设质量可测可评，为课程思政建设提供标准和依据。三是编制《课程思政教学研究示范中心建设方案》。进一步明确了中心的主要功能定位，即落实学校课程思政工作领导小组的总体部署，推动学校《推进课程思政建设实施方案》落地落实落细出成效，并提出实施学校《课程思政建设三年（2023—2025 年）行动计划》，明确了目标任务。提出未来三年，课程思政"七个一"的具体建设目标建议：立项建设约 30 个"课程思政"专项教改项目，建设约 100 门"课程思政"示范课程，定期开展"课程思政"示范课堂比赛，打造一批"课程思政"示范课堂，搭建一个展示学校"课程思政"建设成果发挥示范引领作用的网站，组织一系列观摩和培训活动，汇编一套"课程思政"教学研究与实践论文集等。

3. 分工协作，大力推进课程思政建设

学校构建了党委领导下的多部门联动的课程思政育人共同体，教务、党办、人事、学工（团委）、马克思主义学院等机关单位齐头并进、多措并举、协同发力的课程育人大格局逐渐成形。

（1）由党委办牵头，全面提高教职工"三全育人"意识。

学校将课程思政工作列入年度工作计划，完善联动机制，促进交流学习，提高全体教职工"三全育人"意识。一是在全校范围内开展课程思政大研讨。邀请相关专家进行专题辅导和深入解读，加深教师对课程思政内涵、目标及原则的理解，促使教师将思想教育贯穿于教育教学的全过程。二是指导各二级学院党组织将课程思政工作作为组织生活的重要主题。在广大教师中宣传和推进课程思政，强化党总支对课程的思想价值引领功能的把关作用，切实转变教师"重知识传授、能力培养，轻价值引领"的观念。通过多种形式，引导、带动广大教师树立课程思政的理念，以思想引领和价值观塑造为目标，践行教书育人的职责。将二级学院党总支及教师党支部推进课程思政建设的情况纳入年度考核指标体系中。三是引导各二级学院、专业、教研室在专业教育和课程教学中加强推进课程思政。倡导全体党员教师佩戴党员徽章授课；各二级学院组织全体教职员工签署教师公约，以"四有"教师的标准要求自己，提升对课程思政工作的认识。

（2）由马克思主义学院牵头，充分发挥思想政治课程教学团队指导作用。

充分利用马克思主义学院思想政治教育优质资源，选派思政课骨干教师参加7个专业类课程建设组，与专业课教师一起开展课程思政建设研讨、参加专业类课程思政集体备课，发挥思政课教师在课程思政教学改革中的指导作用。

（3）由学生工作处牵头，实施入学教育课程思政第一课制度。

各二级学院党政班子与马克思主义学院教师、各专业带头人（负责人）集体备课，分工合作，利用每学年的入学教育，上好各专业的课程思政第一课。充分挖掘本专业的发展史和典型人物的爱国情怀、科学精神、人文精神、艰苦奋斗、无私奉献等思政元素，发挥积极作用。截至2023年12月，学校已开展4场课程思政第一课，惠及2020级至2023级共四个年级约2.6万人次，10.4万学时，起到了预期的教育效果。

（4）由教务处牵头，修订人才培养方案和课程标准。

坚持"知识传授、能力提升和价值引领"同步提升，及时制（修）订各专业人才培养方案及课程标准，将课程思政理念融入人才培养体系中，充分梳理各门课程的德育元素，确保每一门课程中有机融入思政元素。截至2023年12月，修订专业（群）人才培养方案51份、课程标准近千门。

（5）由教务处牵头，开展集体备课和示范公开课。

每学期，各二级学院、各教学单位必须以课程组为单位全面开展一次课程思政集体备课，着重围绕"备内容、备学生、备方法"，实施课程思政教学设计活动，发挥团队合力，凝聚智慧，提升课程思政教学效果。同时开展1次以上本部门全体教师参加的示范观摩听课，所在单位党政领导必须亲自到场听课，重点对融入课程课堂教学的思政教育元素进行把脉。三年课程思政建设期，开展集体备课36场次，涉及360人次；二级院系党政领导听课总人次约150人次。

4. 全面实施"七个一"工程

在全校全面实施课程思政立项建设"七个一"工程。

（1）设立一个教改专项。

从2020年开始，在校级质量工程项目中设立课程思政教改专项，每年计划立项约10个课程思政教改项目，截至2023年4月，已分三批次立项建设42个项目。

（2）建设一批示范课程。

全面启动课程思政项目建设，推动入选课程按照《高等学校课程思政建设指导纲要》要求，在教学目标、教学内容、课堂教学、课程考核等方面进行全面改革；截至 2022 年 12 月，已立项建设了 46 门课程思政示范课程。

（3）打造一批示范课堂。

在全校范围内开展课程思政建设的课堂教学竞赛活动，坚持"以赛促研、以赛促教、以赛促建"，以课程思政建设作为主题，定期开展教师课堂教学比赛；截至 2022 年 12 月，已举办两届课程思政示范课堂（教学设计）大赛。

（4）完善一项培训制度。

在学校、学院（部）以及教研室等多个层面持续开展技能培训、教学沙龙、集体备课、交流观摩等教研活动，提升教师开展课程思政建设的思想自觉和行动自觉。

（5）构建一套考评体系。

将课程思政建设任务全面纳入学校人才培养，将课程思政建设情况作为评教评课的重要内容，着力推动课程标准、教学大纲的情感、态度和价值观教育目标在教学实践中有效达成。

（6）选树一批优秀教师。

定期开展"课程思政优秀教师"评选，根据教师在课程思政项目建设、课堂教学、教学比赛等活动中取得的成绩进行评选。经过两届课程思政示范课堂（教学设计）大赛，有 18 名教师获得学校"课程思政教学名师"称号，组建了课程思政教学名师工作室，打造了 18 个课程思政示范课堂。先后有 12 院次学院获得了课程思政示范课堂（教学设计）大赛优秀组织奖。

（7）开展一系列主题宣传。

学校通过建设课程思政专题网站、充分运用学校以及社会媒体等方式，持续推出一批高质量的课程思政建设宣传成果，搭建课程思政建设立典型、树标杆、推经验、扩影响的重要平台。学校"三维五横七纵"课程思政育人新范式得到有效构建，辐射影响了省内 10 多家职业院校。

三、 实施效果

课程思政建设工作的推进起到了良好的效果，营造了良好的育人氛围。教师课程思政理念得到升华，教师育人方法、手段更新，教师教书育人能力得到极大提升，学校课程思政育人环境有效改善。

（一）党委领导下的多部门联动的课程思政育人共同体逐渐形成

课程思政工作领导小组、课程思政建设办公室、课程思政教学研究中心"三位一体"的课程思政建设管理架构搭建完成。党委领导下的教务处、党委办公室、人事处、学生处、团委、马克思主义学院等机关单位和二级学院（部）联动机制得到确立，课程思政育人共同体逐渐形成。

（二）课程思政工作制度得到进一步完善

《广东食品药品职业学院推进课程思政建设实施方案》等 10 多个管理制度先后出台，思政教育与专业能力培养有机融合深入人心，育人效果愈发明显；课程思政示范计划相关项目管理指引日趋成熟。

（三）"三平台"作用发挥明显

"课程思政教学研究中心"运行态势良好。中心承接的"师资培训平台、教师交流平台、教学研究平台"三平台功能作用较为显著，各部门（学院）职责得到进一步明确，教职工课程思政意识和实施能力得到提升，示范课程、示范团队（名师工作室）辐射带动作用明显。

（四）学校课程思政育人环境逐渐形成

随着工作的推进，学校各相关部门分工合作、齐抓共管的"五横"联动机制作用发挥越来越好，课程思政育人的理念深入人心。"学校有氛围、部门有分工、院（群）有特色、专业有特点、课程有品牌、门门有思政、品牌有示范"课程思政人大格局正在形成，"守好一段渠，种好责任田"成为广大教职员工的共识。

（五）"七个一"工程效果明显

近三年来，学校立项建设了 37 个"课程思政"教改专项、38 门"课程思政"示范课程；开展了两届"课程思政示范课程大赛"，评选了 14 名"课程思政"教学名师，认定了 14 个"课程思政"名师工作室，打造了 14 个课程思政示范课堂，认定校级案例 34 个。2023 年 10 月，在广东省首次开展的"高职院校课程思政示范计划"中，学校被广东省教育厅立项为省级"课程思政示范高职院校"，6 门课程立项为省级"课程思政示范课程"，2 个案例被认定为省级"课程思政教育案例"。学校上下营造了课程思政育人的良好氛围。

四、 创新与示范

（一）工作创新

1. 体制机制创新

学校构建了"一中心三平台"课程思政运行机制，取得了良好的效果。

2．教学体系创新

根据职能分工，学校课程思政教学研究中心设置了课程建设指导组，组长由马克思主义学院分管教学、科研等工作的负责人担任，选派思政课教师下沉到相关二级学院（专业类）指导专业课教师的课程思政集体备课，或与相关二级学院开展研讨活动，发挥思政课教学团队在课程思政教学改革中的指导作用。设置了专业类别课程建设组，找准课程思政的切入点，使课程思政建设有机融入整体的教育教学，形成自己的亮点和特色。

3．课程标准创新

坚持"知识传授、能力提升和价值引领"同步实现，及时制（修）订各专业人才培养方案及课程标准，将课程思政理念融入人才培养体系中，充分梳理各门课程的德育元素，确保每一门课程都有机融入思政元素。针对不同课程，对课程思政育人要求作出明确的指引。结合学校实际，对哲学、社会科学类课程，人文艺术类课程，理工、实践类课程，药学、医护类课程，农学类专业课程分别提出了课程思政育人要求。

（二）辐射示范作用

1．校内辐射

一是发挥课程思政教学改革项目立项和教学名师示范引领作用，组织学校示范公开课、开展院部间座谈交流，结合学校服务大健康产业、培养高素质技术技能人才的特点，有机融入课程教学，贯穿人才培养的过程，达到润物细无声的育人效果。二是通过学校公众号进行首届课程思政示范课堂大赛一等奖参赛视频展示，浏览量 111 589 次，近两年校级以上关于课程思政建设新闻达 35 篇。

2．校外辐射

一是打造富含思政元素的国家在线精品课程、省级职业教育精品在线开放课程、国家级专业教学资源库，上线超星（学银在线）平台，服务校内外学生和社会人员。二是通过承担国培项目将学校课程思政育人模式向外交流辐射。如在学校承办的"职业院校思创教育教师课程实施能力提升"等 11 个国培、省培项目中，开设课程思政建设专题培训，全省职业院校 360 余人参与。三是研究中心主要成员先后受邀在多所兄弟院校开展课程思政专题讲座，分享课程思政教学竞赛和建设工作经验，并将中心建设经验推广到广东茂名健康职业学院、广东潮州卫生健康职业学院、鞍山职业技术学院等省内外 10 余所职业院校。

五、 反思与改进

（一）反思

近几年，学校课程思政建设取得了长足进步，教书育人的理念已经成为全校广大教职工的共识，课程思政育人取得了良好的成效，教师教育教学能力不断提升，学生专业知识、职业技能、综合素质和就业竞争力不断提升。但是也要看到，实践过程中学校运行机制和管理制度尚有待进一步完善，教师课程思政育人能力参差不齐，课程思政类教研教改成果相对缺乏，专业覆盖面尚未达到100%（主要体现在校外办学的中高职衔接三二分段试点专业、初中起点五年一贯制试点专业）等问题。

（二）改进措施

1. 进一步优化课程思政育人新范式

进一步提炼总结课程思政育人新范式的内涵，拓宽外延。一是拓深课程思政改革的实质内涵：重点做好课程思政教学体系内涵提升和课堂教学模式创新两项改革。二是拓宽课程思政建设的组织体系：重点做好中高职衔接课程思政协同育人机制建设探索工作。三是拓展课程思政课程内容体系：补齐短板，建设一批课程思政建设示范学院、课程思政示范专业（群）、校级优秀教材、优秀案例等示范项目。

2. 进一步加强管理制度建设，为课程思政建设推进保驾护航

一是根据课程思政建设和《人才培养方案编制与实施管理办法》要求，出台《人才培养方案编制指导意见（2023 版）》；二是开展标准体系建设，研制 7套专业类别以及中高职衔接《课程思政教学指南》，建立课程思政考核多元评价与反馈机制、出台蕴含课程思政元素的《课程标准编制指南》《实习实训手册编制指南》等。

3. 进一步加大对课程思政教学研究中心的支持力度

一是扩大中心影响力，强化研究与指导队伍建设，开展常态化的教师培训、课程思政宣讲、课程设计大赛等活动。二是在校级质量工程项目中设立若干个课程思政专项教改委托项目，由课程思政教学研究中心统筹相关部门牵头研究。三是进一步完善评价体系，将课程思政实施情况纳入二级学院考核及教师个人考核，并作为二级学院资金奖补以及教师个人职称职务晋升、评优评先等方面的重要依据。

"双高"背景下高职院校中医养生保健专业群"三全育人""大思政"课程体系构建研究

刘卫海①

本案例紧扣高职院校"双高"建设要求，以"三全育人"的"大思政"课程体系重建为抓手，对高职专业课程体系进行重塑，探讨如何把思政元素融入高职院校教育教学的全过程中，并形成协同效应，从而重构高职院校中医养生保健专业群"大思政"课程体系，进行专业全课程"大思政"协同、全方位一体化育人的创新实践，具有重要的参考价值和现实意义。

广东食品药品职业学院（以下简称"学院"）中医养生保健专业群是广东省高职院校高水平专业群。在培养学生专业知识和技能的同时，专业群逐步探索"大思政"建设，牢记"为党育人、为国育才"的初心使命，落实立德树人根本任务，努力探索构建形成立体式全课程"三全育人"的"大思政"课程体系。经过改革实践，本研究取得了阶段性成果，形成了典型的专业群课程思政案例。

一、 解决的问题

1. 专业群课程思政缺乏总体设计，各专业、各教师课程思政各自为政，缺乏协调和沟通

思政课程改革前，在处理"思政课程"与"课程思政"二者的关系上，大多数高职院校主要的关注点和着力点是强调思政课与其他课的"相互协同"。但是，如何协同，不同院校的做法不一致。不同教师、不同课程中引用同一思政案例，但经过不同教师的解读，会引申出不同的意义，在学生中引起思想认识的混乱和认知的困惑。经过改革，学院从中医养生保健专业群顶层设计的高度，做到整个专业群课程思政资源总体设计、统一认识、协调各学科，从而解决了这个问题。

---

① 刘卫海，中医学博士、中药学博士后、副教授、中医执业医师、中药执业药师，现任广东食品药品职业学院中医保健学院院长、中医养生保健专业群负责人，研究方向为中医康养、中药药理和中医药职业教育。

2. 教师台上热火朝天讲思政，学生台下热情不高

改革前，中医养生保健专业群开设"思想道德修养与法律基础"和"毛泽东思想、邓小平理论和'三个代表'重要思想概论"两门思政课程。实际情况是，思政课教师在讲台上滔滔不绝地从思政专业的角度授课，而学生认为教师所讲内容与自己将来所从事的职业没有关系、不重要，所以兴趣不高，不愿意去听、去学。再加上思政课程中有一些深奥的理论知识，学生更是不知所云。看到学生不愿意学，思政课教师的讲课积极性也受到不同程度的影响。造成这种现象有两方面的原因，一方面是思政课教师大多毕业于高校的思想政治教育专业，没有医学背景，更不懂中医养生保健的相关专业知识，因此很难抓住思政教育的合适载体，不容易找到学生的兴趣点。另一方面，专业课教师在授课时，更看重专业知识，尤其是高职教育强调要培养学生的职业技能和职业素养。同时高职院校中医养生保健专业群的专业都是 3 年学制，时间有限，专业课教师把大多数精力放在教授学生基本知识和培养学生基本技能上，从而忽视了思政教育。此外，大多数专业课教师出身医学类专业，没有系统学习过思政的基本原理和内容，思政基础不过硬，在课堂上也不敢随意去传授自己"拿不准"的思政知识。因此出现了思政课与专业课各自为政，无法融合互通，无法对学生进行系统化的思政教育。经过改革，初步达到了思政课程和专业课程二者在思政教育上的同向同行，专业课教师和思政课教师能够运用思政课的德育思维，巧借载体，积极发掘专业课程中蕴含的丰富思政元素，在教学的过程中将思政知识润物细无声地播撒到学生的心田上。

3. 上级文件强调课程思政，领导重视课程思政，教师和学生缺乏真正的课程思政实践行动

改革前，中医养生保健专业群部分专业存在"以会议落实会议、以文件落实文件、以讲话落实讲话"的现象，开展课程思政的实际行动有限，各级领导高度重视课程思政工作，但是很难真正调动教师参与的积极性。经过改革和实践，教师"人人积极参与课程思政"得以实现，初步达成课程思政"人人受教育、处处是课堂、时时被熏陶"的目标。

二、 解决问题的策略

（一）思路

按照思政属性，将思政教育分为显性教育和隐性教育。按照"双高"建设

的要求，对标对表，进行课程模块重新构建。经过调研和讨论，中医养生保健专业群将课程分为思想政治课、强基固本课程、专业实践课程三大类。各个类别有其明确的课程功能定位，并列出建设重点，编制出实施的具体步骤及时间表，明确建设实施的标志性成果和任务形式（见表1）。

表1 课程思政实施计划推进表

思政属性	课程模块	课程类别	功能定位	建设重点
显性教育	思想政治课	思想政治教育三门必修课、形势与政策课	引导：系统开展马克思主义理论教育教学，掌握科学的世界观和方法论	纵向衔接与横向打通并举：和中学思想道德与法治课程衔接，并适当提升；对思想政治理论课课程内容进行重构
隐性教育	强基固本课程	通识教育课、公共基础课等	沁入：在"三全育人"的综合素养培养过程中扎根铸魂	建设好理想信念教育品牌课程，按照"双高"要求，修订并调整综合素养课程建设价值观标准
	专业实践课程	专业模块课	强化：深刻认识中国特色哲学社会科学的意识形态属性	选准课程，编制实施方案，积极试点
		专业群拓展课	扩展：培养工匠精神、大医精神	制定标准，科学评价

（二）步骤

改革分为六个步骤，分别是：举行课题启动会、举行各方座谈协商会、进行人才培养方案修订和重组、举办教师思政能力提升专题培训班、确定代表性课程并进行试点和总结经验、汇总分析并形成学术论文。

（三）实施过程

（1）2022年4月，举行课题启动会：课题组成员进行课题总体方案的设计研讨，确定实施细节及节点。

（2）2022 年 5 月，举行各方座谈协商会：邀请马克思主义学院思政专家，中医保健专业群相关专业的学院党政领导，大健康产业行业专家、企业专家会同学院专业带头人、教研室主任和全体教师进行座谈，征集各方对学院 2022 级中医养生保健专业群康复治疗技术专业课程体系的意见和建议，同时为本课题的研究提供各方专家意见及支持，形成会议纪要。

（3）2022 年 6 月，进行人才培养方案修订与重组：根据上述专家意见、调研结果和会议纪要，按照创新"双高"计划下全课程育人的"大思政"课程体系构建思路，对学院 2022 级中医养生保健专业群康复治疗技术专业课程体系方案进行修改，重点体现出思政教学的内容和精神。

（4）2022 年 7—8 月，举办教师思政能力提升专题培训班：组织马克思主义学院的思想政治教师对中医养生保健专业群中有教学任务的教师进行思想政治培训，包括线上培训和为期两个月的集中培训。培训内容为马克思列宁主义、毛泽东思想、邓小平理论、"三个代表"重要思想、科学发展观、习近平新时代中国特色社会主义思想，以及中国历史（尤其是中国近现代史）、中国国情、当今社会热点问题等。培训教材为《习近平谈治国理政》（第三卷）、《中国制度面对面》等。

（5）2022 年 9 月至 2023 年 6 月，确定代表性课程并进行试点和总结经验：选取学院 2022 级中医养生保健专业群康复治疗技术专业中思想政治理论课程模块中的"毛泽东思想和中国特色社会主义理论体系概述"课程、公共基础课模块中的"中医学基础"课程、专业模块课中的"常见疾病康复"课程、专业群拓展课模块中的"创伤急救与康复影像"课程作为试点，进行课程体系重建的改革重构探索研究。"毛泽东思想和中国特色社会主义理论体系概述"课程改革的重点是做好与中学及中专政治课程的纵向衔接以及与其他三门思政课程的横向贯通。"中医学基础"课程改革的重点是修订综合素养课程建设价值观标准。"常见疾病康复"课程和"创伤急救与康复影像"课程改革的重点是编制具体教学指南，争取建成思政教学的精品课程。课程改革以"双高"建设的要求为指导，积极探索有效教育教学形式，形成书面材料。

（6）2023 年 7—11 月，汇总分析并形成学术论文：收集各个教师和课题组的书面意见，汇总、分析并形成学术论文、发表论文。

三、 实施效果

（1）经过改革，学院中医养生保健专业群初步解决了顶层设计不科学、不严谨，思政教育与专业教育融合深度不够的问题。

（2）经过课程思政改革建设，中医养生保健专业群在很大程度上解决了"教师台上热火朝天讲思政，学生台下冷冰冰、无动于衷"的问题。广大教师积极参与课程思政建设，深挖所教学科的思政元素，在课堂上能够和专业的知识点进行有机的结合。学生也逐渐提高了学习的热情和积极性，形成了育人的协同效应。

（3）一批课程思政项目获得立项，参加课程思政大赛获得佳绩。鲁海老师的课程思政课题"'双高'计划下高职院校中医养生保健专业群全课程协同'大思政'课程体系构建研究"获得广东省高等教育研究会 2022 年课题立项。刘瑶老师的课程"人体解剖学"获得广东食品药品职业学院首届课程思政大赛一等奖。在广东食品药品职业学院第二届课程思政大赛中，中医保健学院获得最佳组织奖，李辰慧老师的项目"'中医基础理论'课程思政教学设计"获得二等奖，倪慧老师的项目"'经络与腧穴'课程思政教学设计"获得三等奖，付奕老师的项目"'常见疾病康复'课程思政教学设计"和卢素宏老师的项目"'生理与病理基础'课程思政教学设计"均获优秀奖。

四、 创新与示范

1. 党政同责，加强顶层设计，领导重视

中医保健学院党政领导高度重视课程思政工作，中医保健学院党总支书记和中医保健学院院长共同谋划本专业群课程思政工作，总体布局，谋划各方，扎实推进课程思政工作，从而使中医养生保健专业群的课程思政工作做到"谋划有方、思路清晰、切实可行、推动有力、取得实效"。中医保健学院党总支书记和中医保健学院院长坚持上"开学第一课"，这不仅彰显了中医保健学院党政领导班子推进课程思政建设的信心和决心，也为广大教师如何开展课程思政教学作出了榜样。

2. 全员参与，全员实践，全员受益

课程思政建设工作不是"选修课"，而是"必修课"；不是"可做可不做"而是"必须做"；不仅是"思政老师的事"，更是"所有人的事"。课程思政建设没有旁观者。因此，调动起广大教职员工、广大学生的积极性参与到课程思政建设中，提高课程思政建设的知晓度和参与度，是中医养生保健专业群课程思政建设的一大特色和亮点。

中医养生保健专业群组织课程思政专家定期进行集体培训；组织参加课程思政大赛并获奖的教师分享经验；每位教师都要对自己教授的科目进行再构造、再梳理，充分挖掘其中蕴含的思政元素，进行提炼和升华。全体教师均报名参加课

程思政比赛，在备赛的过程中学习、总结、实践，从而达到以赛促教、以赛促学、以赛促改、以赛促建的目的和效果。实践出真知，实践是检验真理的唯一标准。只有真正付诸实践，才有切实的体会，才能发现问题和不足，才能真正推动课程思政建设工作不断深入。

3. 课程思政建设，以学生为中心，赋予课堂生命

学院中医养生保健专业群的课程思政建设以立德树人为根本使命，坚持以学生为中心，赋予课堂生命的理念，结合本专业群中医养生保健、大健康产业的教学内容和教学规律，在提高学生专业素养、完善专业知识结构的同时，致力于完善学生人格，以"润物细无声"的方式引导学生树立正确的人生观、价值观，培养学生高度的社会责任感和使命感，使学生成长为知识水平高、政治觉悟水平高、道德修养水平高、符合新时代需要的专业人才和国家栋梁。由于调动了学生的积极性，课程思政建设从改革前的教师"会教思政"到"教好思政"，最终使得学生"积极主动学思政"，从而让师生共同接受思政洗礼。

五、 反思与改进

（1）各专业间的课程思政建设工作还要进一步加强沟通与协调，进一步调整专业群内部各专业间以及同一专业内部不同课程间的课程思政沟通与协调，从而避免课程思政各自为政、整合度不高、思政特色不突出的现象。在目前已经取得专业群层面统一课程思政资源的情况下，还要在专业群内每个专业内部不同课程之间加强课程思政的优化与调整。例如，中医养生保健专业的专业基础课"生理与病理基础""临床诊断技术""经络与腧穴""中医养生学""中药学""方剂学"之间课程思政元素有待挖掘与共享。

（2）进一步寻找学生喜闻乐见的抓手和载体，结合互联网、自媒体等现代信息传播手段，拓宽课程思政的建设空间，从而使学生在课堂上、宿舍中、家里、实习单位等不同场景下可以随时随地学习思政，掌握思政的要点。从思政的资源中汲取红色营养，锤炼品格，学习本领，坚守初心使命，锻造精神的钢筋铁骨，以永不懈怠的精神状态和一往无前的奋斗姿态工作、创业，听党话、跟党走，报效国家，奉献社会。

（3）进一步探索思政融入课堂的新方法、新路径，探索课程思政植入的新路径和规范化流程。目前，在中医养生保健专业群的课程思政建设工作中，某些专业性强的课程在思政融入的手段上还略显生硬，融入的方式还有待进一步加强。

立德树人，文化先行

——健康管理专业培养适应"健康中国"战略的德技并修人才

宋 卉①

广东食品药品职业学院健康管理专业作为我国首个将发达国家健康管理模式与中国传统医学特色结合的专业，构建了以"全人教育"为理念、专业文化建设为引领的德技并修的人才培养体系，包括建立"全人教育"相关制度保障、打造深入融合思政元素的数字化教学平台、建设公益服务学习基地、设置课程体系中的人文与发展课程模块等，将文化与价值观引导融入人才培养方案，经过十年建设，成为省级高水平专业，并位列全国同专业榜首。

本专业贯彻"全人教育"理念，通过教学和校内外实践培养学生专业知识和技能"硬实力"的同时，还通过人文与发展课程模块及公益学时要求，培养学生尊重生命、救死扶伤、预防疾病、维护人民群众健康、具有团队合作和开创精神的"软实力"意识，提高了学生的职业道德、社会责任、公共服务意识、发展能力等综合素质，为学生成为优秀的服务"幸福广东""健康中国"健康管理服务人才奠定了坚实的基础。本专业形成以"爱于心、践于行（We Care）"为标志的健康管理专业文化品牌，荣获广东省高校校园文化建设三等奖、省级教学成果二等奖。

截至 2023 年 4 月，健康管理专业学生参加各类型志愿服务数千人次，总计 8 万多小时。获得广东省"攀登计划"大学生科技创新培育专项资金项目立项 6 项，获得"互联网＋""挑战杯"创新创业大赛奖项 7 项。获广州红十字会"急救员"证书者 282 名，健康管理师三级证书获取率约 80%。这些成果表明，健康管理专业有较高的人才培养质量，为实施"健康中国战略"贡献了广东方案。

---

① 宋卉，药理学博士，教授，现任广东食品药品职业学院健康管理与生物技术学院院长，中国健康管理协会人才专委会副秘书长、广东省健康教育协会副会长，研究方向为健康管理专业建设与社会服务。主持国家项目 2 项、省级项目 5 项、认定校级课程思政案例 1 个，获国家级高职教育教学成果奖 1 项、广东省高职教育教学成果二等奖 2 项。

一、 解决的问题

随着广大民众健康及医疗服务量和质需求的快速增长，高职医药卫生大类专业人才培养规模日渐扩大，尤其是在全球范围的新冠疫情暴发后，全球健康医疗服务的供需矛盾进一步凸显，现有的医疗服务难以满足广大民众日益增长的高质量健康保健服务需求。因此，把思想政治教育和职业素养教育贯穿教育教学全过程，进一步加强以医学职业道德、职业态度和职业价值观为基本内容的职业素质教育，着力为习近平新时代中国特色社会主义培养具有"敬佑生命、救死扶伤、甘于奉献、大爱无疆"意识、具有重大突发卫生事件应对能力的高综合素养医疗健康领域德技并修人才，是迫在眉睫的时代要求和关键任务。原有专业人才培养体系未能全面贯彻习近平新时代中国特色社会主义思想和党的十九大精神，激发学生产生道路自信、理论自信等展现中国现代化建设成就，尤其是健康领域智慧化研究与应用成果的平台搭建不完全，不利于培育新时代高质量健康管理人才队伍。

针对以上问题，健康管理专业依据行业发展特点及境外合作优势资源分析，对健康管理人才的培养目标进行定位，通过以"全人教育理念—文化建设—课程体系—境内外校企、校校合作平台"建设为主线，从课程体系改革入手，设置了着重价值观塑造和职业持续发展潜力培养的"人文发展模块"。通过课程改革，培养了近千名关爱生命及健康、具有良好团队合作精神和职业发展能力、具有国际视野的高技术技能人才，建立了中外合作办学项目，带动了全校其他相关专业的发展，同时为高职同类专业建设、服务"健康中国2030"重大国家战略提供了一个可复制、可借鉴的成功范例。

二、 解决问题的策略

1. 利用深度校企合作、开发教学资源库、VR 项目等数字化资源，呈现行业发展现况

学校实训条件、具体教学内容无法适应老龄化及慢病高发率引发的健康管理需求的快速增长、产业相关技术飞速发展的现状，是专业发展及人才培养面临的主要问题。

通过校企合作，与优质境内外企业共建约 3 000 平方米、设备价值近 1 000 万元的广东现代健康服务业公共实训中心及广东省健康管理教育研发基地；构建与课程思政深度融合的"VR +"健康管理专业的课程体系，研制专业课程标准、专业

教学标准，搭建"VR +"健康管理专业课程思政线上教学资源平台。

2. 通过"全人教育"教学模块设置，实现立德树人的培养目标

健康管理课程体系分为医药基础、健康管理、商务拓展、人文发展四大模块。人文发展含沟通技巧、职业健康与安全维护、医药人文修养、文献检索与论文写作、健康保险及相关法律法规、公众演讲、公益服务等课程。优化健康管理课程体系，不仅有助于提升学生的思维能力，而且能够帮助学生坚定社会主义信念，形成社会主义核心价值观。

3. 通过建立境外交流机制及专业标准国际化认证，推广中国标准，提高国际影响力

（1）通过境外交换生及境内交换生机制、公益或境外学习抵算学分机制开阔学生的国际视野，帮助学生深刻理解我国在国际中的作用与地位，使学生能够自觉以实现"民族复兴"的中国梦为己任。

（2）将融入课程思政元素的健康管理专业教学标准进行国际化认证，将我国的健康人文教育随专业标准推广至世界，为进一步提高我国文化软实力及国际影响力做出贡献。

三、 实施效果

广东省食品药品职业学院 2011 年率先在全国创建高职健康管理专业，专业建立之初，即以"全人教育"理念为基础，围绕发展和培养学生的专业知识技能硬实力与"修医德、行仁术、善沟通、提供更加优质高效的健康服务"等软实力，构建专业课程体系及专业教学标准，旨在培养德技并修、具有文化自信及国际化视野的人才。

十多年来，健康管理专业以"爱于心、践于行（We Care）"的专业文化建设为引领，跟随党的"健康中国"战略部署，以及根据中共中央、国务院《关于加强和改进新形势下高校思想政治工作的意见》和中共教育部党组《高校思想政治工作质量提升工程实施纲要》等文件要求，依托省示范性高职院校重点专业、省一流高职院校高水平专业、广东省健康管理教育与研发基地等平台，不断提升专业思想政治教育内涵建设。

健康管理专业积极对接世界一流教育资源，与世界知名应用型大学——英国伯明翰城市大学合作举办"健康管理/Diploma in health management"中外合作办学专业（双文凭），2018 年获得广东省教育厅批准、教育部备案，成为全国首个健康管理中外合作办学项目，专业国际化建设水平始终走在全国同类专业前列，为健康管理专业国际化提供了一个可复制、可借鉴的成功范例。

1. 专业创始人具有一定的全国影响力

专业创始人宋卉教授任中国健康管理协会人才专委会副秘书长、广东省技能鉴定专家（健康管理专业）、全国卫生健康行指委健康管理专业分委会委员、广东省健康教育协会副会长、中国卫健委健康管理师题库评审专家，并任教育部第一批《高等职业学校健康管理专业教学标准》修（制）订专家组副组长、广东省健康管理专业实训教学标准制定人。

2. 专业建设辐射带动同类专业及行业发展

（1）2016 年 5 月，举办"健康管理职业教育国际化办学研讨会"。来自澳大利亚联邦大学和中国台湾嘉南药理科技大学、辅英科技大学、宁波卫生职业技术学院、肇庆医学高等专科学校、广东工商职业学院、广东华商职业学院以及香港百本集团、广东省第二人民医院等代表 30 余人，分享了健康管理专业群的建设经验，对共同推动健康管理类职业教育事业的发展产生了有利的影响。

（2）2017 年 11 月，举办"一带一路"大健康产业发展与教育国际高峰论坛，来自新西兰、澳大利亚、美国、加拿大、英国和我国国内的 200 余位政府代表、知名学者、行业领袖、企业高管参加。

（3）2018 年 11 月，举办"2018 年全国健康管理分委会年会""2018 广东省养老教指委年会"，台湾弘光科技大学、全国卫生健康行指委秘书长、宁波卫生职业技术学院党委书记、广东理工学院校长等各省市行业及院校代表等 120 余人参会。

3. 人才培养质量和特色得到了提升

健康管理专业新生历年第一志愿上线率均 100%，新生报到率达平均 90% 以上。第三方调查显示本专业毕业生就业率和专业对口率均达到 100%，对母校的满意度和推荐度较高，毕业生起薪点高，基本工作能力和核心知识满足度高，与企业需求吻合度高。

健康管理专业获得 2017 年省级护理技能大赛二等奖 1 项、2017 年国家级护理技能大赛三等奖 1 项、2015 年广东省创新创业大赛优秀奖 1 项。

4. 专业产生了国际影响力

（1）与英国伯明翰城市大学共同举办全国首个健康管理专业中外合作办学项目，于 2019 年招生，顺利完成学业要求的毕业生将获取英国伯明翰城市大学的文凭。

（2）与台湾嘉南药理科技大学建立了交换生项目，学生可以选择在第五或第六学期赴台插班学习。

（3）连续 6 年举办"中医药文化涉外培训"，涵盖 9 个国家、近 1 000 人次。不仅使外国留学生了解中医药传统健康管理方法，同时弘扬了中医药传统文化，助力中医药传统文化走出国门，扩大中医药文化国际影响力。

（4）将融入了课程思政元素的健康管理专业教学标准进行国际化认证，已经通过英国国家学历学位评估认证中心（UK NARIC）国际认证初审，为融入中国思政元素的专业标准获得国际认可奠定了坚实基础。

四、 创新与示范

1. 构建深度融合课程思政的国际化专业教学资源

（1）举办涉外培训，提升文化自信和民族自信心。

举办"中医药文化涉外培训"项目，使健康管理专业学生通过参与中医药文化活动，弘扬传统中医药文化，提升文化自信心和民族自豪感。

（2）专业标准国际化认证，提升国际影响力。

将带有思政元素的专业教学标准进行英国国家学历学位评估认证中心的专业认证，向国际输出契合中国特色社会主义发展要求的国际化健康管理专业标准，提升中国健康管理专业的国际影响力。

2. 利用"VR +"课程思政专业课程体系，创新课程思政的教学载体

以 5G、人工智能等现代信息技术为支撑，综合运用 VR（虚拟现实）超高清等技术手段，构建全息化、可视化的教学流程，积极创新涉医专业的课程思想教育手段，落实立德树人根本任务的教学载体。通过设计虚拟病人的方式，给予学生沉浸式、交互式的学习体验和可反复进行的技能训练，极大程度解决了医学教育中标准化病人不足且学生无法反复在病人身体上操练的现实问题，从而为培养学生严谨科学的工作作风、提高学生医学服务水平和技能操作精度提供了必要条件。

3. 开展多样学院思政活动，培育和践行社会主义核心价值观

通过设置公益服务学时要求、建立涉外培训项目、开展创新创业教育塑造学生的社会主义核心价值观，提升学生文化自信，使学生养成高尚的职业道德和锐意进取、科学严谨的工作态度，进一步增强思想政治教育的时代感、针对性、实效性，进一步坚定广大青年学生的理想信念和价值取向，培养社会主义的建设者和接班人。

4. 示范效应

2020—2022 年，第三方评价机构"金平果科教评价网"中国高职院校及专业竞争力排行榜中，我校健康管理专业蝉联 2020—2021、2021—2022 两个年度全国排名第一。①

---

① 数据来自中国科教评价网：http://nseac.com。

五、 反思与改进

1. 思政元素与专业模块课程教学设计尚未完全融合

在授课教师及授课方法方面，多数医药类高职院校的思想政治理论课教师缺乏医、药专业背景，没有临床和实践的切身体会，长期以口头传授为主，甚至将之当作唯一的课堂教学手段，授课存在单一灌输、理论主义、内容枯燥、理论与实际脱离、缺乏互动、理论有余感性不足等明显缺陷，学生主动性不足，重视度不够，思政课堂教学效果亟待提高。同时，专业课教师因没有系统的课程思政的教学标准支撑，对学生"立德"的培养多为无意识、无标准、无体系，教学效果高度依赖于教师个人经验与修养。

改进：进一步推进教学改革，优化教学内容，创新教学方式，加强课程和教材建设，提高教师队伍综合素质，提升课堂教学效果，不断提升思政课程的实效性与针对性。针对课程思政，教师不宜硬性灌输、生硬地直接给出结论，而应由浅入深地引导学生理解中国特色社会主义制度的优势和新中国建设取得的历史性成就，在扎实的文献研究和社会调查基础上，把家国情怀自然渗入健康管理专业课程的方方面面。

2. 课程思政的"数智化"专业课程体系亟待构建

改进：优化课程思政教学手段，利用 VR 技术把抽象的思政元素和概念具象化，如对虚拟病人的疾病发生、发展全过程进行的可视化直观展示疾病发展变化规律，让学生得以反复操练临床检查、治疗、护理技能。这还可以训练学生对重大突发卫生事件的应对能力等，让学生在虚拟场景中有所感、有所思、有所悟、有所获，从而帮助学生成长为具有社会主义核心价值观的"敬佑生命、救死扶伤、甘于奉献、大爱无疆"意识，同时具有重大突发卫生事件应对能力的医疗健康领域专业德技并修人才。

3. 课程思政的"数智化"教学资源平台有待形成

改进：通过教指委或行指委，联合其他院校组建团队，共建共享数智化思政教学资源库。

近几年，广东食品药品职业学院健康管理专业被评为省级示范性高职院校重点专业和省级一流高职院校高水平建设专业，深入贯彻"全人教育"理念，形成以专业文化建设为引领的德技并修的人才培养体系，塑造专业文化品牌的同时亦带动了同类专业及行业走向"国际化"发展。但专业建设仍需深度融合课程思政元素，引入 VR 技术，构建"数智化"课程教学体系和教学资源平台，培养德技并修、具有文化自信及国际化视野的健康管理行业人才。

软件技术专业 "产思专创 + 医养企校" 协同育人探索

张乐吟①

本案例依托软件技术专业，解决教学过程中存在的不同专业课程思政方案出现同质性、现有模块式课程体系缺乏有效思政衔接、专业课教师固守单门课程、课程思政教学评价体系不健全等问题。

根据广东省"大卫生"产业转型升级和建设"健康中国"社会发展目标，立足广东食品药品职业学院"明德精业、惟民其康"的校训，坚持"为人类健康事业培养高素质技术技能人才"的办学宗旨，以新一代信息技术与健康医疗养老产业深度融合为特色，构建"医养企校融通"协同育人平台，以"课程思政"和"产教融合"为双重驱动，强调价值观的引领和职业素养的提炼，重构"专创融合"课程体系，培养既掌握信息技术又具有健康医养背景知识，并且具有正确思想信仰和理想追求、职场就业新观念、创新创业思维的复合型健康信息技术人才。这能有效缓解健康医养信息产业人才紧缺的困境，促进区域经济产业链、职业人才价值链的跨界和协同发展。同时，培养学生家国情怀、道德修养、职业素养、专业伦理、医学人文、全球视野、创新精神七大素养。

一、 解决的问题

软件技术专业课程思政建设普遍存在以下问题：

1. 不同专业的课程思政方案出现同质性，未能充分挖掘产业、专业和办学特色

不同专业的课程思政建设一味追求普适性，课程思政方案出现同质化现象，

---

① 张乐吟，高级工程师，广东食品药品职业学院软件学院软件技术专业带头人。研究方向是计算机教学、教育测量与评价。主持广东省高职教育教学改革研究与实践项目 1 项、广东省继续教育质量提升工程项目 2 项；获广东省职业院校技能大赛教学能力比赛三等奖 1 项、广东省高校青年教师教学大赛二等奖 1 项、三等奖 1 项；指导学生获广东省职业院校技能大赛学生专业技能竞赛一等奖 1 项。

导致课程舍己之长，得不偿失。专业课程思政建设既要把握德育的共同规律，又要依托学校定位和行业特色，才能充分体现课程思政建设的比较优势。行业特色高校形成独树一帜的课程思政成果，为挖掘课程思政素材提供了更多可能性，也能够更好地激发学生共鸣，增强学生认同感。

2. 现有模块式的课程体系缺乏有效思政衔接

软件类专业课程体系一般采用模块化设置，按照通识课、专业基础课、专业核心课、专业拓展课四个层次进行螺旋递进式搭建。不同方向的课程之间很少有教学内容的衔接与沟通。为了确保各专业课程的思政教育聚焦专业特色，避免课程思政散点式建设造成的重复、偏离或遗漏等问题，有必要从专业思政视角进行顶层设计，协调统筹专业课程体系的思政建设。

3. 专业课教师固守单门课程，思政教育理念存在局限性

国内高校课程思政改革主要聚焦于教师个体对自己主讲课程的育人元素的初步探索和实施。主讲教师若缺乏深入和系统的思考，会导致教师把思政内容融入主讲课程时有很强的随机性，课程思政内容显得比较零散、随机，不利于软件技术专业开展体系化的课程思政建设。教师应该及时更新课程思政理念，在思政共享平台用更广阔的视野凝练课程思政的育人价值，与其他专业课程思政进行交叉融合再提炼。

4. 课程思政教学评价体系不健全

现有的评价方法和评价标准较为单一，评价标准鲜少纳入学生的认知、情感、价值观等难以量化的内容。思政教育内隐性和主观性的特点为课程思政的效果评价增加了难度。

二、 解决问题的策略

1. 思路

习近平总书记在 2016 年全国卫生与健康大会指出："要完善人口健康信息服务体系建设，推进健康医疗大数据应用。"国家新医改已将医疗信息化建设确定为医疗卫生改革的重要支柱之一。随着智慧医疗和智慧养老的飞速发展，传统 IT 人才已无法适应健康医疗养老信息产业。广东食品药品职业学院软件技术专业以新一代信息技术与健康医疗养老产业深度融合为特色，构建"医养企校融通"协同育人平台，重构"专创融合"课程体系，培养具有正确思想信仰、理想追求、职场就业新观念、创新创业思维的复合型健康信息技术人才（见图 1）。

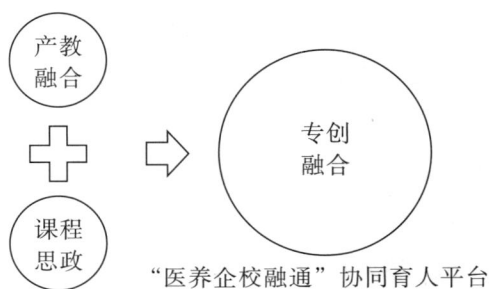

图1 软件技术专业"产思专创+医养企校"协同育人模式

2．过程

（1）产教深度融合，构建"医养企校融通"协同育人平台。

广东食品药品职业学院软件技术专业立足本校办学特色和职教集团，根据广东省"大卫生"产业转型升级和建设"健康中国"社会发展目标，与医疗信息化企业联合，构建以中山大学附属第一医院、南方医科大学珠江医院等医养机构为依托的高质量实习实训新体系。医养行业（提出信息化建设需求）—企业（打造技术解决方案）—高职院校服务医养企（培育健康信息技术专门人才）—医养企对接高职（提供课岗训资源与高质量实习就业岗位），四方联动，医养企校融通，实现产业链、专业链、人才链闭环融通，培养既掌握信息技术又具有健康医养背景知识的复合型健康信息技术人才，课程思政建设充分体现产业特色、专业特色和办学特色（见图2）。

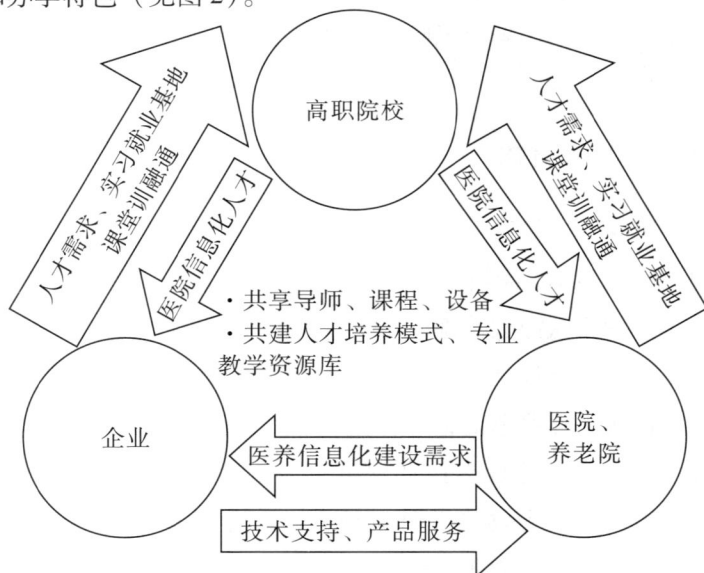

图2 "医养企校融通"的健康信息技术人才培养模式

（2）"产思专创融合"专业建设顶层设计。

"产"指的是产业，"思"指的是思想政治教育，"专"指的是专业教育，"创"指的是创新创业教育。"产思专创融合"专业建设，打通第一、第二课堂之间的边界，将第一课堂习得的知识和能力迁移至第二课堂，实现两课堂之间的统筹规划和有机融合（见图3）。

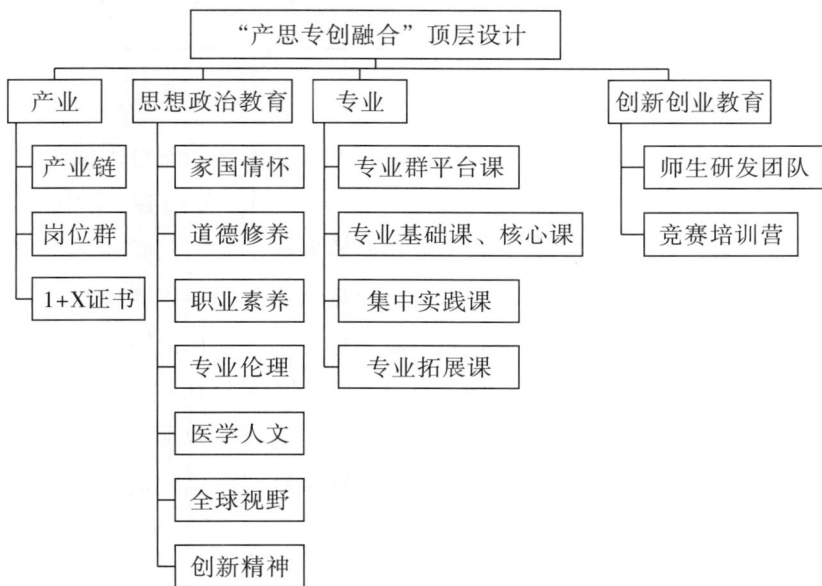

图3 "产思专创融合"专业建设顶层设计

3．做法

（1）设计"点—线—面"结合的专业思政资源库和课程思政体系。

明确各门专业课程在思政元素上存在的因果逻辑和结构联系，通过对多门课程的全局引导和对各门课程思政元素的系统规划，实现专业课程价值引领的有效衔接与精准定位，使课程体系的育人逻辑关系更加清晰，更好地实现立德树人的人才培养目标（见表1）。

表1 融入思政元素的专业课门数

课程组	家国情怀	道德修养	职业素养	专业伦理	医学人文	全球视野	创新精神
Web 前端设计	2	2	2	2	1		2
Web 前端开发	3	1	4	3	1	3	3
Web 后端开发	1	1	7	5	1	4	6

（续上表）

课程组	家国情怀	道德修养	职业素养	专业伦理	医学人文	全球视野	创新精神
健康信息行业特色课程	2	2	2	3	3	1	1
新一代信息技术	2	1	1	2	1	2	2
集中实践课	4	2	5	6	4	0	5

（2）建设颗粒化的专业思政资源库。

认真梳理蕴含在专业课程中且与软件技术专业高度相关的有形或无形的思政素材，包括专业历史、焦点事件、重大工程、科技创新等内容，凝练出家国情怀、道德修养等7个思政元素，建设专业思政资源库，为相关专业学生和教师提供一个思政学习平台。通过该平台，教师可以根据主讲课程或课程知识模块找到所需的思政案例，提升教师开展课程思政教学的主动性和积极性。

（3）培养立德树人、专兼结合的高水平创新型双师队伍。

强化教学研讨，提升课程教学团队育德意识、育德能力和人文理念。课程教学团队在传、帮、带的原则下，协同创新，共建共享课程思政资源，共同组织教学实施。

（4）探索行之有效的教学方法。

针对高职学生生源和学习态度参差不齐的特点，优化教学策略，精选行之有效的教学设计和教学方法，以激发学生学习主动性，引起学生情感共鸣，最终让思政元素内化为学生的理想信念，外化为学生的行为实践，提高课程思政教学效果。常见的教学方法包括问题探究法、任务驱动法、自主学习法等，教师由信息讲演者转向角色模拟者、咨询者、调解者等。采用启发式教学，要求学生用唯物辩证法的思想看待和处理问题，以利于形成科学的世界观和方法论；采用讨论式教学，活跃课堂气氛，培养学生团队合作意识和助人为乐的精神；采用翻转课堂教学，培养学生的自主学习能力。

（5）打造"三全育人"产教融合德育基地群。

广东食品药品职业学院软件学院已建成初具规模的校内外实训基地群。其中校内专业实训室4个、计算机技能实训中心15个，共有价值1 000多万元的设备。通过校企合作，共同完善校外实训体系建设，已建成基于"产、学、研、训"一体化办学理念、覆盖面广、配套层次丰富的校外实践教学基地23个。目前，学校正在打造依托广州农民运动讲习所、黄埔军校旧址、广东省博物馆等爱国主义教育基地，同时依托华为、格力等民族企业的广东红色文化校外实践基地。

（6）构建多元化教学评价体系。

由自评、互评、教师评三个维度评分，过程与终结性评价相结合，德、技双面评价。围绕学生"创新思维、价值取向、团队协作"等评价指标进行综合评价，针对学生在课程学习过程中的"德、能、勤、绩"等多方面表现进行考核。

①强化过程评价。着眼于整个教学过程，学生自评、讨论互评，再结合教师对学生学习表现等方面的评价，把学生的态度、职业道德、团队精神等纳入评价，将课堂表现和实训情况作为平时成绩的重要依据，加大平时成绩的权重。

②推进增值评价。重点考核学生的技能提升情况。原来基础相对薄弱的学生，有较大进步就该褒奖；原来基础就比较好的学生，如果原地踏步或者退步，即使他依然比其他同学考试分数高，也应该给予更低的评价。通过增值评价，可以鼓励学生不断进步，多元发展。

③健全综合评价。提高评价的人文因素，构造多元化的科学评价体系，符合"三全育人"的要求。对课程专业目标和思政目标的效果进行综合评价，重点关注学生是否掌握教学内容并用于解决实际问题，以及学生的个人修养、精神风貌、行为规范、价值取向能否有所提高（见图4）。

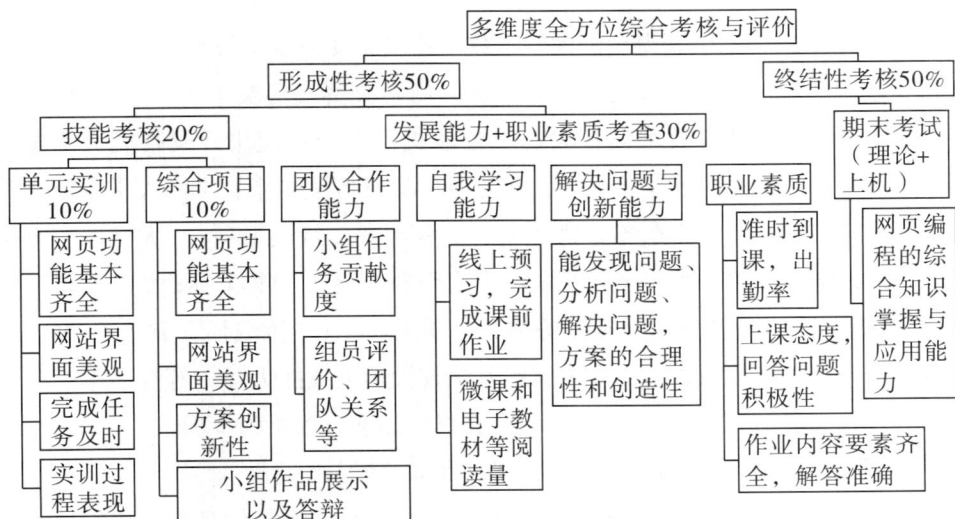

图4 教学评价体系

三、 实施效果

1. 专业建设水平高，标志性成果突出

经过几年实践，广东食品药品职业学院软件技术专业取得了一系列标志性成果：获得国家教学成果二等奖 1 项（主持），广东省教学成果一等奖 2 项（其中主持 1 项）；省部级以上各类课题 40 余项，教育厅推荐教育部课程思政示范课程 1 项，省质量工程 9 项，专利及软件著作权近 30 项，教材 12 部，论文 55 篇（核心、EI25 篇）；教师获省级以上教学大赛奖项 9 项；正式签约 72 家合作企业，共建共享企业情景式实训中心 11 个，健康类虚拟仿真实训中心 1 个，广东省联合研究生培养基地 1 个，广东省教育厅现代学徒制试点专业 2 个，订单班 2 个，1 + X 证书试点 3 个。

2. 人才培养质量高

为医养信息行业培养健康信息化人才 400 余人，新一代信息技术 + 特色课程赋能国家高水平专业群——中药学专业群等 43 个专业。北京新锦成数据调查显示，学生对课程结构、课程内容评价、专业认可度、就业对口率从最差跃居全校前茅，企业满意度 96.72%。学生就业率从不理想到近三年平均 99.1%，居全校第一名。学生近三年参加省技能大赛获奖 30 余项，居全校前茅。软件技术专业 2021 届毕业生平均月收入 7 992.76 元，为全校最高，获学生、家长、企业、社会的高度赞扬。

2020 年以来，学生获得全国大学生数学建模竞赛国家二等奖 2 个；"一带一路"暨金砖国家技能发展与技术创新大赛国内赛决赛二等奖 1 个，"一带一路"暨金砖国家技能发展与技术创新大赛"智能机器人全栈应用开发技能大赛国内赛"优秀奖 2 项；全国大学生智能汽车竞赛国家三等奖 1 个；全国大学生数学建模竞赛省级奖项 6 个、广东省分赛（高职高专组）二等奖 1 项；"大旺杯"全国机器人锦标赛二等奖 1 个；全国互联网应用创新大赛三等奖 1 项；"蓝桥杯"全国软件和信息技术专业人才大赛广东赛区一等奖 1 项；"挑战杯"省级奖项 7 项；创新创业大赛省级奖项 2 项；广东省职业院校大学生技能大赛一等奖 3 个、二等奖 6 个、三等奖 22 个；广东省大学生计算机作品赛省级奖项 2 项。

3. 学生职业素养大幅提升，立德树人成效显著

学生专业知识掌握牢固，成为各级医院、养老院、医养信息化企业的技术骨干力量，受到用人单位的一致好评。用人单位普遍对本专业的毕业生感到满意，认为本专业学生专业知识掌握牢固，职业素质高，基本技能能够满足管理岗位的要求。如广州易联众睿图信息技术有限公司评价卫生信息管理专业学生医疗信息化基础知识扎实，职业基本素质好，岗位适应能力强。在工作中能够吃苦，入职后能快速进入员工角色。学生前往医院实施项目时受到医生、护士的好评。广州广康医疗科技股份有限公司评价卫生信息管理专业着重体现"以职业活动为导向，以素质为基础，以项目为载体，以实训为手段"，运用丰富多样的实践教学方法，促进学生对各个训练单元教学内容的掌握。课外景区训练效果好，学生的岗位技能得到很大提升，对提高高职学生素质有重要作用。毕业生能迅速适应岗位要求。

图 5　中山大学附属第一医院项目运维组

四、　创新与示范

（一）创新

1. 创新"医养企校融通"健康信息技术人才培养模式

通过重定专业培养目标、重构教学供给和实训体系，形成"医养行业提需求—企业出方案—学校育人才—医养企对接学校提供课岗训资源和优质就业岗位"四方融通健康信息技术人才培养模式，有效解决健康医养行业信息技术人才紧缺问题。

搭建"医养企校融通"高职信息类专业学生高质量发展立交桥，以专注医养信息化建设的南京海泰医疗信息系统公司等企业为纽带，构建以中山大学附属第一医院、南方医科大学珠江医院等医院、养老、医养信息化企业为依托的高质量实训就业体系，为学生提供大量进入三甲医院等优质实训实习就业岗位的机会，实现学生高质量发展。

2．创新"产思专创融合"专业建设理念

创新"产思专创融合"专业建设理念，以"课程思政"和"产教融合"为双重驱动，强调价值观的引领和职业素养的提炼；培养具有正确思想信仰和理想追求、职场就业新观念、创新创业思维的复合型健康信息技术人才，有效缓解健康医养信息产业人才紧缺。

3．创新软件技术专业课程思政顶层设计

构建"点线面"结合的课程思政体系，实现专业课程价值引领的精准定位与有效衔接，使课程体系的育人逻辑关系变得更加清晰，更好地实现立德树人的人才培养目标。

（二）示范引领

1．专业思政建设具有示范辐射价值

高校"课程思政"的短板和难点在于理工科课程，做好理工科课程的思政教育具有重要意义。总结本专业课程建设的方法和经验，可以为其他专业的思政建设提供借鉴经验，也可以为兄弟院校和成人教育相关专业提供参考经验，推进信息技术类专业的课程思政建设。同时，能使课堂主渠道功能发挥最大化，建构全方位、多层次、立体化思想政治教育课程体系。

2．"产思专创融合"专业建设理念具有应用和推广价值

"产思专创融合"专业建设理念将思想政治教育、创新创业教育与专业教育有机结合，通过党建引领专业建设，为"专创融合"指明方向。紧密围绕产业升级和区域经济发展，充分利用产学研资源优势，积极构建全方位的实践人才培养体系，有力指导行业特色高职院校课程思政建设，丰富职教人才培养理论。

五、 反思与改进

1．部分课程思政资源陈旧

改进：一是以学期或者学年为单位，不断挖掘新的思政素材，建立动态的课程思政课程链建设机制。二是准确掌握世情国情的最新发展、学生的需求变化、学界的研究进展、资源技术的更新应用，认真领会其精髓，并合理应用于课程教学中。

2．第二、第三课堂与第一课堂的衔接与融合不足

改进：一是探索第二、第三课堂学分制改革。二是鼓励专业教师以学术科技竞赛小组、创新创业工作室等形式积极参与第二课堂，形成教育合力。

中 编

课程建设研究与实践

以食育人，有 "营养" 的营养课

—— "食品营养与健康"

马丽萍①

本课程针对教学过程中存在的学生主体地位得不到重视、学生体验感差、课程思政教学没有跟知识技能传授相结合等问题，以"重视学生主体地位、增强学生体验感"为主题，构建"以食育人、以文化人、以技成人"的课程思政教育模式，目的是把营养课变得有"营养"。课程对教学内容进行了重构，渗入了 STS 教育思想，以项目教学为载体，运用多种教学方法、信息化教学手段，开展课前自学、课中导学和课后拓展的交互融合式学习，符合学生的认知规律。课堂教学空间把传统的课室、实训室拓展到超市、家庭、社区等"社会课堂"以及"空中课堂"，提升了学生学习的维度。推进"学、教、做"一体化教学，原创"日行一膳"课后活动，增强学生体验感。将价值塑造、知识传授和能力培养紧密融合，构建"责任担当""传统文化""做人之理"和"做事之道"四个层面的思政主题。由此，思政教学目标达成，学生主动学习的能力、学习的兴趣、创新能力得到极大提升，达到教学相长、德技并修的效果。本课程成功构建了"一中心、双线并进、三课堂、四层面"课程思政建设模式，让思政教育潜移默化，解决了思政教学与专业课程脱节的问题。本案例入选广东省教育厅发布的 2021 年广东省高等职业教育"课堂革命典型案例"。

一、解决的问题

"食品营养与健康"是食品类专业必修课程，旨在培养学生营养指导、营养/健康教育职业能力。同时，提升学生的健康基本素养水平。

---

① 马丽萍，博士，副教授，广东食品药品职业学院食品学院专业带头人，学校金牌讲师、教学名师、课程思政教学名师、专业领军人才。主持省级精品课程"食品营养与健康"，主编国家"十四五"规划教材一本，研究方向为营养与健康。获得广东省职业院校技能大赛教学能力比赛一等奖、广东省高校（高职）青年教师教学大赛一等奖。

课堂教学是人才培养的主渠道和主阵地，是学校落实立德树人根本任务的关键环节。但是，本课程在实施课程思政的时候，存在不适应现代职教理念、课堂教学效率低下的问题。

1. 学生主体地位得不到重视

本课程是一门系统化、逻辑性强的学科，大部分教师以教材为讲授内容，每一节由概念、定义、原理、问题、案例等组成，照本宣科，完全不了解学生想听什么、想学什么。课堂上，教师是"演员"，学生只是"观众"。课堂空间仅局限于校内的课室、实训室，学生学习的流程基本上是：从理论到实操，从课室到实训室的"两点一线"活动，课后则应付式地完成教师布置的作业，职业能力没有持续提升。

2. 教学方法没有变化，学生体验感差

营养是看不见摸不着的东西。在很多营养课的教学中，教学方法以讲授法为主，教师按照 PPT 编排好提纲，从上课讲到下课。中间或许增加一些提问、小测、讨论、看书等环节，但整个教学过程及方法缺乏变化，学生没有体验感。

3. 课程思政教学没有跟知识技能传授相结合、没有形成体系

本课程的思政元素非常多，包括社会责任感、爱国情怀、劳动教育、科学思维等，但有些教师在进行课程思政的时候不懂得与课程内容结合，容易生搬硬套，造成"两张皮"现象。而且大多数教师上课只会不停地挖掘思政元素，但不会将它们串成一条逻辑链，思政元素散而乱，没有形成科学的体系。

二、 解决问题的策略

（一）思路

本课程以"重视学生主体地位、增强学生体验感"为主题，构建"以食育人、以文化人、以技成人"的课程思政教育模式，目的是把营养课变得有"营养"。在教学设计中，以先进的 STS（Science，Technology，Society）教育思想为指导，要求学生不仅掌握营养相关知识、有探索的科学精神（Science），还要具有实际操作能力（Technology），更要具备人与自然和谐共生的思想和社会责任感（Society）。拓宽课堂学习空间，课堂学习空间不再局限于课室、实训室，还拓展到超市、家庭、社区之外的"社会课堂"以及"空中课堂"，螺旋式地提升学生技能。以学生为中心，设计典型的工作任务，以项目驱动教学进程。在教学过程中，注重以"教"为主向以"学"为主转变，学生是主体、是演员，教师是主

导、是导演，课堂成为学生的主场。教学过程采用翻转课堂的方式，采用线上线下混合式、课前课中课后一体化设计的教学模式，联合采用任务驱动法、小组合作探究法、情景模拟法、思维导图总结法等多种教学方法，以此激发学生学习的兴趣，增强学生的体验感，达到知行合一、教学相长、德技并修的效果。

（二）过程

1. 教学内容优化

原先的课程内容分为基础知识、应用能力和技能实训三个模块，实践项目则单独列出。本案例根据公共营养师的职业标准，结合 STS 课程的实践性和综合性特征，对课程模块进行了重构，变成了新的三个模块——食品营养、膳食指导、健康素养。优化后的课程有如下特点：①实践项目融入各个知识模块，体现了"做中学、学中做"；②增加了健康素养教育模块，加入《中国公民健康素养》《健康中国行动（2019—2030）》内容；③课程内容实行弹性化，设置"选修"和"必修"部分，对于不同专业，可选取不同的教学内容。课程的具体内容也进行了严格的甄选，纯理论性的内容尽量减少，增加学生必须掌握的技能以及能提高学生科学素养的内容。（见图1）

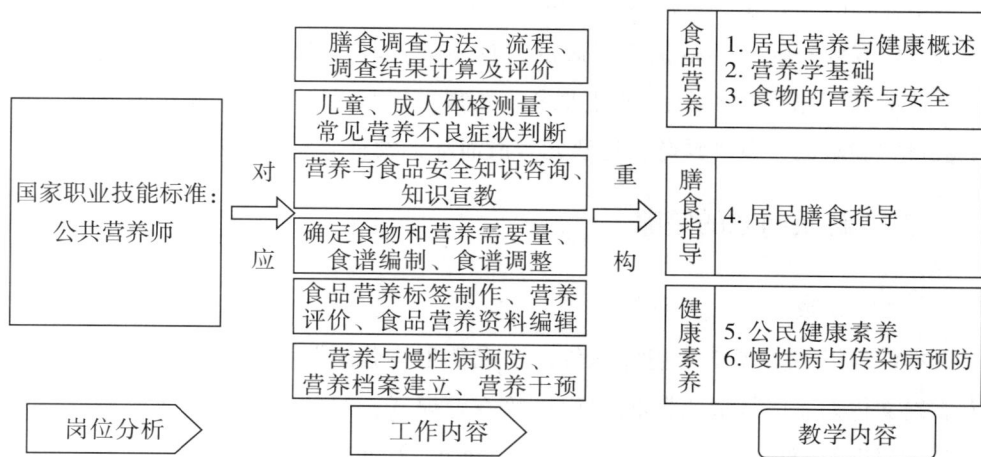

图 1　教学内容的重构

2. 具体教学过程

下面以"食品营养与健康"模块一"食品营养"的项目 3 中"食品营养标签解读"（2 学时）为例进行讲解。

（1）做好学情分析，因材施教。

本课程开设于第二学期，通过分析学生在前面章节的测试结果、任务完成的情况以及往届学生的学习情况，做好三方面的学情分析：知识技能基础、认知和实践能力、学习特点。以此，有针对性地制定教学策略。同时，在上课之前，通过课前测验，了解学生自学的情况。依据测验情况，在课堂上，对于学生能够自学的、已经掌握的知识，教师可以不再详细讲解，而是重点讲解难懂的地方，从而避免课堂成为教师的"一言堂"。

（2）课前课中课后一体化设计。

按照"引、析、做、评、拓"五个教学环节开展教学。（见图2）

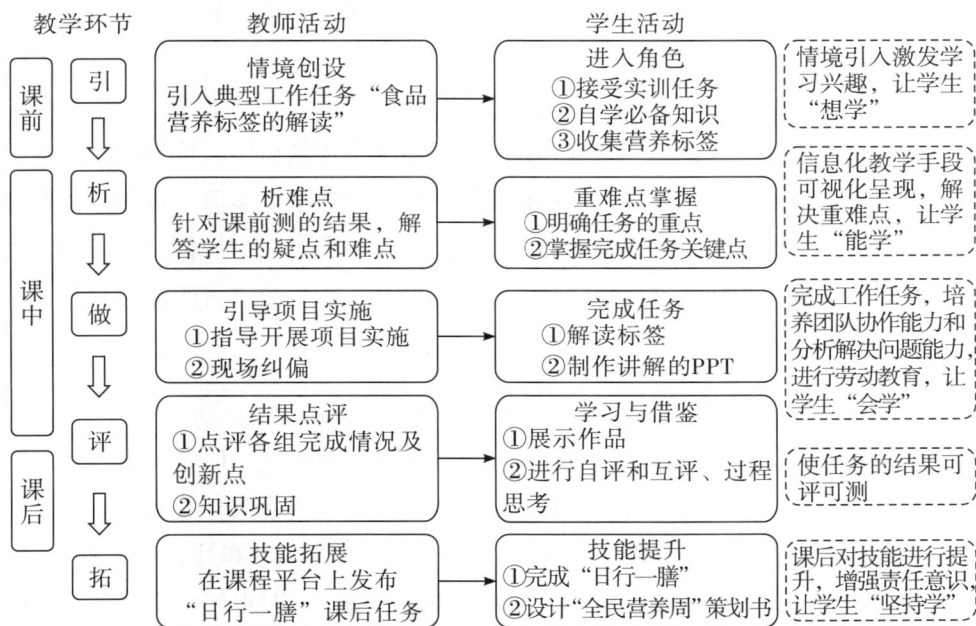

图2　课前课中课后一体化设计

课前——【引】：引入一项典型的工作任务，教师通过网络课程平台发布任务。学生工作准备：①自学必备知识，完成课前测；②学生到超市进行营养标签调研，形成感性认识，同时采集食品营养标签。通过项目引领，让学生"想学"，增强学生关注公众健康、服务群众、奉献社会的意识。

课中——【析】：教师根据课前测，对学生未能掌握的重要知识点进行讲解，解答学生的疑问。通过信息化手段的可视化呈现，解决学生的难点，让学生"能学"。

【做】：学生完成工作任务：①学生模拟营养师的身份，解读收集到的营养标签；②制作讲解的PPT。整个过程，学生是完成任务的主体，教师在旁边进行巡回指导。通过完成任务，培养学生严谨细致的营养师职业素养和团队协作精神。

【评】：学生作品展示，进行自评、互评、教师评。最后，进行知识巩固，完成一个"大家来找碴"的小游戏。以公共营养师（三级）考核标准进行评价，培养严谨求实的营养师职业素养、提升健康素养水平。

课后——【拓】：教师发布课后任务：①"日行一膳"：到超市观察牛奶的营养标签，给老人选择一款合适的牛奶；②每年5月第二个星期是"全民营养周"，请同学们设计"营养标签"有关的科普活动。通过参加实践活动，增强学生的职业体验感，培养学生关注公众健康、服务群众、奉献社会的意识，促进职业素养的养成。

（3）多元考核，教学效果可评可测。

由自评、互评、教师评三个维度评分，围绕学生创新思维、价值取向、团队协作等评价指标进行综合评价，用信息化手段实时采集学生学习全过程，过程性评价针对学生在课程学习过程中的"德、能、勤、绩"等多方面表现进行考核，线上与线下评价相结合，过程与终结性评价相结合，德、技双面评价。

（三）做法

1. 渗入STS教育思想，着力提升学生健康素养水平

STS教育思想关注科学（Science）、技术（Technology）、社会（Society）的相互关系，是适应社会发展的一种新的教育思想，它与职业教育的人才培养要求不谋而合。它要求课程目标多元性（知识＋技能＋道德观念和社会责任感）、课程内容综合性、课程结构开放性（关注社会热点问题）、课程评价全面性。在课程设计中，充分体现了这一教育思想。（见图3）

图3 STS教育思想的渗入

2. 以学生为中心，设计典型的工作任务、拓宽课堂学习空间，翻转课堂、课前课中课后一体化设计

每节课都设置工作任务，任务来自《国家职业技能标准：公共营养师（三级）》中的工作任务，包括人体体格指标测量与评价、膳食调查、食谱编制等，这些也是学生今后工作岗位的典型工作内容。在教学过程中，注重以"教"为主向以"学"为主转变，在"引、析、做、评、拓"五个教学环节，学生是完成任务的主体，真正参与到课程学习中。课堂不再是教师的"一言堂"，而是学生学习的主场。课堂空间不再局限于课室、实训室的两点一线，还拓展到超市、家庭、社区之外的"社会课堂"以及"空中课堂"。课前，让学生在网络课程平台（"空中课堂"）上学习所必需的相关知识，到超市（"社会课堂"）去进行调研体验。课中，在理实一体化的课室完成任务。课后，学生完成"日行一膳"任务、开展"全民营养周"科普活动，把课堂学习带到家庭、社会（"社会课堂"）之中。通过"三个课堂"的空间转化，螺旋式地提升学生技能。

3. 采用线上线下混合式教学，联合采用多种教学方法，激发学生学习兴趣，增强体验感，润物细无声地渗透社会主义核心价值观

通过学情分析得知，学生喜欢体验式的教学方法。把在线教学和传统教学的优势结合起来，做到"线上有资源、线下有活动"。同时充分利用了我校主持的"食品质量与安全"国家级专业教学资源库及"食品营养与健康"省级精品课程平台（"两平台"）的资源；灵活运用各种信息化手段，如动画、微课、小游戏、软件等活跃课堂；依据教学内容采用不同的教学方式，如案例教学法、探究式教学法、启发式、讨论式、项目驱动式等，激发学生独立思考和创新意识，真正做到潜移默化地达到立德树人思政目标。教学团队用心选择每一个案例、每一个讨论主题、每一个实践项目，让它们不仅紧密结合课程思政元素，而且具有代表性和针对性，润物细无声地渗透社会主义核心价值观。如在讲授蛋白质的内容时引入"大头娃娃"事件案例，培养学生诚实守信的职业道德。

4. 将价值塑造、知识传授和能力培养紧密融合，构建四个层面的思政主题

本课程的思政教学目标是提升学生健康素养水平、培育"四有"食品人（有高度、有温度、有尺度、有厚度）。为了达成这个目标，可将思政元素划分为四个层面的思政主题，在各个教学项目中设置思政主题。分别是："责任担当"，树立社会责任感、担当意识，培育学生的"高度"；"传统文化"，勤俭节约的传统美德、民族自豪感、文化自信、尊老爱幼，培育学生的"温度"；"做人之理"，从"以人为本"的角度看待问题、法治意识，培育学生的"尺度"；

"做事之道"，科学、严谨、求实等营养师的职业素养，培育学生的"厚度"。做到每个章节都有思政主题，每次课都有一个以上的思政点，每个思政点都有大量的资源作为支撑。比如，对于项目4"居民膳食指导"，思政主题是：责任担当、传统文化，思政元素是中华传统文化、爱国情怀、民族自信。引入《黄帝内经》中"五谷为养，五果为助"内容，将我国古代的养生学说与现代营养理论对接，并告诉学生这是世界上关于合理膳食最早的理论，培养学生对我国源远流长的优秀传统文化的自豪感和学生的社会责任感。

三、 实施效果

（一）思政目标达成

1. 学生健康素养水平得到了提升

本课程的思政教学总体目标是提升学生的健康素养水平，我们在学生学习本课前、后用《中国居民健康素养水平测试》对其进行了测试。结果发现，课前学生的健康素养水平为68.2%，课后提高到92.4%，增幅达24.2%。其中，具备基本知识与理念的素养水平由51.1%提高至83.2%，增幅32.1%；具备健康生活方式与行为的素养水平由75.4%提高到95.1%，增幅19.7%；具备健康基本技能方面的素养水平增幅最大，达到了35.2%。本课程提升了学生的健康素养水平，确确实实地完成了思政教学目标。

2. 学生更有责任感和担当

通过融入STS教育理念，落实"健康中国"的战略思想，学生在学好知识的同时，更加认识到社会责任的重要性，自觉地担起"为人民健康谋福祉"的责任。在课后的问卷调查和学生访谈中，有92.5%的学生表示通过本课学习增强了社会责任感，90.5%的学生对国家制度更加自信，95.9%的学生对中华民族传统文化更加自信。他们还表示，课外会更加积极主动跟周围的朋友、家人介绍营养健康知识，做提升国民健康水平的践行者。

3. 学生良好的专业素养更加显现

教师本身是经验丰富的营养师，以身作则，在教学中展现了公共营养师严谨、求实、以人为本、创新等职业风范，让学生的职业素养得到提升。2018年起，在每年"全民营养周"及"学生营养日"，学生在自行组织的营养与健康相关科普活动中，展现了良好的营养师专业素养，取得了很好的效果。

学生积极参与"挑战杯""众创杯""互联网＋"创新创业项目及职业技能比赛等，获得了多个奖项。其中，获得省级以上比赛奖励10多项。

（二）校内外评价高

1. 学生评价

学生认为课程内容很有"新意"，使原本枯燥的内容具有了更多的人情味，感觉教师在课堂上讲的内容非常实用、在生活中处处可用。学生对课程"很感兴趣"的比例不断提升，由 2018 年 89.1% 提升至 2021 年 95.0%。近五年来学生对本课程评教均达到 92 分以上，学生评价说"知识储备量丰富、讲课很有耐心，通俗易懂""让我学习认真、充实""课堂内容充实，讲授内容真切，收获大"。

2. 校内外同行评价

校内督导认为课程"教学内容丰富、活泼，提高学生的积极性"，本课连续八年被评为优秀（90 分以上）。校外，全国食品工业职业教育教学指导委员会委员、广东轻工职业技术学院副校长邓毛程教授评价道："课程始终贯穿'健康中国'的理念，通过不断引导，将思政教育融入学生的内心"；广东环境保护工程职业学院、东营职业学院、厦门海洋职业技术学院、山西铁道职业技术学院等使用本课程资源的学校也给予了很好的评价。

（三）校内外辐射

通过课堂改革，课程教学团队获得 7 项省级课题立项，参加教学能力大赛获得 5 项省级以上奖励，如广东省高校（高职）青年教师教学大赛一等奖、广东省职业院校技能大赛教学能力比赛一等奖。同时，信息化教学成果获全国性奖项 4 项、省级奖项 1 项。思政教学改革成果"把营养课变得有'营养'"成功入选 2021 年广东省高职教育"课堂革命典型案例"，是全省 101 个典型案例之一。教学改革成果"基于 STS 思想的高职食品类课程改革提升学生科学素养水平的实践"获得 2019 年校级成果奖二等奖，得到了专家的认可。2021 年，本课程入选首批校级"课程思政示范课程"。项目改革成果之一——配套的教材《食品营养与健康》为国家"十四五"职业教育规划教材，发行 60 000 多册，已在我国 20 多个省（自治区、直辖市）职业学校食品及相关类专业教学使用，使用效果好，广受同行的好评。

四、 创新与示范

1. 构建了"一中心、双主线、三课堂、四层面"课程思政建设模式

一中心：以学生为中心，注重以"教"为主向以"学"为主转变，突出综合素质的培养。

双主线：注重知识能力提升和健康素养培养的"双主线"设计。以营养—食物—膳食—健康为主线进行知识、技能的串联，同时，以逐步提升学生健康素养水平、培育"四有"食品人为思政主线，注重学生知识、能力、素养的培养和价值取向的引领。

三课堂：课堂空间不再局限于课室、实训室的"传统课堂"，还拓展到超市、家庭、社区等"社会课堂"以及线上的"空中课堂"。通过"三个课堂"的空间转化，螺旋式提升学生职业素养。

四层面：把思政元素系统性地进行整理，划分为"责任担当""传统文化""做人之理"和"做事之道"四个层面，在各个教学项目中设置思政主题。课程思政教育做到有点、有线、有面，把"珍珠"串成了"项链"。（见图4）

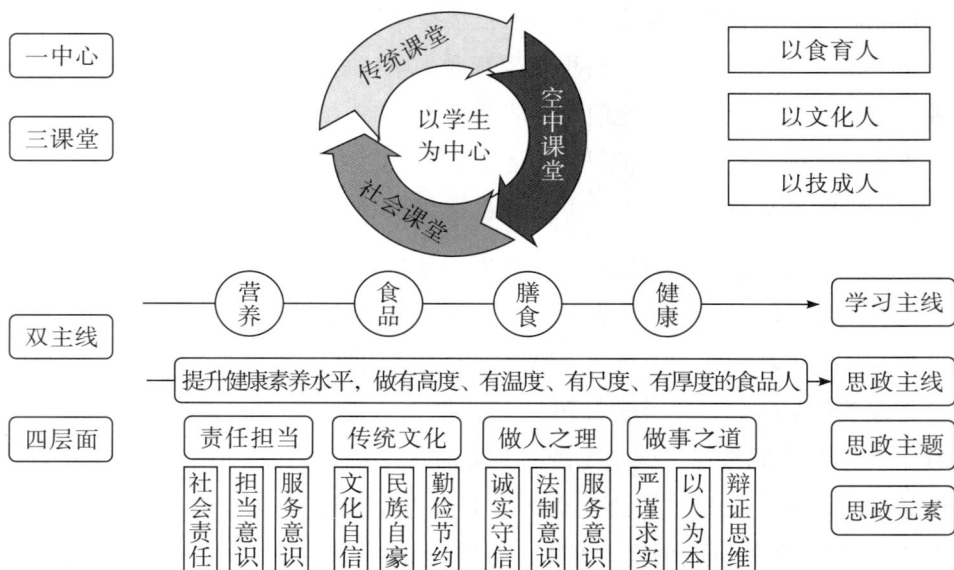

图4　课程思政建设模式

2. 健康素养加入，STS 教育思想渗入，给营养课增添了"营养"

紧扣"健康中国"的时代脉络，创新性地加入了健康素养的内容，融入了《健康中国行动（2019—2030）》的15个重大行动计划，并把提升国民健康素养水平列为教学目标，赋予课程鲜明的时代特色。STS 教育思想旨在提升素养，强调课程目标多元性、课程内容综合性、课程结构开放性、课程评价全面性，在课程设计中处处体现了这一思想，课程变得更有人情味，还给营养课增添了"营养"的元素，达到既营养身体又营养思想的教学效果。

3. "体验式"教学方式让思政教育在身临其境中潜移默化

丰富体验是本课程的一大特色。如：测一测自己的健康素养水平的体验；给自己家人搭配食物的体验；给自己设计一日食谱的体验；在"全民营养周"到社区开展科普活动的体验……"体验式"教学方式让学生身临其境，有效提高了教学效果，促进了学生职业素养的提升。本课程原创每次课后"日行一膳"的实践环节，要求学生将学到的健康饮食理念实施到自己和家人身上，日积月累坚持并记录。这种"体验式"教学方式激发了学生的兴趣，增强了学生的职业认同感，提升了学生的职业素养，让学生感受到了自身的价值。

图5　学生参加体验活动

五、 反思与改进

1. 要对学生实施更加精准的指导

在教学中发现，女生会比男生更加关注营养。学生的知识来源也不一样，有的学生喜欢从书籍获取知识，有的喜欢从公众号、小视频等获取知识，导致教学上存在困难，个别学生对关键知识点和技能点把握不到位的情况不可避免。针对这个情况，课前，结合线上平台，让落后的学生提前学习；课中，教师以及各组组长重点关注学习不到位的学生；课后，学生进行实践巩固，促使每名学生努力练就扎实基本功。

2. 继续优化实训项目，持续更新和完善教学资源

食品行业更新换代较快，国家关于营养与健康的政策、标准和指南更新也很快，要根据岗位需求、人才培养规格的要求，结合国家教学标准，对实训项目进行优化。同时，继续完善微课、动画等教学资源建设，并持续更新，满足学生自主学习的需求。

"谈添不色变"

——"食品添加剂"课程思政建设

黄佳佳①

食品添加剂与人民群众生活息息相关。在"食品添加剂"课程专业学习中融入思政元素，更能发挥课程的育人功能。通过深度挖掘与"食品添加剂"课程贴合度高的思政元素，采取线上线下交互方式，将文化自信、法治意识、诚信教育、创新教育、工匠精神等思政元素有机融入专业学习过程，不仅有利于提升"食品添加剂"课程思政的专业特色与育人优势，增强课程思政的代入感和趣味性，而且有利于提升食品未来从业者的职业素养和道德规范。

课程明确教学目标，挖掘高贴合度课程思政元素，构建课程思政教学模型，充实课程思政教学资源。通过多元化思政教学环节设计，多形式思政教学活动开展和多方式课程考核评价实施"食品添加剂"课程思政教学。在智慧课堂的"智慧模式"下，实现了课程思政全程有机融合。通过真实情景，实现思政教学"无声"渗透。

将课程思政内容有机融合到"食品添加剂"专业课程学习中，提升学习思政素质与专业知识、技能的深度融合，形成知识导向和价值引领协同育人联动方略，是实现立德树人教育目标，推动全员全过程、全方位育人的有效途径。

一、 解决的问题

2020 年，教育部正式颁布《高等学校课程思政建设指导纲要》，全面推进"课程思政"建设。"课程思政"是将思想政治教育有机融入专业课程教学中，实现知识传授、能力培养和价值引领三方面的高度统一。专业课程除了要向学生传授专业技能知识，也要承载相关思政元素，潜移默化地影响学生的世界观、人生观和价值观，是贯彻立德树人根本任务的重要举措。

---

① 黄佳佳，硕士，广东食品药品职业学院食品学院副教授，研究方向为食品安全与检测，从事食品类课程教育教学与改革工作，获得广东省职业院校技能大赛教学能力比赛一等奖。

"食品添加剂"课程是食品专业基础课，在人才培养方案中起到承上启下的作用，课程内容不仅涉及食品行业各个领域，而且与其他食品专业课程联系紧密。如何围绕"食品添加剂"课程内容设计思政元素，如何在授课过程有效融入课程思政，提高学生专业认同感、社会责任感和职业道德素养，是"食品添加剂"课程思政改革重点解决的问题。

在大数据时代背景下，"食品添加剂"课程在原有专业课程教学基础上，通过深度挖掘与"食品添加剂"课程贴合度高的思政元素，构建教学模型和移动教学平台资源，采取线上线下交互方式，将职业规范意识、法治精神、改革创新精神、诚实守信等思政元素有机融入专业学习过程，形成知识导向和价值引领协同育人的局面。这不仅有利于提升"食品添加剂"课程思政的专业特色与育人优势，增强课程思政的代入感，而且有利于提升食品行业未来从业者的职业素养和道德规范。

二、 解决问题的策略

信息技术支持下的线上线下交互模式为"食品添加剂"课程教学及思政教育的有机融合提供了有力的支持。构建"专业课程＋课程思政"智慧课堂教学体系，协同专业课和思政教育双向发展。充分利用网络教学资源充实课程思政的教学内容，健全线上线下、课前课中课后的联动机制，将协同育人工作贯穿教学全过程，实现"专业＋思政＋网络"深度融合，创新了"专业教育＋思政教育"的授课方式，是实现"专业教育＋课程思政"育人体系的重要依托，同时也为形成系统化和体系化的专业学习与思政教育、完善"三全育人"长效机制提供技术支撑。

（一） 思路

系统挖掘课程思政元素：依据专业与课程特点，确定思政教育目标，深入挖掘"食品添加剂"课程思政映射与融入点，系统设计思政教学内容，确定教学组织方式。

充实思政教学资源：依据行业要求与企业岗位需求，综合往届学生学习反馈，确定"食品添加剂"课程模块思政教学融入点，针对性调整教学内容，及时优化教学方案。

追踪学习效果，提取教学反馈，调整优化教学环节，提升每一模块专业及思政教学质量。

（二）过程

1. 教学目标设计

"食品添加剂"课程思政改革下的教学目标不仅要求学生掌握相关的理论知识，树立专业自信心，提高学习主动性，增强创新意识，注重综合知识运用，也需引导学生树立正确"三观"，塑造良好人格，增强社会责任感和法治意识，坚定理想信念。因此，对教学目标作如下设计：

知识目标：掌握食品添加剂基础知识（功能、种类、作用原理、使用注意事项）。

技能目标：了解食品添加剂相关法规和标准；熟练使用《食品安全国家标准—食品添加剂使用标准》（《GB 2760》）；能区分食品包装上食品添加剂功能种类及理解其在特定产品中的作用。

素质目标：具有分析和判断是否合法、合理使用食品添加剂的能力；具有发现、分析和解决问题的能力；具有自我学习、敢于挑战和创新的能力；能够关注食品添加剂的研究热点、发展动态和趋势。

思想目标：增强法治意识，提升职业规范意识；树立诚实守信、爱岗敬业的职业精神；增强专业自豪感，坚定职业理想信念。

2. 思政要素设计

结合"食品添加剂"课程特点，对课程各知识模块中关联的思政元素进行分析提炼（见表1）。在保证完成课程进度的前提下，每个模块进行3~5分钟课程思政融入。教学活动中融入社会热点和食品添加剂新资讯，努力实现"知识传授"与"价值引领"相促进，激励学生将专业学习与个人发展、社会责任相结合，弘扬诚实守信、爱岗敬业的职业精神，引导学生树立正确人生观和价值观，做一名有良心的食品人。

表1 "食品添加剂"课程思政目标达成的教学资源和活动

内容	思政目标	教学资源	思政融合教学活动
食品添加剂基础知识	用辩证思维看待食品添加剂的两面性，培养"合法、合理使用食品添加剂"的职业规范意识	案例：苏丹红、三聚氰胺、塑化剂事件；实践：区分食品添加剂和非食用物质	讨论：引起食品安全最主要的因素是哪些？实践：查找《GB 2760》，确认柠檬酸在婴幼儿配方食品、果味饮料、生湿面制品中的使用情况

（续上表）

内容	思政目标	教学资源	思政融合教学活动
食品防腐剂和食品抗氧化剂	增强法治意识，培养良好的法治思维；培养勤于反思、乐学善学的学习习惯	案例：市场监管局发布的产品不合格信息；"卫龙辣条"事件：辣条能否使用食品防腐剂？氢化植物油等同于反式脂肪酸吗？	讨论：依据现行《GB 2760》，辣条中能否使用食品防腐剂？含氢化植物油的食品对人体健康有危害吗？实践：市面常见常温食品防腐剂使用情况分析；分组超市调查含油脂类食品抗氧化手段和抗氧化剂使用情况；分享你所在家乡食品保存的特色方式
食品着色剂	培养"合法、合理使用食品添加剂"的职业规范意识；培养奋勇争先、追求进步的职业使命感	案例：上海染色馒头事件；资料：森馨公司推进天然色素的研究与应用	讨论：查找《GB 2760》，确认柠檬黄在食品中的使用情况；分析上海染色馒头事件；实践：利用思维导图总结不同类型焦糖色的特点和应用范围；文献检索天然着色剂在智能包装中的应用
食品护色剂和漂白剂	培养"合法、合理使用食品添加剂"的职业规范意识；增强食品安全生产责任意识	资料：亚硝酸盐在肉制品中的应用情况；案例：无标记亚硝酸钠被当成散装食糖售卖；漂白芋头的辨别	讨论：亚硝酸盐"有毒"，为什么还要使用？新鲜芋头可漂白吗？如何辨别？实践：市面上不同类别熟肉制品护色剂使用情况
食品香精香料	传递工匠精神，培养求真务实和精益求精的工作态度；引导学生坚定理想信念；培养学生恪守诚实守信的职业道德	榜样人物：孙宝国院士团队攻克技术壁垒，实现我国肉类香精核心技术自主研创；案例：调香师的甄选；"麦趣尔纯牛奶检出丙二醇"事件	讨论：观看"调香师的甄选"视频，谈谈自己心目中的理想岗位；实践：查找《GB 2760》，分析"麦趣尔"事件；总结国家标准对于香精使用的规定

（续上表）

内容	思政目标	教学资源	思政融合教学活动
甜味剂、酸度调节剂和增味剂	提高发现和解决问题的兴趣和热情；培养大胆探索、敢于创造的创新精神	案例：一杯"星冰乐"含17茶匙糖风波促使星巴克推出天然甜味剂组合	讨论：如果你是产品研发师，如何处理糖风波事件；实践：苹果醋调制及配方优化；文献检索赤藓糖醇最新研究进展
增稠剂和凝固剂	培养恪守诚实守信的职业道德；增强文化自信	案例："废旧皮鞋制作老酸奶"的谣言；实践：使用琼脂、明胶、海藻酸钠制备果冻的感官特征区别；故事：凝固剂在我国的最早使用——"卤水豆腐"的发明	讨论：酸奶中增稠剂的使用情况；实践：总结不同增稠剂制备果冻感官性状的异同
乳化剂	提高发现和解决问题的兴趣和热情；提升专业自信心	资料：冰激凌的制作工艺中乳化剂的作用；市面常见乳制品中乳化剂的使用情况	实践：解读冰激凌粉配方的"秘密"，制作冰激凌；调查酸奶、冰激凌、再制干酪、乳饮料中乳化剂的使用情况汇总
膨松剂	增强诚实守信和爱岗敬业意识；培养"合法、合理使用食品添加剂"的职业规范意识	资料：我国膨松剂发展历程；《GB 2760》中调整含铝食品添加剂使用规定的解读	实践：以执法人员的身份，依据《GB 2760》，判断油条中能否使用明矾；复配膨松剂制备蛋糕；讨论：分析常见泡打粉中各原料的作用

3. 课程思政教学模型和教学资源

"食品添加剂"课程在原有教学模型的基础上，紧贴思政元素，有机融合于课前、课中和课后环节，具体思政教学模型见图1。通过"引导→渗透→延续"，设计多元教学环节、多形式教学活动实践，使思政教育有机融入专业课程教学中。此外，项目组成员结合课程内容，将常混淆的概念及知识的重点、难点和疑点制作成动画，以可视化资源辅助学生理解学习的重难点，提升学生学习的积极性和主动性。

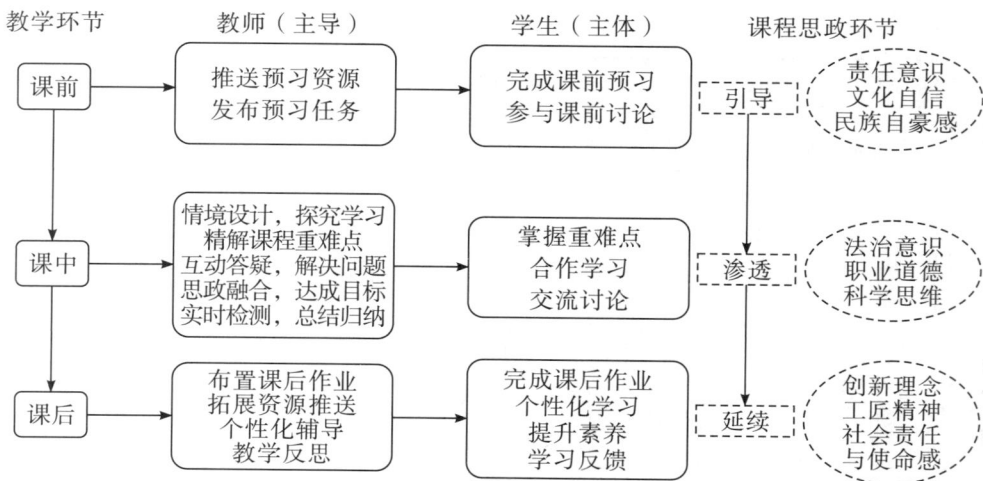

图 1　"食品添加剂"智慧课堂课程思政教学模型

（三）做法

1. 多元化思政教学环节设计

针对"食品添加剂"课程专业性和应用性强的特点，教学过程通过"任务驱动→提出问题→引发思考→分析讨论→归纳总结→拓展延伸"的教学流程，将课程思政元素渗透于课前、课中和课后。课前，教师利用线上平台推送预习资料，引入食品添加剂应用案例、热点话题等思政元素相关资料，引发学生思考；课中，以线下讲授为主，通过案例分析、榜样人物激励等，将思政元素有机融入且生动呈现；课后，组织学生完成课程相关实践，推送专题相关资料，进行知识拓展，利用"隐性"思政教育培养学生探索和创新的意识和行为。

2. 多形式思政教学活动开展

针对不同食品类别，组织学生以小组为单位调查食品添加剂使用情况，制作小视频、小推文等，积累专业素养并促进团队协作能力提升。通过投票，将大家最喜欢的作品纳入课程信息化资源中，供更多同学参考学习。

积极提高学生学习参与度，鼓励学生参与课程资源建设。如防腐剂模块，组织学生分享家乡食品保存的特色方式，提高学生专业自信和文化自信；膨松剂模块，由学生充当"小老师"，成为课堂主角，使用复配膨松剂制作蛋糕，讲述产品品质评价方法，深刻理解食品添加剂的作用。此外，组织爱钻研的学生成立学生科研团队，参与教师科研项目，培养学生探索精神，提高分析和解决问题的能力。

3. 多方式课程考核评价

课程教学融入思政元素考核评价，不仅反映学习成效，也一定程度反映课程思政育人效果。在"食品添加剂"课程考核中增加育人评价相关指标（见表2）。考核评价包括过程性评价（50%）和终结性评价（50%）。过程性评价涵盖课前、课中和课后，综合线上和线下。终结性评价采用笔试方式，同时期末考试增加课程思政相关题目，如食品添加剂使用的必要性和安全性等，以此考查课程思政育人效果。

表2 "食品添加剂"课程思政元素考核评价方案

类别	环节	内容	分值	要求	育人评价指标
过程性评价（50%）	课前（线上）	课前预习	5	完成相关知识点预习	学习工作态度、自主学习能力
	课中（线下）	日常出勤	5	准时出勤	职业道德、社会责任感
		课堂互动	10	课堂讨论、案例分析情况	专业素养、职业道德和法治意识
		课内实验	10	按时完成实验项目	团队协作能力、科学严谨的工作态度
	课后（线上＋线下）	市场调研	10	完成视频/推文/分析报告	学习和工作态度、发现问题与思考分析的能力
		专题拓展延伸	10	选择性阅读感兴趣的研究报道（线上）	专业素养、创新能力
终结性评价（50%）	期末考试	成绩	50	笔试	分析和解决问题的能力；专业素养与职业道德

三、 实施效果

1. 课程思政教学实施效果

（1）通过线上线下的交互教学模式，智慧课堂实现了角色翻转和过程翻转，达成开放学习效果，使学生成为课堂的主角，并将课程思政教育渗透于课前、课中和课后全过程。

（2）真情真境，过程"有意"，渗透"无声"。通过真实的事件，让学生增强法治观念，采用科学的思维方式，辩证地看待食品添加剂。在真实事件的分析中感受学习食品添加剂知识是"有意思"的；在真实任务的实践中感受食品添剂的使用是"有意义"的；在真实问题解决过程中感受食品添加剂的应用要"有主意"，应合法合理地运用食品添加剂解决食品生产贮存运输中遇到的各种问题。

（3）源于生活的学习，源于专业的快乐。食品添加剂与日常生活息息相关。通过设计课中专业知识传授，课内实验和课后小调查，让学生了解和掌握食品添加剂的作用及在实际中的应用，体会学习和劳动的乐趣，积累专业素养，培养探索和创新精神。

图2 "食品添加剂"课程课后实践与拓展

2. 课程思政育人效果评价

对196名结束课程学习的学生进行不记名问卷调查，请他们对课程思政融入的育人效果进行评价。调查结果显示，大部分学生能感受到"食品添加剂"课程融入的思政教学内容（见图3-a）；95%以上的学生认为课程中分享的食品安全案例、科技发展前沿资讯、榜样人物和参与的专题讨论对他们学习食品添加剂知识有启发和促进作用，有助于自身增强诚实守信和爱岗敬业意识，能够更明确一名合格食品人的基本职责（见图3-b）；在课内实验中，学生最能体会到科学严谨的工作态度（87.76%）、爱岗敬业的责任精神（71.43%）和勇于挑战，敢于创新的精神（63.27%）（见图3-c）；95%以上的学生表示在实验过程中会坚持不懈地调整优化自己小组的产品，追求完美（见图3-d），也认同在今后工作中把每个小细节做好的重要性（见图 3 - e）。总体而言，课程思政教育融入"食品添加剂"课程学习，对增强学生专业自豪感，坚定其职业理想信念是有很大帮助的（见图 3 - f）。

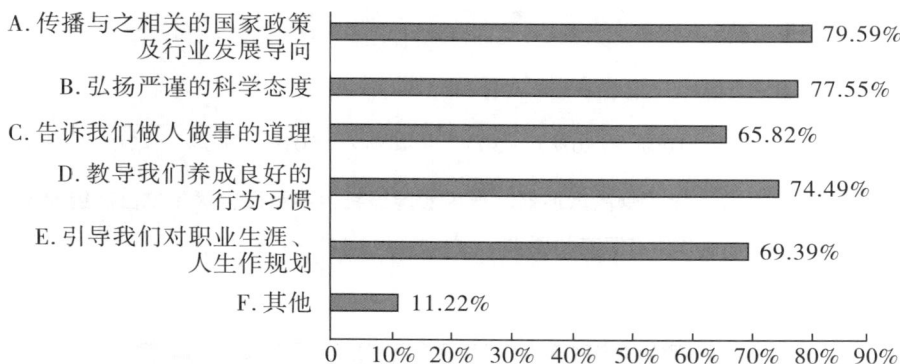

图 3 - a 能感受到的"食品添加剂"课程思政教学内容

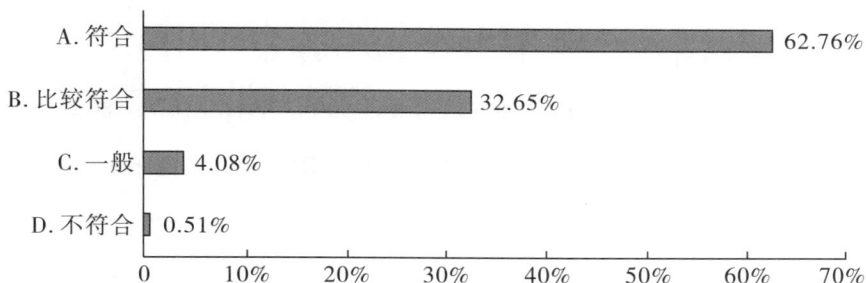

图 3 - b "食品添加剂"课程中的思政内容对专业学习有启发和促进

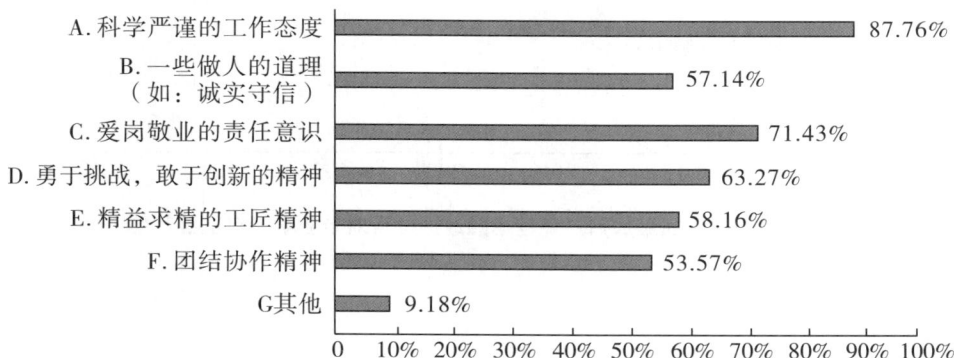

图 3 - c 在"食品添加剂"实验课程学习中最能感受到的精神

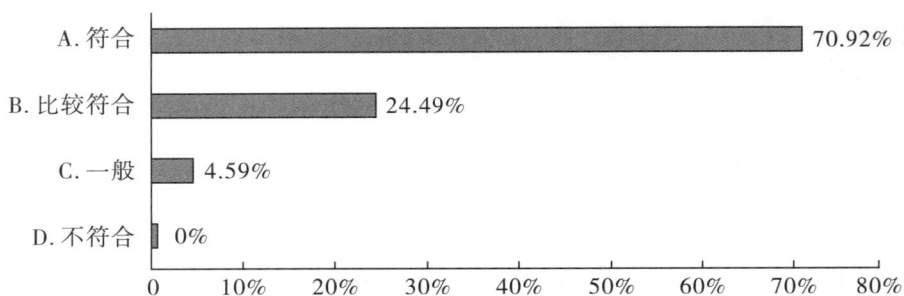

图 3 - d　在完成"食品添加剂"课内实验过程中不断调整优化自己小组的产品，在今后产品制作中有更高的要求

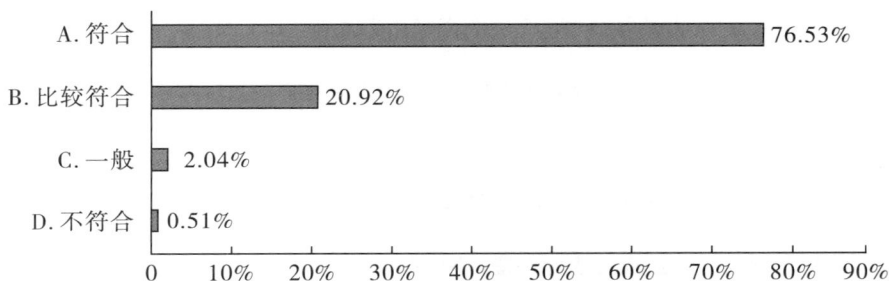

图 3 - e　通过"食品添加剂"课程的学习能认识到今后工作中把每个小细节做好的重要性

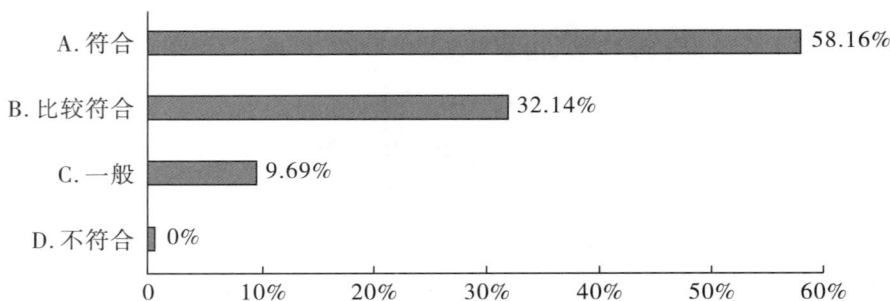

图 3 - f　"食品添加剂"课程思想政治教育对专业学习有重要帮助

四、 创新与示范

融合课程思政的"食品添加剂"课程，以课程思政改革为重点，以平台构建为关键，其特色及创新点如下：

（1）融合高贴合度思政元素：结合行业、企业和岗位发展要求，系统深入挖掘契合"食品添加剂"专业课程内容的思政教学元素，结合模块内容引入相关思政素材，让思政教育与专业学习有机融合，采用线上线下双向融合的方式，实现"三全育人"在本课程的全覆盖。

（2）有效突破重难点：系统剖析学生学习特点，学习中出现的问题及原因，划分"食品添加剂"课程模块的知识点，针对重点、疑点、难点和热点，充实"食品添加剂"线上学习资源，结合往届学生学习情况，将部分教学重点、难点制作成动画、微课、软件小游戏等可视化资源，有效突破教学重难点，帮助学生理解知识，提高学生学习兴趣。

（3）变革课程思政教学模式：构建"食品添加剂"智慧课堂，设计课前、课中及课后教学环节，有机融入课程思政，通过课前引导，课中渗透，课后延续，使思政教学如盐溶于水般贯穿教学全过程。

（4）构建多元评价体系：设定线上与线下，课前、课中和课后不同的评价内容，实现教学全过程、全方位、实时追踪和评价学生学习效果及课程与思政教学效果。

"食品添加剂"课程思政具体化总结为六个维度：①提升学生专业课程学习参与度，引发知识共鸣；②引导学生采用科学的思维方式；③提升学生价值判断、价值选择与价值塑造能力；④鼓励学生建立批判性学术思维、培养严谨的学术态度；⑤引导学生建立坚强意志品质和培养创新意识；⑥提升学生民族自豪感和文化自信心。

五、 反思与改进

1. 结合教学反馈，优化教学资源，解决教学重难点

在"食品添加剂"课程教学过程中，不可避免会遇到个别学生对于知识的重难点把握不到位的问题，尤其文科类学生对于食品添加剂的性质、应用注意事项等方面理解不充分。针对以上情况，在后续课程中，教学团队结合实际遇到的问题，重新梳理知识点，深入解析文科生难以理解的知识点，制作成微课、动画等学习资源，辅助学生课后进行理解和掌握。

2. 持续更新教学内容和拓展资料

食品添加剂行业在不断创新和改进，食品添加剂新技术和新品种也在不断开发和使用。因此，在教学过程中应及时融入新产品、新工艺和新技术方面的相关内容，增加拓展资料，便于学生了解食品添加剂发展新趋势。

基于 "五引" 为导向、"岗课赛创思" 融通的课程思政教学改革

崔　英①

本课程为药学专业的专业基础课，根据药学专业人才培养方案、课程标准、职业岗位典型工作任务分析，将"化学实验技术""工业分析与检验"技能大赛项目融入课程中，结合药物制剂工 1＋X 职业技能等级证书内容，引入化学及药学前沿资讯，构建"基础内容＋实践操作＋技能大赛（拓展）＋创新创业（拓展）"四大进阶式课程体系。本课程以"五引"［国家价值引领、专业特色引领、工匠精神引领、HSE（健康、安全、环保）意识引领、学生关切引领］为导向进行思政凝练，独创"岗课赛创思"（职业岗位、课程内容、技能大赛、创新创业、思政浸润）融通的教学理念，使思政在课程中浸润，在技能大赛、创新创业中得到提升，在工作岗位中内化升华。

本课程结合增值性评价，创新采用"四维五度"评价方法。课程评价涵盖课前、课中、课后全过程，从教师、学生、校内和企业四个维度，设计了"五度"评价体系：过程参与度评价、知识掌握度评价、技能熟练度评价、素质达成度评价、思想提升度评价。

本课程成果获得广东省职业院校技能大赛教学能力比赛二等奖，2021—2023年学生获得广东省职业院校技能大赛一等奖 9 个、创新创业大赛三等奖 2 个。笔者获校课程思政示范课堂大赛一等奖及"课程思政教学名师"荣誉称号。本课程思政创新模式每年有一千多高校、企业、学生通过线上教学平台受益，通过广东省教学能力提升培训项目（药学）辐射到二十多所高职中职院校，可借鉴可复制。

---

① 崔英，博士，副教授，广东食品药品职业学院药学院教研室主任，广东省高等学校优秀青年教师培养对象。广东省"千百十"人才工程校级培养对象，课程思政教学名师。获得广东省职业院校技能大赛教学能力比赛二等奖，指导学生获得广东省职业院校技能大赛一等奖 3 项。主要从事药用基础化学的教学和科研工作。

一、 解决的问题

1. 以"五引"为导向凝练思政元素，优化课程思政内容供给

在《高等学校课程思政建设指导纲要》文件的指导下，深入学习职教二十条、双高建设等政策，通过分析学生学情（生源多样化，乐于使用自主探究平台进行学习但学生基础相对弱，学习化学的兴趣不足），结合学校办学定位、专业特色和课程特点提出了以下课程思政设计理念：一切"积极向上的正能量"都属于思政教学的范畴；要激发学生对专业课程的学习兴趣；要与专业课程融为一体。以此理念为指导优化提取具有"趣味性、时代性、政治高度、高品质"的课程思政内容。以"五引"为导向凝练思政元素。本课程的主要思政目标为：涵养家国情怀、培养勇于探索的科学精神、培养精益求精的工匠精神、树立环保意识和劳动精神。以此为基础建立了课程思政教学案例集 1 个，虚拟仿真系统库 1 个（16 个虚拟仿真）、视频 30 个、学生思政作品 20 个，创建了名家专栏等课程思政优质数字化资源。

2. "岗课赛创思"融通创新课程思政建设模式，解决传统思政单一教学模式

独创"岗课赛创思"五融通的教学理念，思政理念贯穿始终，在课程中浸润，在技能大赛、创新创业中得到提升，在工作岗位中内化升华（见图1）。课堂教学中通过多种教学方法把化学知识及其合理拓展与课程思政元素巧妙结合，做到春风化雨、润物无声；通过开放实验室进行技能大赛训练、大学生创新创业训练，培养学生精益求精的工匠精神和创新精神；通过服务社会、工作实践帮助学生认真领悟、内化于心。

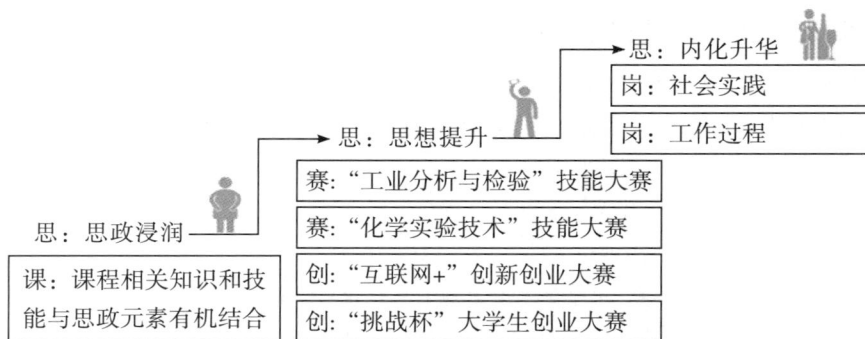

图 1 "岗课赛创思"融通思政建设模式

3. 结合增值性评价，采用"四维五度"评价方法，解决思政提升评价难题

课程评价涵盖课前、课中、课后全过程，从教师、学生、校内和企业四个维度，设计了"五度"评价体系：①过程参与度评价（25%）：课程平台考勤、问卷调查、课堂讨论、小组任务、课堂测试等；②知识掌握度评价（40%）：作业、项目知识点考核；③技能熟练度评价（20%）：实操训练及考核；④素质达成度评价（5%）：组内评价、小组互评、平时行为观察；⑤思想提升度评价（10%）：思政案例分享、学习心得、成长体会。

二、 解决问题的策略

（一） 思路

1. 多元数据分析支撑，全面探查学情，助力优化思政内容

由学情可知，学生生源多样化，成长于信息时代，乐于使用自主探究平台进行学习，基础性相对弱，学习化学的兴趣不足。

2. 先进理念指导，师生协同建设数字化思政资源，提升学生学习兴趣

学生成长于信息时代，接触信息资源非常丰富，并且乐于分享。学生沉浸式准备、分享课程思政作品，每组学生精心准备化学小故事、化学史、名人事迹、科普知识等思政作品及视频。从师生互动扩展到生生互动，思政传播途径更加多样化、立体化。在课程思政建设过程中，课程组以先进理念作为指导，主编了配套教材和"活页式"实训教材，建设了思政案例集、虚拟仿真库、视频等丰富的数字化资源，创新采用"岗课赛创思"融通教学模式，通过线上教学平台辐射全国。

3. 坚持以学生为主体，科学设计教学策略，助力课程思政无痕渗透

以"项目导向，任务驱动"为原则，采用"双线三段八步"组织教学，知识技能显线和思想提升隐线相结合，课前课中课后三段教学，分为"导、引、查、测、讲、论、评、拓"八个步骤。借助视频、动画、虚拟仿真等海量资源完成"了解、鉴别、制备"有机化合物等任务。

采用小组合作的形式，教师创设"发布任务、跟踪预习、收集问题、创设情境、评价成果、在线答疑"等关键步骤，学生则对应"了解任务、在线预习、难点自查、沉浸情境、小组成果、在线留言"，任务环环相扣。设置"风采展示"小课堂，学生分享化学家的故事、自己制作的分子模型、科普视频，体现以生为本的教学理念，互动模式由单纯的师生互动转化为师生、生生多维互动。课

后完成测验题及知识点掌握度问卷调查自查，分组完成课堂展示任务，开放实验室进行技能大赛训练及职业启蒙。

（二）过程和做法（以烷烃为例）

1. 第一步：课前线上导学（导）

课前发布教学资源，学生分组完成讨论任务：

①可燃冰是由什么组成的，它属于哪一类物质？它们的结构、性质如何？（思政元素：求真探索的科学精神）

②谈谈看完《大国重器》的感想。（思政元素：民族自豪感和家国情怀）

2. 第二步：课中学习（引—查—测—讲—论—评）

（1）引：课程导入。

通过视频巧妙引入课程内容，并且跟着科学家进行一次海底探险，从而培养学生勇于探索的科学精神。

（2）查：学生预习汇报＋教师总结及评价。

课中采用参与式教学法，邀请不同组别学生代表上台分享预习内容，掌握学生预习情况，锻炼学生的表达能力和总结能力，培养学生团队协作精神。通过第二个任务，谈看完《大国重器》的感想，增强学生的民族自豪感和家国情怀。

（3）测：发布课堂测试，查看学生预习掌握情况。

老师在线上教学平台发布课堂测试，根据学生的课堂掌握情况进行学情分析，梳理本次课需要着重讲解的内容，从而培养学生发现问题、解决问题的能力。

（4）讲：烷烃的结构、命名和性质。

采用线上线下结合、启发式、分组讨论教学法讲解课程中的重点和难点，借助分子模型，采用抢答、提问等多种互动方式活跃课堂气氛，体现以学生为中心的教学理念。在讲解烷烃的结构时，引入鲍林在化学键方面的伟大贡献。

（5）论：常见的烷烃及烷烃用途讨论。

（6）评：教师最后点评，小组互评及生生互评。

3. 第三步：课后拓展训练（拓）

素质拓展作业：学生就地取材，利用身边的物品搭建乙烷的分子模型。课后巩固练习：完成超星平台章节测试。教师答疑：利用 QQ、微信、超星平台等进行答疑。通过开放实验室进行"化学实验技术"竞赛项目乙酸乙酯的合成练习。通过学生自己动脑设计、动手操作，认真完成课后作业，培养学生精益求精的工匠精神。

4．第四步：教学评价

课前视频观看、预习讨论（20%），签到、课堂测试、课堂互动（30%），课后作业评价（30%），小组互评（20%）。

三、 实施效果

1．思政教育与课程有机融入，激发学生学习兴趣，突破重难点，三维教学目标有效达成

思政教育与有机化学课程有机融合，学生沉浸式参与其中，拓宽了化学教育的格局，增强了教学的趣味性，提高了教学的有效性。在有机化学课程教学中融入思政内容，规避了思政课程中教条式教育的缺陷和不足，提升了思政教育的亲和力和实效性，增强了学生的家国情怀以及建设富强国家的使命感和责任感，使学生更具有历史观、时代观、大局观，从而使他们学习这门课程的动力更强，有效地达成教学目标。

2．"岗课赛创思"有效融合，提升人才培养质量

在教学中，以工作岗位为引领，把创新创业、技能大赛、思政元素和课程知识有机融合，提升了人才培养质量。近三年学生获得广东省职业院校技能大赛"化学实验技术"和"工业分析与检验"大赛一等奖9个、创新创业大赛三等奖2个，获得校级大学生创新创业计划训练项目5项，科普作品获得广东省药品监督管理局安安科普特等奖。学生的动手能力、创新意识得到提高。用人单位对本专业毕业生个人素质的满意度较高。

3．教学相长，教师教学水平得到提升，教学成果显著

此案例实践过程中，教师教学水平得到极大提升，学生评教率每年都在97分以上。笔者2021年获得广东省职业院校技能大赛教学能力比赛二等奖并参加国赛遴选，2022年获得广东省职业院校技能大赛教学能力比赛三等奖。获得校课程思政示范课堂大赛一等奖，并获得"课程思政教学名师"荣誉称号。

三年来，团队主编教材3本，《药用基础化学》（上、下）被评为国家"十四五"规划教材。课程立项为校级精品在线课程和课程思政示范课程，立项省级教改课题1项、校级教改课题4项。

四、 创新与示范

1．采用"岗课赛创思"融通教学模式培养德技并修的技能人才，模式辐射全国

学生在课程中浸润，在技能大赛、创新创业中得到提升，在工作岗位中内化

升华，此模式通过线上教学平台辐射到全国。学银在线页面点击量为 16 211 050 次，全国多所高职院校共 4 368 人选修该门课程，累计互动次数为 25 000 次。此案例模式也在安诺科技、通仁药业等企业员工中推广使用。负责人多次受邀为其他院系分享课程思政建设经验，并且通过广东省教学能力提升省培项目辐射到广东省 20 多所中高职院校。

2. 深化增值性评价，采用"四维五度"评价方法，使学生思政提升可评可测

将发展性评价与终结性评价结合，以课前考核评价为起始点，以学生个体在课堂学习过程中所取得的成长和课后所体现的进步为评价标准，通过学生成长记录表，对学生的每一个阶段进行打分，形成一个个记分点，得出学生个体的增值曲线。从教师、学生、校内和企业四个维度，设计了"五度"评价体系，使学生思政提升可评可测。

五、 反思与改进

1. 紧跟时代发展需求，拓展思政内容

反思：把握有机化学与课程思政高效融合统一，实现课程思政与思政课程同向同行，需要与时俱进，更新理念。

改进：紧跟时代发展需求，挖掘更多具有趣味性、时代性、创新性、政治高度高的思政内容。如：结合有机合成引入 2022 年 3 月 23 日下午神舟十三号航天员乘组把中国民间传统而独特的手工艺——扎染带上空间站，开展天宫课堂第二课。

2. 思政提升的持续性评价体系有待优化

反思：多元评价体系能有效评价学生的表现，但是评价数据欠缺持续性，不能有效跟踪学生后续的发展。

改进：可增加信息化管理系统的开发与应用，持续跟进后续职业发展，为分层次、多元化人才培养模式的实施提供技术支持和保障。

弘扬工匠精神， 培养创新英才
——"药物化学"课程思政实践

周代营①

　　"药物化学"既是广东食品药品职业学院化学制药技术、药学等专业的核心专业课程，也是课程思政示范课程。近年来，随着国家对药品质量与安全、医药创新发展不断给予政策支持，我国正在实现从医药大国向医药强国的转变。药学教育应该与时俱进，培养利于药学事业发展的高素质人才。课程思政是实现这一目标的有效途径。药物化学研究是药品质量与安全、新药研发的关键环节。因此，在"药物化学"课程案例供给、教学设计和教学评价上进行持续性思政建设，对适应我国医药强国快速发展的需求具有重要意义。

一、 解决的问题

　　"药物化学"是一门发现与发明新药、合成化学药物、阐明药物化学性质、研究药物分子与机体相互作用规律的综合性学科。基于课程性质，传统授课时的案例已经涉及课程思政，但是以往教师没有建立起课程思政的概念，更没有明确通过案例进行价值观、情感、思想品德等方面的引导与强化。如讲授众所周知的药物案例，反应停事件、青霉素的发现、艾瑞昔布的发现。

二、 解决问题的策略

1. 思路

　　通过"药物化学"课程思政教学，使学生树立正确的世界观、人生观和价值观；树立民族自信、文化自信、道路自信和制度自信；利用所学的专业知识关爱自己和他人，服务社会，培养学生社会责任感，为健康中国做出自己的贡献；

---

① 周代营，博士，副教授，广东食品药品职业学院制药工程学院化学制药教学团队负责人，广东省高等学校优秀青年教师培养对象、广州市第一批菁英计划留学项目培养对象、全国石油和化工教育青年教学名师、校级教学名师，主要从事药物化学的教学与科研。

对于当下有关药物化学等方面的焦点、热点问题，能够独立地进行思辨，树立批判性思维和培养科学求真精神。通过药物合成与鉴别实验教学，培养学生科学求真精神以及吃苦耐劳、刻苦研究的精神。

2．过程

从专业特色和课程特点出发，结合各章节案例，本课程按内容分类主要包括疾病背景、药物发现过程及研发现状、国家政策和战略方针、典型药物事件和社会热点问题等。将思政案例加入对应内容中，在课堂上进行适当的引导，用案例引发学生思考，从思考中实现教学目标（见表1）。

表1　"药物化学"部分课程思政案例一览表

序号	知识点	教学案例
1	药物发展史	"诺贝尔奖获得者屠呦呦发现青蒿素"，传递民族自信以及积极探索的科学拼搏精神
2	抗阿尔茨海默病药	"我国抗阿尔茨海默病药'九期一'的发现"，对抑郁和阿尔茨海默病痴呆人群的人文关怀，民族自豪感，研发创新思维
3	镇痛药	"吗啡及其衍生物"，珍爱生命，远离毒品
4	"他汀"和"地平"类药物	"药物惠民政策"，国家"4＋7"带量采购政策，政治认同，爱国情怀，"健康中国"战略
5	解热镇痛抗炎药	"阿司匹林的发现和贡献"，创新药物研发对世界的贡献，药学家的个人成就，培养科学创新思维
6	抗肿瘤药	"魏则西事件与免疫疗法"，对肿瘤患者的人文关怀，抵制医疗诈骗；我国免疫疗法研究与世界齐头并进，爱国情怀，时代责任
7	抗生素	"超级细菌"，从专业角度分析抗生素滥用的危害，合理用药
8	抗病毒药	"重大突发传染性疾病"，如COVID–19、甲流、埃博拉等，全世界对于抗病毒药物的需求，我国药物研究及对国际的贡献，民族自信，爱国情怀
9	降糖药	"农村和城镇降糖药的虚假宣传，广告诈骗"，医药人员的职业道德教育，专业人员向大众普及药物知识的社会责任
10	实践技能	通过阿司匹林、对乙酰氨基酚的合成实践技能课程，培育和弘扬劳动精神、工匠精神

3．具体做法

（1）从影响世界医药发展的里程碑经典药物展开。

临床上药物种类众多，每一类药物的发展都蕴含着大量的信息，药物化学教师在课前将影响世界医药发展里程碑的经典药物发展史简介视频通过学银在线发布，让学生充分了解经典药物的发展历史。教师课间通过提问的方式了解学生观看视频的情况，同时将药物的背景知识与我国国情、社会主义核心价值观等结合起来，融入课程思政理念。例如，在讲述中枢神经系统药物镇痛药吗啡（即植物罂粟，也是鸦片的活性成分）的发现时，可以结合电视剧《破冰行动》来展开。《破冰行动》以 2013 年广东省"雷霆扫毒"12·29 专项行动为原型，展现"第一制毒村"（汕尾陆丰博社村）的一夜倾覆，还原这起中国特大制贩毒案件始末。剧情讲述了两代缉毒警察不畏牺牲，拼死撕开当地毒贩织起的错综复杂的地下毒网，冲破重重迷局，为"雷霆扫毒"专项行动奉献热血与生命的故事，让学生了解毒品的危害。课后让学生结合所学本章节内容进行禁毒宣传的科普创作。

（2）从药物的使用现状展开。

很多药物进入临床以后，会出现各种不良反应和耐药性等问题，其中最典型的就是抗生素的使用，这导致了"超级细菌"的出现。如果不对抗生素使用进行控制，将来可能会面临无药可用的严重后果。通过讲述这些现状，告诫化学制药及药学专业的学生要积极参与科普创作和科普宣传，同时使学生意识到要敬畏自然，如果不加节制地开发、破坏环境，最终受害的还是人类自身，将合理使用药物和环境保护的理念植入每一个学生的心中。

（3）从药物的用途展开。

教师在讲解药物的用途时，巧妙地融入课程思政元素。比如在抗精神失常药一课的课前播放《美丽心灵》电影片段，课间通过提问的方式了解学生观看视频的情况，让学生思考主人公约翰·福布斯·纳什为什么在精神分裂症的困扰下仍然能够获得诺贝尔经济学奖。最后让学生明白，针对疾病有效的药物治疗是必不可少的，但是要彻底治愈精神疾病，还要给予精神病人更多的关爱，只有"爱"这剂精神上的良方才能治愈心灵上的创伤，以此引导学生用自己的爱心去关心他人。

（4）从一些"重磅炸弹"药物展开。

年销售额超过 10 亿美元的药物一般被称为"重磅炸弹"药物，例如西咪替丁、立普妥等。西咪替丁于 1972 年合成，1976 年 11 月首次在英国上市，1977 年 8 月在美国上市，H_2 受体拮抗剂从开始研发到商业化整整用了 12 年。1979

年，西咪替丁在 100 多个国家销售，成为美国、加拿大等几个国家最畅销的处方产品。上市 10 年，西咪替丁年销售额达到了 10 亿美元，成为有史以来第一个"重磅炸弹"药物。立普妥（阿托伐他汀，辉瑞）于 1998 年上市，在第一款他汀类药物美降脂（洛伐他汀，默沙东）上市 9 年后获批，2006 年销售额高达 138.3 亿美元。截至目前，累计销售额超过千亿美元。这样的"重磅炸弹"药物还有很多，它们之所以能够成为"重磅炸弹"药物，最主要的原因是这些制药企业拥有核心的科技创新手段，在研发新的化学药物、新的作用靶点和新的作用机制方面独辟蹊径，才能在后续的药物销售中一枝独秀。这些"重磅炸弹"药物发展历史告诉我们科技创新的重要性，而药物化学的首要任务就是发现和发明新药，因此，在"药物化学"的教学过程中，教师列举出每个章节的"重磅炸弹"药物，可以强调药物化学学科的任务及重要性，同时加强学生的创新意识，将他们培养成新药研发的技能型人才和未来创制新药的主力军。

（5）从当下药物化学的热点问题展开。

社会热点问题亦是当下学生比较感兴趣的话题。学生手机使用率高，对当下社会热点问题也非常关注，教师可以利用这个契机，在专业课堂中引入学生关注的热点问题，在话题中融入思政元素，在传授专业知识的同时，对学生进行适当引导。这种方式对培养学生正确的世界观、人生观、价值观有事半功倍的教学效果。例如引入在疫情防控期间和流感期间众多老百姓囤积抗生素的现象，让学生学会区分病毒和细菌，让学生明白一般感冒如果是血常规等相关检查有细菌等病原体感染的表现，再考虑使用抗生素。电影《我不是药神》的热映，暴露出一个很强的现实话题——重大疾病与医疗法制，让学生思考法与情、生命与金钱之间的抉择，使学生知道研发具有自主知识产权新药的重要性，药学的发展任重而道远。

（6）从实践技能课展开。

"药物化学"的实践教学主要是药物合成与性质鉴别实验，相对于其他专业课实验，药物合成实验时间长，涉及的有机溶剂多，如果操作不当易引起危险，需要学生充分做好预习，操作时细心认真。实验课前，教师会通过学银在线发放实验预习内容，让学生观看标准规范操作视频及实验注意事项。实验课程中，通过小组合作可以很好地培养学生团队合作、吃苦耐劳、刻苦研究的精神，也让他们理解前辈们研发新药的不易，没有良好的专业精神是无法研发出新药的。同时在实验课程中，教师也会鼓励学生查阅文献，积极开展实验条件的探索和科技训练，参加"挑战杯""双创"科技活动和相关专业技能竞赛。

三、 实施效果

"药物化学"课程思政改革建设以来，通过对思政案例的引入与引导，对学生工匠精神、创新探索精神的培养与熏陶，本专业学生参与技能竞赛、创新创业活动人数明显增多，并取得了优异的成绩（见表 2）。

表 2　2019—2022 年所带专业学生参与技能竞赛、创新创业赛项获奖情况

序号	获奖情况	时间
1	广东省大学生化学实验技术技能竞赛　一等奖	2021 年 10 月
2	广东省职业院校学生技能大赛化工生产技术赛　二等奖	2022 年 7 月
3	广东省职业院校学生技能大赛化工生产技术赛　三等奖	2020 年 12 月
4	第五届"互联网＋"创新创业大赛广东省决赛作品：《小匠有茶：匠心之作，创世界的中国好茶！》　金奖	2019 年 9 月
5	第六届"互联网＋"创新创业大赛广东省决赛作品：《醒狮——提神冰爽喷雾剂》　银奖	2020 年 8 月
6	第七届"互联网＋"创新创业大赛广东省决赛作品：《益康特饮——基于包合技术的姜黄素功能饮料》　铜奖	2021 年 8 月
7	广东省"攀登计划"大学生科技训练项目：姜黄素复合物泡腾片开发（pdjh2020b1011）	2020 年 1 月
8	广东省质量工程大创项目省级认定项目：姜黄素纳米复合物胶囊开发	2022 年 6 月

另外，针对典型药物事件、社会热点问题，指导学生积极参与由广东省药品监督管理局事务中心举办、我校承办的广东省药品科普网（安安网）校园行科普活动。同时，将参与安安科普大赛设置为"药物化学"课程增值性评价的考核点强力推进，结合药学专业技能需求，指导学生合理选题、提升创意、精益求精打磨作品，促进学生在"做中学"中提升专业能力、筑牢生命至上价值理念，在实践中提升职业责任感和职业荣誉感。

以 2022 年为例，广东食品药品职业学院共有 33 件科普作品进入决赛，其中项目负责人指导的 8 件作品进入总决赛。2022 年度项目负责人指导学生在安安网科普创作营活动中，获学校一等奖 4 项、二等奖 7 项、三等奖 10 项，其中《药你知道：幽门螺杆菌攻胃失败的传说》作品入选广东省药品科普网优秀作品。《钙片家族的钙绯闻》和《硝酸甘油：你真的了解吗》作品荣获第十六届广东省

科普作品创作大赛优秀奖。

项目负责人自"药物化学"课程思政改革建设以来，主持的课程教学成果荣获学校教学成果一等奖（2019）、中国石油化工协会教学成果二等奖（2020）。负责人被遴选为全国石油和化工教育青年教学名师（2021），被学校评为优秀党员（2021）、优秀教师（2020）、优秀创新创业导师（2021）。主编教材《药物化学》于2022年在化学工业出版社出版，其中"知识延伸"部分均为课程思政案例内容。

四、 创新与示范

1. 创新

（1）将药品质量重要性案例和"阿司匹林、对乙酰氨基酚合成实验"融于技能竞赛，培育和弘扬工匠精神、爱国主义、时代责任。

（2）将创新药物发现与发展史案例融于大学生科技训练项目、"双创"活动，培养学生的探索创新精神，新药研发科学思维。

（3）通过乱用药品、虚假宣传、典型药物事件、社会热点问题案例，鼓励学生学好专业知识、积极参与药品科普活动，教育引导学生始终把人民群众的生命安全放在首位，尊重数据，实事求是，提升学生的职业素养和学术道德。

2. 示范

主编教材《药物化学》于2022年在化学工业出版社出版，其中"知识延伸"部分均为上述课程思政案例内容。除广东食品药品职业学院所开设的"药物化学"课程使用外，广东茂名健康职业学院、东莞职业技术学院参与编写该教材的教师也在推广使用该课程思政案例教学。

广东食品药品职业学院承办2022年安安网科普创作营活动，该次活动网络访问次数高达411 499次，科普活动强化了学生的职业道德教育，肩负起向大众普及药物知识的社会责任。在药品科普方面起到了很好的示范作用。课程推广应用及辐射广，超星学习通课程访问量（PV值）高达1 531 422次。

五、 反思与改进

弘扬工匠精神，培养创新英才——"药物化学"课程思政案例主要通过学银在线被广东食品药品职业学院和广东茂名健康职业学院、东莞职业技术学院推荐使用。该课程后续将以学生为中心，结合当下药物发展和临床使用的实际情况，不断更新和完善课程思政内容，同时力争让更多学校的师生受益于该课程思政案例。

六方思政，绘 "儿童保健" 课程思政新画卷

崔丽净①

"儿童保健" 为国家教学资源库（助产）专业、省级护理专业群助产专业核心课程。课程以培养新时代儿童健康守护者为目标，支撑护理、助产、母婴保健等岗位人才需求。

广东食品药品职业学院本课程教师团队来自全国四省六校四院，基于认知心理学对比效应理论，紧密结合课程内容及教学目标，以 "课前思想高度与思维广度、课中规范力度与人文温度、课后医学深度与艺术美感" 六方位的三组比较式思政，有机融入教学全过程，创新 "六方思政"，并秉承 "创新驱动发展战略" 思想，合力开发多类型具备智能交互功能的数智化儿童教学资源，创新 "数智人文"；基于此打造 "六方思政融数智教学" 的课程思政新模式，"系统—精准" 双维培育新时代儿童健康服务职业能力，内化 "三心三爱" 医者素养。

通过改革，本课程取得 2023 年第六届广东省高校（高职）青年教师教学大赛一等奖（医卫食品组第一名），并应用于教育部首批 "母婴护理" 1＋X 证书培训、职业教育师资培训国培等社会服务项目。

一、 解决的问题

1. 健康产业高速发展，工作模式变化提速，如何系统性、全方位培养职业素质

基于中国人口负增长、父母育儿精力不足及育儿需求高质化的社会矛盾的国情，儿童健康产业正从 "疾病治疗" 向 "健康促进" 发展，工作模式由 "单纯性保健护理操作" 向 "护理操作、健康咨询、科学行为指导" 转变，服务对象从儿童向家庭、社区扩展。为适应新时期儿童健康保健护理岗位需求，学生必须

---

① 崔丽净，医学博士，广东食品药品职业学院护理学院护理专业负责人，中国妇幼保健协会助产士分会首届青年委员，广东食品药品职业学院首届金牌讲师、首届思政名师，获得第六届广东省高校（高职）青年教师教学大赛一等奖（医卫食品组第一名）、广东省职业院校技能大赛教学能力比赛二等奖，指导学生获广东省职业技能大赛二等奖 2 项。

树立"爱护儿童健康成长"的专业信念，具备科学的职业态度与国际视野；形成慎独严谨、高度负责的工作作风，同时还应具备温馨、真诚的工作态度；具备敬畏生命的职业道德和精益求精的医者精神，也要具备文化、人文、历史等艺术追求鉴赏能力。课程思政教育如何形成模式或者体系，系统性培养全方位职业素养，是课程思政需要解决的第一个问题。

2. "进不去、动不了、看不见、难重现"，如何精准培养医学职业能力与素质

课程学习时，对儿童行为表现的分析理解，需要结合机体组织解剖、生理功能、调节机制等微观变化练习，学生难以进行还原想象，就易产生知识学习的困惑。尤其是在实训过程中，学生儿产科进不去，婴儿抱不到，操作中心肺功能、心理变化看不见，母婴连接等真实工作情景很难重现，职业技能的培养存在难度。

对于学生而言，没有做过父母，如何做到"幼吾幼以及人之幼"，切身理解婴儿及父母的需求，从而达到医者仁心入脑入心入行，这不仅是提升课程质量及课程改革需要解决的问题，也是课程思政需要解决的问题。

3. 课程思政融入课程教学，如何科学评价育人效果

课程思政融入课程教学全过程，价值塑造、知识传授、能力培养彼此之间融会贯通、相辅相成。如何更有效地评价育人效果，塑造更加科学、具体的评价手段，以育人为导向，不断挖掘课程思政与专业课程两者之间的结合点和共通之处，是课程思政需要解决的第三个问题。

二、 解决问题的策略

（一）思路

为解决上述三大痛点问题，课程坚持"分类—数智"双向建设，"系统—精细"双维滴灌，"五维—多元"科学评估，培"爱婴"之根，启"爱岗"之智，铸"爱国"之魂。

1. 分类建设，以"六方思政"多向滴灌，全方位系统培育新时代医者职业素养

"儿童保健"课程思政，将课程思政目标与认知心理学"对比效应"相结合，创新六方位课程思政，达成"高度与广度、力度与温度、深度与美感"六方位的思政育人目标。

（1）课前"高与广"：扎根国情、放眼世界，播撒责任种子，引发学习内驱。

根据课堂学习内容及教学目标，在课前设置自学环节，融入国内外临床标准指南差异解读、相关国家战略、国内国际时政、发展格局及态势等内容，引导学生线上自主学习，培养学生服务祖国儿童健康的思想高度，关注学习全球儿童健康发展现状及前沿资讯的思想广度。

（2）课中"力与温"：严谨慎独、仁爱之心，规范技能训练，展现人文素养。

课中融入儿童保健执业相关国家法律法规及儿童临床保健指南的解读，针对案例进行分享讨论、规范技能操作等活动，内容及案例贴近时代、贴近实践、贴近学生思想实际，不断增强课程亲和力和针对性，提升学生获得感。

一方面，用真实案例＋智能模型反馈等引导学生产生对母婴及其家庭的同理心，增加学生与思政内容的共情；另一方面，用教师自身的真情去打动学生，用讲授的激情去唤醒学生，引导学生产生"爱婴之心"，将专业知识技能学习和"守护儿童、健康中国"的职业初心融为一体，使课堂成为弘扬依法行医主旋律、传播医者仁心的主阵地。

（3）课后"深与美"：读万卷书、行万里路，拓展医者思维，践行职业担当。

积极寻找与课程内容相关的多学科内容，并将之应用于课后线上学习，拓宽学生视野，提升学生多学科综合素养与医学艺术审美、鉴赏、创造能力。

将中华中医药文化、中华饮食文化、中华优秀养生文化等展示古人智慧的传统文化，以及现代哲学思想、医学伦理观点、生命科学知识等凸显时代风采的当代文化相融合，与儿童生存、成长与保健相融合并展现给学生，教育引导学生深刻理解中华优秀传统文化的思想精华和时代价值，树立学生的文化自信，培养学生以爱国主义为核心的民族精神，提升学生文化修养。

2. 创新建设，以"数智人文"精准滴灌，科学提升综合护理能力素养

以"人文理念融入数智教学"的创新策略，基于校企深度产学研协同育人机制，合作开发具备"交互、反馈、评估"性能的儿童数智模型，创新"数字人文"，提三感、育三心、铸三爱。

（1）解决学生实操学习过程中"进不去、动不了、看不见、难重现"的痛点问题，提升学生的体验感，帮助学生在实操训练中"看见"儿童、感受儿童，提升学生自主学习兴趣。

（2）通过智能"儿童"的评估反馈，建立婴儿结局与学生行为之间的因果连接，提升学生操作的责任感。

（3）通过可视化数据分析，让每一次的努力和进步被（老师及自己）看见，提升学生的获得感。

（4）以获得感的建立，鼓励和激励学生反复训练，在提高技能的同时，更注重"爱心、细心、责任心"医学人文素养的表达，从而内化"爱婴、爱岗、爱国"的医学职业素养，促进长久知行合一，形成"守护儿童健康成长、筑牢健康中国根基"的价值观。

3. 聚焦学生主体，改革评价体系，科学评估育人效果

聚焦学生主体地位，优化评价体系，不仅关注学生知识、能力等各方面的综合提升，更高度重视学生的个人发展及增值。注重学生的主动参与和反馈，不仅让学生"听进去"，更鼓励学生"讲出来"，通过微信沟通、问卷调查、微视频展播等形式多样的活动实现思政教育机制创新，提升思政育人效果，践行思政教育立德树人的目标。

构建"儿童保健"课程思政教学评价指标体系。根据评价对象和评价对象条件，利用评价工具构建一套能够表现评价对象内部各部分之间相互联系，具体化、行为化、可操作的项目集合。包括评价指标条目、指标条目内涵和权重及量化方法。

（二）过程

1. 更新课程理念，传道授业解惑

课程以《中国儿童发展纲要（2021—2030 年）》为指导思想，遵循"以学生为中心"的理念，课程教学的目标和组织与助产专业创新型高素质人才培养目标相匹配，坚持以岗位能力培养为主线，践行夯基础、强实践、重能力、求创新的课程教学理念，坚持"价值塑造、知识传授和能力培养三者融为一体"的原则，坚持"理论、技能、人文"三并重选取课程内容，课程的内涵体现科学精神与人文精神的相互渗透与整合。

以工作岗位任务为驱动，应用"理虚实一体"教学模式，丰富教学方法，采用数字教学技术，开展线上线下混合式教学，将理论知识融入工作任务之中，培养学生的临床思维能力、临床应用能力及职业素质。

2. 结合时代脉搏，重审育人目标

"儿童保健"课程教学应该首先要回答"新时代需要怎样的儿童健康促进

者"这一问题，并落实立德树人根本任务。

为此，教师于临床护理及助产岗位进修，从专家、服务对象等多群体开展长期调研。最终，对接妇儿健康产业发展及儿童护理岗位典型工作任务和核心能力需求，对标教育部专业教学标准、本校人才培养方案及"儿童保健与护理"课程标准；对应全国大学生护理技能大赛考点，对照人社部"护士执业资格证"初级、教育部"母婴护理"1＋X专业能力评价中级证书要求等，确立课程目标。

3．科学重构课程，技能思政双线赋能

结合岗课赛证需求选取教学内容及知识点，充实人文社会学科的教学内容，基于儿童保健护理工作顺序，重构模块化课程内容（5个模块、35个典型工作项），贯穿"保健—护理—急救"技能明线及"关爱—呵护—守护"思政隐线，实现技能思政双线赋能。

根据每个教学任务的实际情况，挖掘兼具科学性和思想性的思政元素，结合对比效应教育理论，创新"六方位思政法"，提升思政学习感受，落实"一课一目标"，把握"促进儿童健康成长·筑牢健康中国根基"的思政育人核心，融入"三爱三心"思政元素。

4．建设优质资源，厚植医者情怀

（1）建设数字化教学资源：共建助产专业国家教学资源库本课程资源（微课视频126个，共14.67G、945分钟；PPT143个；题库1192个），满足线上线下混合式教学需求。

（2）数智系统：教师与临床专家合作开发多种形式信息化教学资源，包括虚拟练习系统14个、虚实结合智能模型7个、数字教学管理平台4个，打造进阶技能智慧医学培养模式，提升学生学习兴趣，突破教学重难点，集成数据于理虚实一体教学平台，动态分析护理实操训练数据。

（3）数字案例：共收集182个临床真实案例，为52个课程案例制作微课视频资源，为进一步培养学生的临床思维、厚植医者情怀起到重要作用。

（4）拓展资源：收集行业资讯、专家访谈、职业标准等内容，助力学生课后拓展学习、长期职业发展。

5．立足课堂教学，为党育人、为国育才

坚持"以学生为中心、知行合一"的教育理念，创新"三学三做"教学模式，以课前自主学、尝试做，课中合作学、规范做，课后拓展学、实境做，引导学生解决"是什么，为什么，怎么做"三个问题，贯穿专业特性学习与思政融入内容。

在教学过程中，充分发挥教师主导、学生主体的作用，采用 PBL、头脑风暴、游戏法等有助于调动学生学习潜能的教法，引导学生自主学习、合作探究、积极训练、乐于实践。教学各个环节中注重思政引领，做到润物无声。

（三）做法

1. "六方"思政融数智教学，系统精准双维滴灌

为达到新时代"三爱三心"儿童健康保健人员的育人目标，课程以"课前自主学习—课中理解掌握—课后实践拓展"层层递进，将课程思政融入课堂教学全过程。过程中注重"六方贯穿、数智融入、务实灵活"三要点：①立足课堂实践，推动六方位课程思政建设贯穿于课前引导、课堂授课、课后拓展等各个环节；②创新课堂教学模式，推动现代数字技术在课程思政教学中的应用；③"务实"第一课堂和"灵活"第二课堂，开拓课程思政建设方法和途径。具体如下：

（1）课前"高与广"：比较学习提兴趣，洞悉时事明目标。

课前，教师紧密结合授课内容及目标，以"寻找国内外最新儿童保健技术指南要点的不同并尝试解释原因""分析国际国内儿童健康水平现状并讨论影响因素""学习国际国内儿童保健服务模式差异，讨论其优缺点"等活动，契实际、抓要点、跟时事，以问题为导向，引导学生自主开展比较式学习，提升学习兴趣、学习主动性，加深对知识点的自我理解、思考和记忆，同时将促进儿童健康的社会责任隐喻其中，帮助学生明晰学习的目的、目标。

（2）课中"力与温"：合作探究明真理，规范训练严技能。

课中，教师充分借助数字化教学资源，基于真实工作任务创设儿童护理临床情景，运用"情境教学、PBL 教学、案例教学"等教法精心安排课堂活动，引导学生通过"理论探知、虚练结合、实操训练"三个教学步骤开展合作探究、小组演练，突破教学重难点，将法律法规、临床指南、行业规范等最新理论知识，"敬畏生命、救死扶伤、大爱无疆、甘于奉献"等思政元素融入工作任务之中，培养临床思维能力、规范护理操作技能、提升医学人文素养，树立"守护儿童"的体验感、责任感、价值感。

（3）课后"深与美"：拓展学习提修养，社会实践精服务。

一方面，教师课后于职教云平台发布"中医儿科典籍、行业最新培训、专家访谈"等拓展学习资源，发布电子作业，让学生结合课堂知识，拓展学习"医学之美"，发散思考，提升专业文化修养。

另一方面，学生在学校教师及临床教师的帮助下，开展"线上健康教育资源

制作与推广""儿童健康社会调查""社区健康宣教""临床实践"等丰富的课外实践活动,以自身实际点滴行动,内化关爱母婴之心,外化爱岗敬业之行。

2. 聚焦学生主体,"五维—多元"改革评价机制

创设"五维"课程评价模式,开展多维度评价。采用形成性评价与终结性评价相结合的形式,以形成性评价为主。

课程评价特点:

（1）科学：评价方式充分借助信息化手段开展。

（2）全程：评价过程包括课前、课中、课后。

（3）多元：评价主体包括学生、教师、企业导师。

（4）多维：评价内容包括理论知识、操作技能、职业素养三个方面,将六方位思政表现、临床思维能力融入评价体系。

（5）规范：评价标准有机融入职业技能等级证书评测标准。

三、 实施效果

1. 学生综合能力及素养提升

①学生掌握儿童护理专业核心知识。帮助学生获得护士职业资格,通过率高于98%,达到国内高职院校领先水平。②学生掌握儿童护理专业核心技能。学生在"平产接生""新生儿抚触"等项目获得大学生护理职业技能竞赛奖项。③学生发展能力提升。获得"互联网＋"挑战杯广东省赛金奖等创业类奖项。④学生职业道德素养提升。新冠疫情期间援鄂抗疫,坚守在隔离病房、守护儿童安全回家,获得抗疫英雄等荣誉称号。

2. 教师教学能力及职业素养提升

近5年来,笔者获得省级以上课程思政相关奖励共7项,其中国家教学资源库积极建设荣誉1项,教学能力比赛省级2项、大学生创新创业大赛省级金奖1项,广东省职业院校技能大赛省级二等奖2项,省教指委年度优秀论文奖1项。此外,笔者担任中国妇幼保健协会助产士分会首届青年委员、护理职业教育专业委员会副主任委员等,相关荣誉助推"儿童保健"课程思政建设经验交流。

目前,课程已应用于教育部首批"母婴护理"1＋X证书培训、教育厅职业院校教师教学培训项目,以及广东省妇幼保健院孕妇网络学校社会健康教育等。

四、 创新与示范

1. 创新

（1）数智人文精准滴灌，提三感育三心铸三爱。

以学生为中心、以能力导向为牵引，通过课程虚拟教学平台建设专项开发，合作开发数智化教学资源，实施数智人文教学改革，为学生创设儿童护理临床情境，解决学生实操学习过程中"进不去、动不了、看不见、难重现"的痛点问题，帮助学生"看见"儿童、感受儿童、守护儿童。

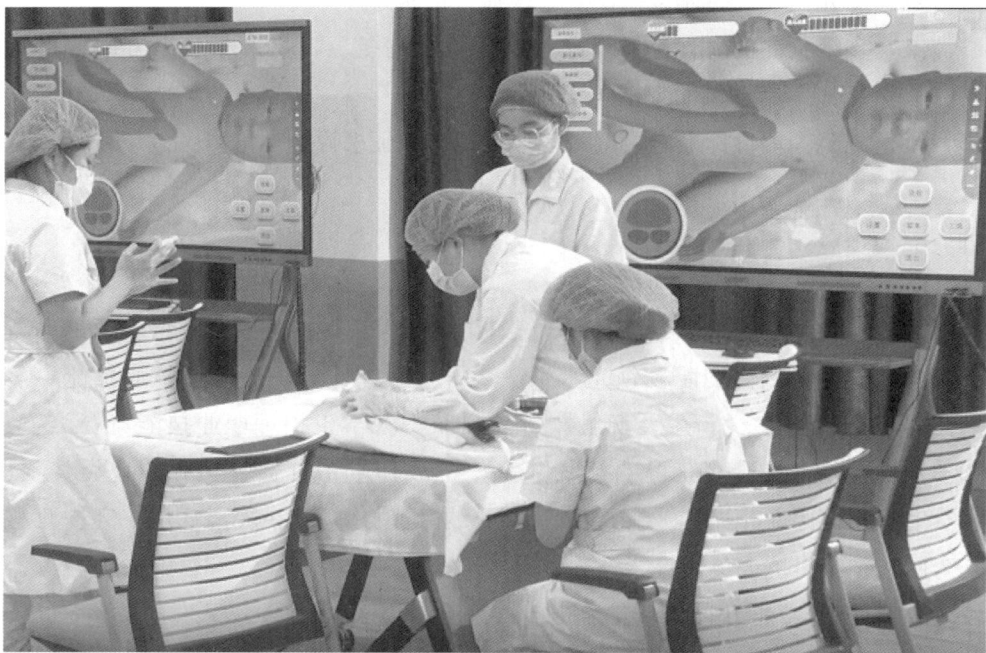

图1　数智人文特色

（2）六方思政系统滴灌，培养真才实干、踏实肯干的儿童护理人才。

通过校院深度产教研协同育人机制，共建六方位课程思政资源，优化思政教学策略，落实临床实践，促进临床思维与临床实践能力的培养，全方位培训六方位职业素养，助力守护儿童职业信念的形成。

2. 推广示范

"儿童保健"作为助产专业国家资源库建设课程，课程改革成果得到广东教育频道等多媒体报道。同时，课程对全国所有助产专业及广大社会学员开放共享，并依靠助产基层人才培养联盟成员的 47 所高职院校联考机制，将在推广上形成很好的校内外辐射效应。

五、 反思与改进

1. 思政之"高与广"，需与时俱进、终身学习，提升思政元素整合优化的能力

开展六方位思政，课前之"高与广"，需结合专业最新国内国际时政开展。教师必须与时俱进、终身学习，加速自身知识系统的迭代更新，提升专业水平与思政素养。提升教师对思政元素进行加工重组、整合优化的能力，从而实现科学性与思想性有机结合。

2. 思政之"力与温"，需创新改革、不断探索，提升数智人文教学的开发、应用能力

开展六方位思政，课中之"力与温"，需更着重于实践教学中默默渗透。数字化改革对于提升学习效果具有很好的作用，建设具备反馈交互功能的数智化模型，并将其融入真实工作场景中，形成"境中教，情中学，即学即练，考评结合"的教学模式，以实现临床思维训练使学生思维与技能并进、综合实践能力提升的目的，需要教师不断提升信息化教学素养水平。

3. 思政之"深与美"，需拓展学习、丰富文化，提升多学科艺术鉴赏的能力

开展六方位思政，课后之"深与美"，需灵活形式。除考培外，拓展学习、科学探索、创新创业、社会服务等劳动教育及思政教育均为较好的形式。拓展学习中，教师需结合学生学习的特性、对故事的喜爱，丰富自身文化素养，提升多学科艺术鉴赏的能力，引导学生领略医学人文之美。

"三全育人" 视域下 "互联网 + 课程思政" 建设与岗课赛证融通协同育人路径探索

——以"人体形态结构"课程为例

覃玉群①

本课程思政教育案例依托 2020 年广东省创新强校教育教改项目、2022 年广东省教指委教育教学改革项目。课程为广东省首批护理专业群建设共享课程、校级精品课程，是医学类新生第一门专业基础课。针对课程思政目标不明确，专业课程与课程思政融合度低，信息化教学资源缺乏思政元素融入，思政考核标准无量化、单一等问题，以立德树人为中心环节，深入贯彻实施"全员、全过程、全方位"的"三全育人"理念。在"互联网 +"背景下，构建课程思政与岗课赛证融通协同育人机制，探索创新"人体形态结构"课程思政教学模式，建立多元多层多维、科学精细有效的课程思政工作测评指标体系。课程组依据教育部颁布的《高等学校课程思政建设指导纲要》，重新梳理整个课程二十章内容，重构"人体形态结构"课程思政内容的整体框架，为践行"三全育人"理念，发挥"互联网 +"优势，打通育人"最后一公里"。

一、 解决的问题

1. 构建多维度立体化教学目标体系，解决思政目标不明确的问题

优化课程目标，构建多维度立体化教学目标，将课程思政建设和岗课赛证融通协同育人的目标统一于人才培养目标中，解决课程目标和思政目标各自为政的问题。课程思政建设注重学生"做人"的培育，岗课赛证融通注重学生"懂事"和"做事"的培养，其中"做人"是前提，故而，课程思政建设与岗课赛证融

① 覃玉群，硕士，广东食品药品职业学院护理学院讲师，从事人体形态类课程研究，主持广东省教育厅教育教改课题、广东省高等教育专项教改课题、校级精品课程、校级继续教育课程"人体形态结构"，获广东省职业院校技能竞赛教学能力大赛二等奖，指导学生参赛获广东省职业院校技能大赛护理技能竞赛二等奖、中国—东盟职业院校技能大赛护理技能大赛三等奖等。

通结合的根本目的是育人和育才，德育并重，是促进学生全面发展的重要举措，将二者目标融合并与课程目标统一，有力践行了"三全育人"理念。因此，本课程目标分为：

（1）知识目标：掌握人体各系统器官的位置、毗邻、形态、结构，熟悉各系统组成及作用，了解人体形态结构与内外妇儿科常见疾病关系及相应治疗。

（2）能力目标：具有自学、观察、综合判断、实践动手能力，能够在标本、模型和活体上辨认人体形态结构，能结合临床应用理解结构学知识与临床疾病的关系。

（3）素质（含思政）目标：树立大卫生、大健康和预防为主的健康观，以及心怀"健康中国"战略的责任感与使命感，具有吃苦耐劳、敬佑生命、关爱患者、甘于奉献、救死扶伤、慎独自律、精益求精的职业精神和职业生涯规划意识，具有学法、尊法、守法、用法的法治思维，具有理性实证、开拓创新、勇于拼搏的科学精神，具有良好的沟通和团队合作意识，具有自主学习和自我反思的学习素养，崇尚劳动，热爱劳动，能够辛勤劳动、诚实劳动。

2．充分挖掘课程和岗赛证蕴含的思政元素，双线融合，解决专业课程和课程思政融合度低的难题

充分挖掘课程和岗赛证蕴含的思政元素，有机融入课程体系，创建"双线交融"的课程思政建设模式。

主线一：通过提炼医院护理岗位典型临床案例，剖析护理岗位知识技能与职业素养，深入研究护理技能竞赛、大学生创新创业大赛、预防医学比赛、助产技能大赛等赛事规程标准与"1+X"考证、育婴师、老年照护标准，基于岗课赛证思，将课程设置为10个模块。

主线二：从"人体形态结构"课程、医护临床岗位、技能竞赛、"1+X"考证中挖掘医者精神、职业精神、竞赛精神、劳动精神等育人元素，根据专业课程体系将挖掘的元素与课程匹配，实现课程思政元素与专业知识技能有机融合，共同实现课程思政目标。

3．5G背景下，以"互联网+课程思政"创新教学模式，解决信息化教学资源缺少课程思政内容融入的问题

依托信息化教学平台，以学生为中心，结合学科特点，采用翻转课堂等方式，将思政目标、思政元素贯穿课前线上自学、线上讨论，课中小组TBL讨论、教师授课、考核、反馈，课后实践练习、学习研讨等各个环节，提高课程思政教学效果。

4．建立多元多层多维、科学有效的课程思政工作测评指标体系

课程评价包括过程性评价和终结性评价，完成了对教师教学工作、教学过程和对学生学习效果的三方面教学评价，解决了思政考核标准无量化、单一等问题。

二、 解决问题的策略

(一) 思路

本课题以高校"人体形态结构"课程为例，探究"互联网＋课程思政"建设与岗课赛证融通协同育人路径。

(二) 过程

解决问题的过程大概分为四个部分：第一，充分挖掘思政元素，制定思政目标；第二，实行双线融合，思政元素与专业课程内容有机结合；第三，5G背景下构建"互联网＋课程思政"的深度融合创新教育模式；第四，建立多元多层多维、科学精细有效的课程思政工作测评指标体系。

(三) 做法

1. 针对思政目标不明确的问题，挖掘思政元素，制定思政目标

课程团队充分挖掘解剖课程思政元素，以及依据教育部发布的专业教学标准，参考行业从业标准、技能竞赛标准与"1＋X"考证标准，梳理专业人才培养的素质、知识与能力目标。一方面，将"岗""赛""证"中蕴含的行业新技术、新工艺、新规范纳入知识与能力培养目标中；另一方面，将思想政治素养和职业素养融合纳入素质培养目标中，把挖掘出来的思政元素进行综合比较，精选出适合与课程融合，且对大一新生有价值指引性的思政元素，围绕"立德树人"这一根本任务，贯彻"三全育人"理念，制定明确的课程思政目标。

2. 针对专业课程和思政课程融合度低的情况，进行双线融合，思政元素与专业课程内容有机结合

明确课程思政目标后，将本课程挖掘的思政元素和"岗""赛""证"中蕴含的思政元素有机融入课程体系，"人体形态结构"课程每一个章节/系统结合岗课赛证融通协同育人机制可以挖掘的部分思政元素见表1：

表1 "人体形态结构"课程思政元素

章节/系统	典型案例	思政元素
绪论	器官捐赠/解剖发展史	大爱无疆，奉献，感恩，珍惜标本；探索，坚持真理
运动系统	殷培璞前辈的事迹	奉献，感化
消化系统	张孝骞内科专家	全面思辨，严谨慎独

（续上表）

章节/系统	典型案例	思政元素
呼吸系统	非典案例	团结一致，民族自豪感
泌尿系统	马蹄肾、多囊肾比较	全面发展，辩证
生殖系统	睾丸位置	发展辩证唯物主义
循环系统	心脏解剖学专家凌凤东教授	淡泊名利，积极向上
感觉器	角膜捐赠	救死扶伤，感恩，大爱
神经系统	张鋆教授	民族自信
内分泌系统	喉返神经手术切除案例	高尚医德，爱岗敬业

针对护理和助产专业学生特点，进行双线融合，将课程思政建设与岗课赛证融通协同育人的内容系统化融入课程体系。

主线一：通过提炼医院护理岗位典型临床案例，剖析护理岗位知识技能与职业素养，深入研究护理技能竞赛、大学生创新创业大赛、预防医学比赛、助产技能大赛等赛事规程标准与"1+X"考证、育婴师、老年照护标准，基于岗课赛证思，将课程设置为10个模块。

主线二：从"人体形态结构"课程、医护临床岗位、技能竞赛、"1+X"考证中挖掘医者精神、职业精神、竞赛精神、劳动精神等育人元素，根据专业课程体系将挖掘的元素与课程匹配，实现课程思政元素与专业知识技能有机融合，共同实现课程思政目标。

3.5G背景下构建"互联网+课程思政"的深度融合创新教育模式

在互联网、专业课教学和思想政治教育三者之间寻找契合点，以重构的"人体形态结构"课程和超星学习通、学银在线为载体，以融入思政元素建设校级"人体形态结构"精品课程和教材思政大纲为依据，构建"互联网+课程思政"教育模式。

（1）建立优质的网络课程资源，能够刺激学生逐渐建立正向的职业道德意识，让高职学生在网络平台上学习专业知识的同时，在潜移默化中培养职业责任感与职业道德感。例如，在动脉学习章节中，增设3D虚拟软件讲解，让学生直观感受心脏动力源泉，理解临床护士的责任动力、工作职责，以润物细无声的形式培养学生爱岗敬业及职业责任感。

（2）利用学银在线和5G网络教学平台的师生互动功能，以创新、生动的方式获取思政教育，以"人体形态结构"中"心脏结构"的一节课为案例。具体如图 1 所示：

教师		学生

课前
注重引导与
任务驱动

- 基于教学目标和思政目标明确每堂课的学习任务
- 设计情景模拟任务，准备授课标本模型、3D虚拟解剖软件，收集视频学习资料
- 在线收集学生问题
- 有针对性备课

在线互动交流

- 校园网 5G 覆盖，学银在线学习心脏解剖课程资料
- 教师发起心脏解剖专家凌凤东教授淡薄名利的话题，小组结合课程内容开展讨论
- 收集生活中心脏相关疾病和存在的问题，在线反馈学习难点
- 在线进行课前小测试

课中
注重参与学习和互动

- 教师讲评
- 发掘学生个性和共性问题
- 细化深入讲解和示范

线下课堂讲练

- 传统解剖模型讲解，3D解剖触屏软件结合演示，解决教学难点
- 小组相互讨论，抢答、自评、互评
- 5G+VR虚拟软件实践练习，巩固提高

课后
注重反思与
知行合一

- 教学反思
- 提高教学组织能力
- 学银在线构建视频资源+思政理念相融合信息化思政教学资源库
- 扎实学识、提高师德修养、注重言传身教

线上线下践行

- 组建学习小组和交流园地
- 开展3D解剖软件虚拟解剖录屏实践活动，并以小组竞赛形式，促进学习
- 知行合一，脚踏实地
- 勇于创新，爱岗敬业

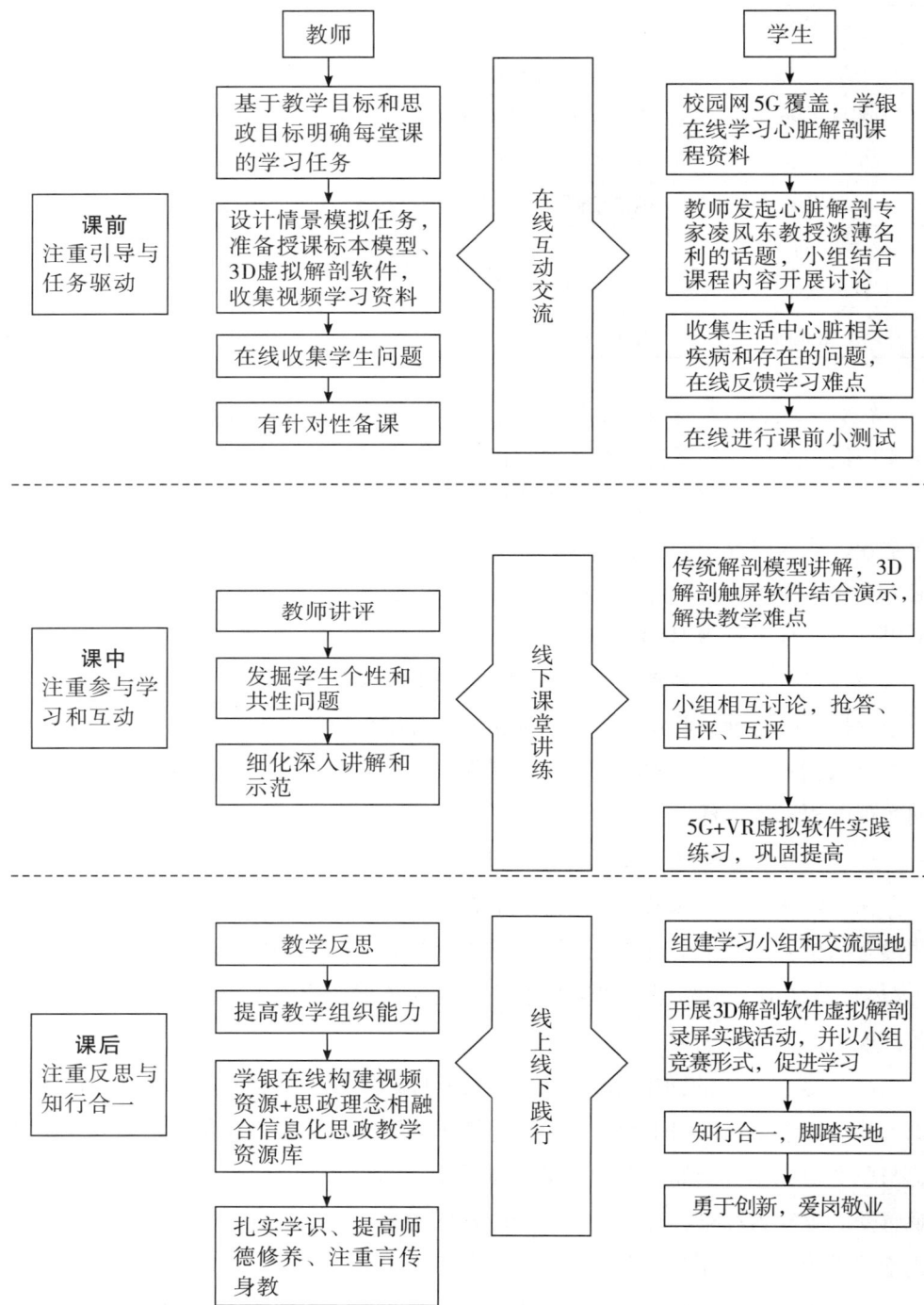

图 1　学银在线 + 5G 网络教学平台混合式教学模式

（3）课程思政与课程实践平台相互融通。"人体形态结构"课程教学方法主要基于"理论讲授＋实践实训"，但传统尸体标本紧缺，解剖模型失真，无法满足医学院校学生学习要求。目前课程借助 VR 虚拟仿真和 3Dbody 解剖软件手机移动端，协助实训课程学习。将虚拟仿真技术应用于人体解剖学教学，一定程度上解决了传统人体标本紧缺、模型仿真度不够以及价格昂贵的问题，也有助于学生建立空间立体解剖感，理解标本难以涉及的细微和深层结构，从而提高教学质量和学习效果。在软件学习过程当中，学生不仅能掌握人体形态结构，也能认识到标本的紧缺，养成珍惜、爱护模型的好习惯，并意识到创新技术、与时俱进的重要性。

（4）建立手机微信公众平台，专业与科普教育同行。团队教师计划构建"人体形态结构"课程思政微信公众号，主要针对"人体形态结构"课程内容繁杂、解剖术语多、结构抽象、新生学习难度大等问题。微信公众号与课程思政主题结合，定期推送解剖专业知识和科普，充分激发学生自主学习的兴趣，并通过线上、线下教学的无缝对接实现混合式教学，提升医学生的综合素质。以微信公众号的形式找准学生的学习难点和兴趣点，利用信息化手段，结合本专业课程思政体系，采用趣味性、分享性和互动性的形式，充分利用学生碎片化时间，潜移默化地影响学生。

4. 建立多元多层多维、科学精细有效的课程思政工作测评指标体系

"人体形态结构"课程评价体系是一个将过程性评价和终结性评价相结合的机制，在这一过程中，要完成三方面的教学评价，即对教师教学工作、教学过程和对学生学习效果的评价。其中，终结性评价，即期末理论考试，考核学生对解剖知识的记忆、理解和应用能力，占最终成绩50%。

三、 实施效果

围绕"三全育人"理念，以立德树人为根本，在 5G 移动技术背景下，"互联网＋课程思政"与岗课赛证融通协同育人建设初见成效。

（1）课前课中课后，德育无声。依据《高等学校课程思政建设指导纲要》对"人体形态结构"课程思政的具体要求，重新修订完善了教案，做到德融教学和课堂。

（2）全员思政，提高教师融入课程思政理念的正确认识。课程团队创立了"'人体形态结构'课程思政名师讲堂"，于校内首届思政示范课堂大赛中获一等奖。

（3）全过程思政，校内、校外影响大、辐射广。

（4）"互联网＋课程思政"，培养学生敏锐的临床思维与拼搏进取精神，并协同岗赛融通机制，学生屡创佳绩，荣获中国国际"互联网＋"大赛两届金奖，广东省护理技能大赛二等奖 4 项，广东省养老服务大赛三等奖 2 项、二等奖 1 项等。

四、 创新与示范

1. 围绕"三全育人"理念，双线融合，课程思政＋岗课赛证融通协同育人机制有机结合

对护理和助产专业学生特点进行双线融合，将课程思政建设与岗课赛证融通协同育人的内容系统化融入课程体系，有效践行"三全育人"理念。

2. "5G 移动技术＋互联网＋课程思政"，全员、全过程、全方位创新思政融合模式

"5G 移动技术＋互联网＋课程思政"将思政和信息教育技术完美融合，切合时代网络发展需要，无声浸入思政教育，完美诠释大国工匠、无私奉献、精益求精、严谨慎独、医者仁心等思政元素。学生在思政教育的沁润下，创新解剖虚拟软件，自主研发医随声动软件并申请软件著作权。

3. 建立多元多层多维、科学精细有效的课程思政工作测评指标体系

多元多层多维、科学精细有效的课程思政评价系统的构建，可以使得思政评价具体量化，使德育目标有力度、有量度并得以实行。

五、 反思与改进

本课程通过问卷调查形式对"三全育人"视域下"互联网＋课程思政"建设与岗课赛证融通协同育人路径探索授课方式进行满意度调查。结果表明，该教学方式极大提高了学生学习效果，激发了学生学习兴趣，调动了学生学习积极性，师生互动良好。课程在实施过程中已融入思政，并促进课程思政发展，学生职业素养和德育意识显著提高，有效达成了"三全育人"目标。

也应看到职业素养和临床思维非一朝一夕能形成，应持之以恒，贯穿始终；救死扶伤、敬佑生命的医者精神应为课程思政主线，课程思政和岗课赛证结合则是精髓，在今后教学中应吸取精髓不断改进。

培根禾下梦， 铸魂中华情

——构建深入体验式"常见慢病膳食指导"课程思政建设

王笑丹①

"常见慢病膳食指导"是广东食品药品职业学院老年保健与管理专业学生的专业核心课。本课程基于食品健康产业链严谨、责任、担当的职业素养，重点培养学生设计编制并指导慢病人群膳食营养餐、提高膳食生活质量，满足医疗、卫生、养老等大健康岗位的人才需求。

本课程具有很强的技能性和实用性，学生毕业后可报考公共营养师、健康管理师等职业考试。思政教育方面强调立德树人、培根铸魂，以思政价值引领教学，立足我国农业大国的客观状况，通过输入名人正向榜样的力量，穿插行业热点与动态，将膳食与国计民生尤其与慢病健康紧密联系，从而将课程"培根禾下梦，铸魂中华情"的思政教育主线与"爱、惜、责、思、制、践"六大思政元素有机融入专业课程教学中，解决思政与教学脱节的问题。

教学中为改善既往课程存在的"说教列举""灌输学习"等传统教学方法，课程设计运用"一引导、多维度融通递进教学"（思政价值引导、教学与工作情景融通、岗课赛证融通、校企融通）模式，构建"德、技、能并举，三级联动增值评价"的多维增值评价模式，让学生在深入的学习体验中掌握慢病膳食知识与技能，并激发学生的使命感、职业自豪感和创新创造能力。

通过课程建设，学生不仅对中华膳食文化产生热爱，还积极参加广东省职业院校技能大赛等相关赛项获得多项省级奖项，并投身这一岗位事业，增强了学生的中华美食文化自信，提高了学生的慢病膳食设计能力和职业责任与自信，实现了课程思政培育目标。

---

① 王笑丹，博士，主治医师，广东食品药品职业学院健康管理与生物技术学院老年保健与管理专业负责人，一级健康管理师，老年能力评估师。被评为校级金牌讲师、课程思政教学名师、优秀教师。获得广东省职业院校技能大赛教学能力比赛三等奖，指导学生获广东省职业院校技能大赛二等奖 3 项。研究方向为中医学、慢病膳食营养和老年保健管理。

一、 解决的问题

（1）若要解决传统课堂中思政资源匮乏、教学与思政脱节，思政教育不能与专业课程有机结合的问题，需重塑思政教育主线，构建具有感染性、时代性的思政资源并自然融入专业教学。

（2）改革传统课内灌输式教学方法，"说教列举"的理论教学已无法满足当今时代学生的职业教育需求，需要改变学生课程学习的被动性、缺乏自主思考与创新性的问题。重构课程教学模式，搭建深入体验式多维教学平台。

（3）解决评价体系单一，无法从多维度客观评价课程教学效果与学生学习质量的问题。

二、 解决问题的策略

1. 思路

本课程对企业、行业岗位、学校深入调研，通过比赛、活动、项目、线上活动等多种方式建设多维情境的虚拟真实场景呈现，以项目、任务、技能操作为核心教学内容，完成专业课程、思政课程资源系统性的碎片化建设。

根据教学实践过程中的项目能力、课程教材、岗位任务、职业情境将碎片化知识资源进行整体性重构。通过案例模板进行前后台分离，企业顾问或兼职教师借助网络远程完成项目案例、思政课程的编辑，以数据的方式驱动前台虚拟情境的动态变化。在学生课前、课中、课后的学习、训练、演练中随机设置突发或异常事件，培养学生临场思路、应急能力、岗位素养等。

教学思政教育强调立德铸魂，思政价值引领教学，设计一条思政主线、六大思政元素及多维增值评价模式，从而构建深入体验式多维融通教学生态平台。

2. 过程和做法

（1）以思政价值引领课程——通过深研膳食营养与药膳岗位，整合课程思政资源，重构具有感染性、时代性的思政主线和六大思政元素。

本课程结合大健康膳食营养与健康发展的新趋势、新业态和新模式，立足我国农业大国的客观现实，课程内容紧密围绕粮食与健康展开。课程开头以袁隆平院士一生奉献水稻粮食事业，造福人类为案例开启，提出"培根禾下梦，铸魂中华情"的思政主线，立德树人，激发学生树立崇高的职业理想和信念、责任感和使命感。

根据课程三大教学模块，将思政主线拆分为"美食梦、文化情""田园梦、求实情""创新梦、健康情"三大主题，围绕三大教学模块，将"爱、责、惜、制、思、践"六大元素有机融入，实现教学目标和思政目标的有机融合（见图1）。

思政资源包括名人正向榜样案例、相关行业新趋势与新业态（如新版膳食指南的解读与意义），重点关注慢病人群的膳食案例（反思与安全事件），以及各种常见慢病人群和特殊人群的膳食营养餐案例。通过线上线下结合、校企结合、赛证结合等多种方式让学生深入体验、主动思考与实践。

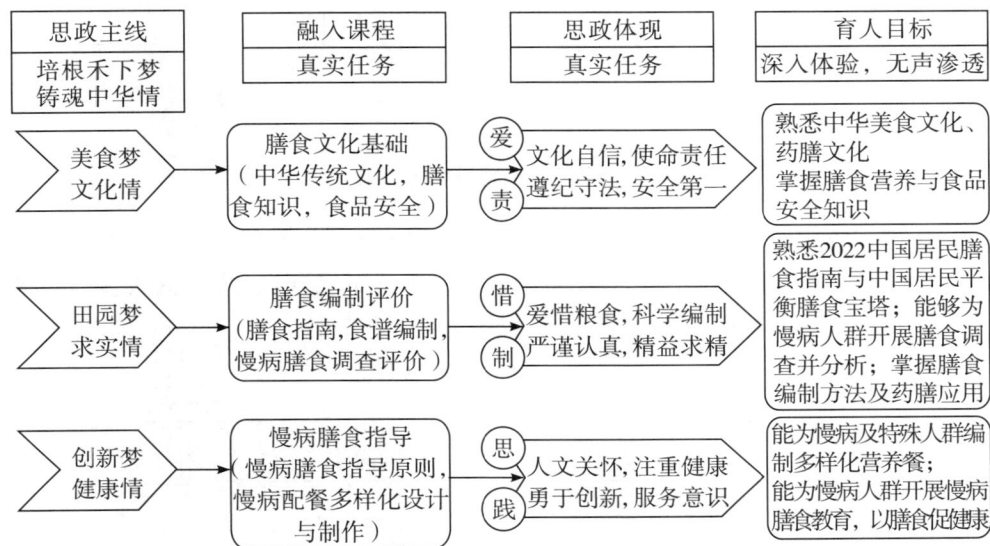

图 1　思政主线图

通过思政教育的无声渗透，让学生怀揣"禾下梦"和"中华情"，投身中华大健康膳食事业，培养学生科学饮食、珍惜粮食的传统美德；关注慢病人群健康，具有良好的人文关怀精神、健康服务意识及职业情操；培养食品安全责任意识，建立绿色膳食概念；加深对中华美食文化的热爱理解，增强文化自信；通过设计常见慢病与特殊人群营养餐，以美食文化传递关注健康、热爱生活的正确人生态度及价值观。

（2）解析大健康膳食服务岗位，重构教学内容，构建"多维融通，深入体验式情景化"教学生态平台。

本课程结合行业新趋势、新业态和新模式，依据人才培养方案和专业教学标准，岗位对接营养机构或医疗机构、养老机构等大健康机构企业的营养岗位，具体对应营养师、健康管理师等岗位进行人才培养。其中课程内容方面分为三大模块（见图2）。

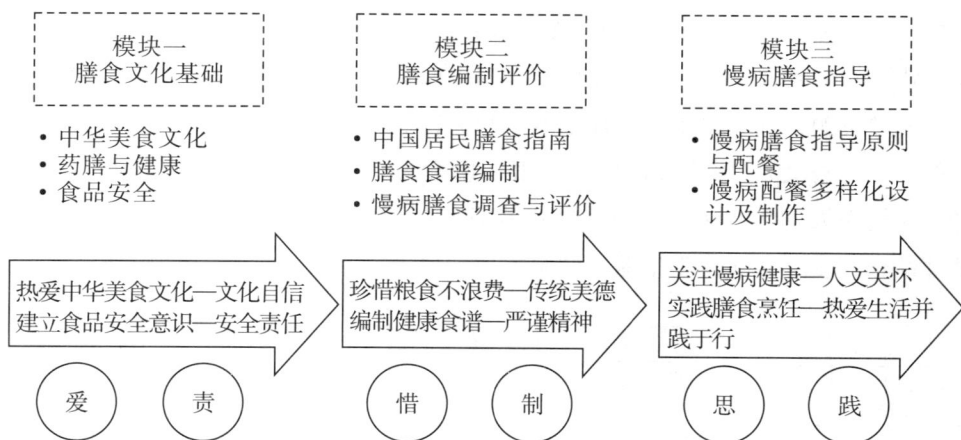

图 2　课程模块图

本课程运用"一启动多融通递进教学"（价值引导思政启动、岗课赛证技融通、教学与工作情景融通融合、校企融通、线上线下融通），搭建深入体验式多维情境化教育生态平台（见图3）。

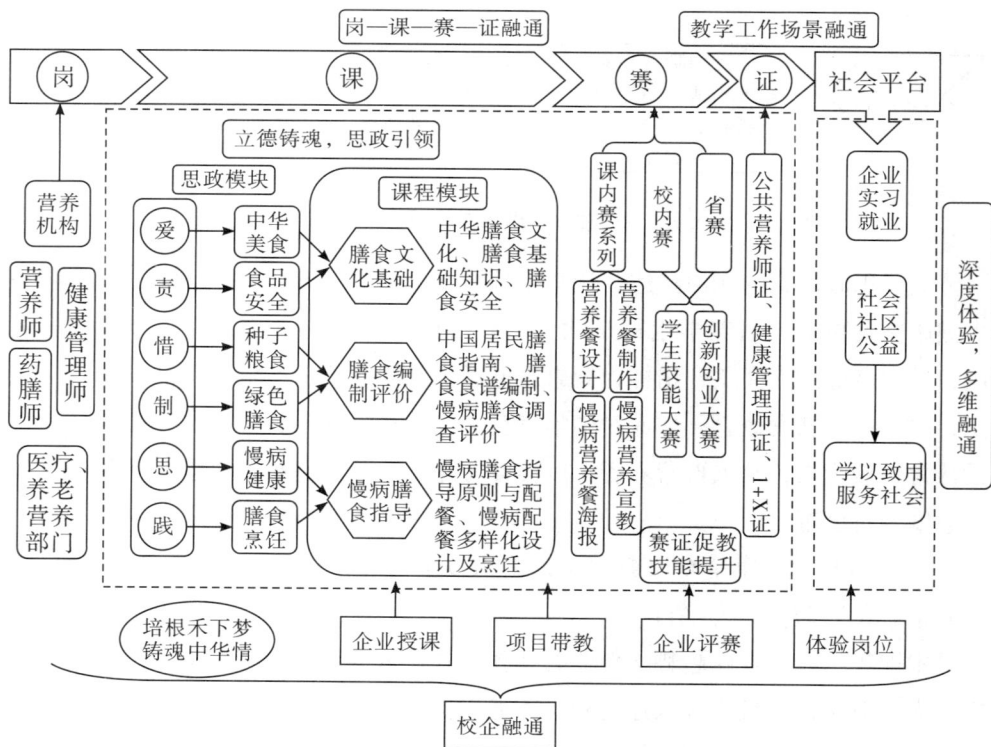

图 3　一启动多融通递进教学生态平台

（3）任务驱动教学，分步递进实施。

针对膳食营养健康行业的新形势，在项目模块化教学中，有机融入引发情感正反馈的教学任务，既完成知识、技能目标，又在认知层面引发正反馈。

课前通过职教云平台在线教学布置教学任务，上传教学资料及视频，提出问题，启发学生带着问题去思考。课中灵活运用多种教学方法，通过行业名人正向案例、慢病膳食问题反思案例、行业热点及动态，将思政元素自然融入教学模块中，拓宽学生视野，传授专业技能。课后作业采用多种方式，如营养餐作品、海报或公益活动等，让学生线上提交作业分享感受，完成对知识的融会贯通。

三、 实施效果

1. 学生的思政收获评价

（1）学生对课程的评价。

本课程开设以来，学生评教课程分数均在 90 分以上。在进行思政改革后，好评逐年提升。学生在教学过程尤其是实训课程中表现积极踊跃。

学生通过职教云 App 对本课程有"课程能够提高慢病膳食配餐能力；实训课程丰富生动；能够增加绿色膳食的学习兴趣和烹饪热情；课程设计合理，形式丰富"等评价。

（2）学生的心得体会。

学生们对本课感悟较多，有的学生表示学习本课程后"收获满满，享受美食的同时，也学会制作营养餐"；有的学生则"希望以后可以帮助更多人"。

（3）学生长期行为观察。

学生在学习本课后对慢病膳食人群产生兴趣，部分学生表示未来职业方向定位倾向于膳食指导行业。目前已有毕业的学生从事营养膳食指导工作，近期其用于肥胖膳食指导治疗的视频公众号获好评。

2. 校内外同行评价

本课程的设计与开展得到了校内外同行业内专家的认可。本校食品营养与健康专业带头人及营养学博士在听课及参与实训活动后给予肯定和认可，评价本课内容新颖、资源丰富，是一门很实用的膳食营养课程。

本课程重视以赛促教，每年都有养老企业积极参与课程膳食营养技能比赛，在 2023 年开展的学生高血压、糖尿病膳食设计竞赛中，企业负责人对学生设计的营养配餐给予高度评价，认为学生设计的营养餐不仅符合慢病要求，且食材样式丰富，为表现优异的学生颁发"最佳营养配餐奖"。

3．课程思政教学改革成效

学生在学习本课程后报考公共营养师、健康管理师等考试并获得证书。

学生运用本课程知识设计儿童营养餐、老年慢病营养餐并以此作为项目的部分内容报名参加校级、省级创新创业比赛并获得多个奖项。

4．活动与影响

学生们在学习本课后，能充分运用慢病膳食指导能力积极参加学校各项活动，比如开展膳食健康宣教公益实践活动、制作公益宣传海报、参加慢病营养餐设计大赛、申报大学生创新创业课题项目等，以多种方式运用推广。

四、 创新与示范

1．以思政价值引领课程，重塑思政目标，整合思政资源

根据本课程教学内容特点对思政内容进行归纳分析，重塑教学目标：培养热爱中华美食文化、热爱生活、具有珍惜粮食美德、具有卫生安全责任感关怀慢病膳食健康、能严谨编制健康绿色膳食营养餐并实践慢病膳食烹饪的技术技能人才。

在此过程中提炼出思政主题及六大思政元素并融入教学内容：一条思政主线——"培根禾下梦，铸魂中华情"（中华民族伟大复兴的中国梦），并拆分为"美食梦、田园梦、创新梦""文化情、求实情、健康情"，提炼出六大思政元素——爱、责、惜、制、思、践，并有机融合教学。

2．创新"多维融通，深入体验式情景化"教学生态平台

运用"三维度递进教学"（价值引导思政启动维度、情景融通多资源推动维度、岗课赛证技能冲刺维度）整合教学资源，提高教学质量。

3．创新"德、技、能并举，三级联动"增值评价体系

通过学校、企业和社会三级评价主体，对学生的"德、技、能"进行全面评价，构建三级联动增值评价体系，既能够融入在校过程性评价，全面评估学生对基础知识和技能的掌握程度，又能通过企业的反馈评估学生的知识技能在工作岗位上的应用效果和可持续学习能力。再通过社会评价反馈，使学生有效评估自我助人能力、竞赛水平等信息，以此推动学生自发提升服务社会的意愿和能力（见图4）。

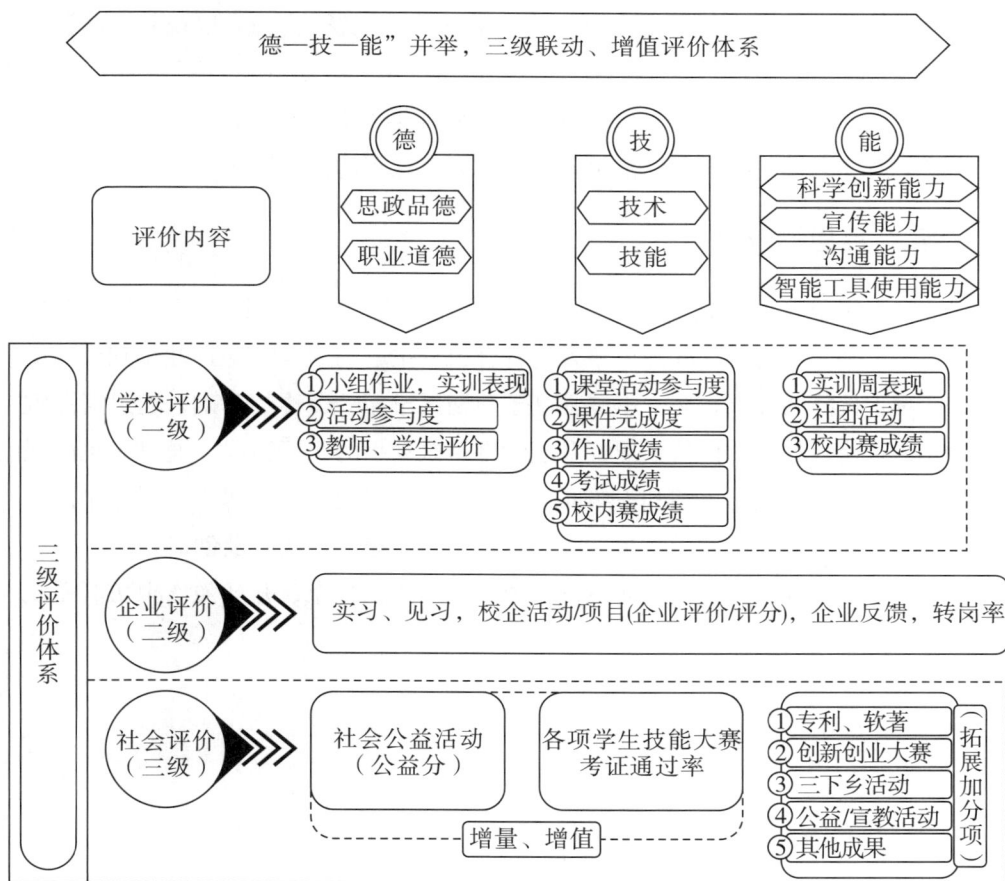

图4 三级联动增值评价体系图

4. 产生社会示范与良好正向影响力

通过课程建设与校外多个高校、企业建立校企互动合作扩大影响力，如广东颐寿医疗养老有限公司、广东紫微星实业有限公司、四川碧然康养医疗管理有限责任公司等。

（1）公益实践活动：学生多次到医院、养老机构展开公益实践活动，宣传慢病膳食健康知识。如学生每年到广东颐寿医疗养老有限公司为老人指导膳食，在新冠疫情期间采用在线方式帮助老人等。

（2）网络在线授课宣传健康膳食扩大影响：2021年为广东省德诚职业培训学院有限公司健康管理师考证指导营养膳食课程；2022年4月为广东紫微星实业有限公司员工做课程在线授课。

（3）参加各项比赛及校企互动项目：学生参加"校企共建2022年老年健康

照护综合技能大赛慢病营养餐比赛"获"最佳营养配餐奖",并以视频、演讲文稿汇报等多种方式展示。

（4）为社会培养的专业技能人才在实习就业期间获企业好评。

综上所述，通过校内外示范辐射，能扩大本课程的正向影响力。

五、 反思与改进

本课程属于典型的技能课，同时涉及膳食营养、慢病健康、药膳等较多知识，知识点多，如何将这些知识整合为符合课程主题的内容，并且能得到较好应用，这对于技能的要求较高。本课程基于前期医学相关课程的基础，通过对课程感染性、时代性的思政价值引导，基于学生喜欢动手的实际情况，通过多维融通结合信息化教学模式的重塑和三级联动增值评价的开展，不仅解决了课程中的难点和重点，而且提高了教学质量，激发了学生主动思考、实践及创造。

后续将在资源库的建设方面继续完善，增加校企合作，并加强虚拟仿真系统的融入。

习近平经济思想融入 "国际贸易理论与实务" 课程思政的 "五位一体" 模式探索与实践

张建华①

百年变局下中美贸易战、新冠疫情冲击中国对外贸易，中国直面重压，动用"国家力量"解困纾难，"稳外贸、稳外资"。中国审时度势提出"构建以国内大循环为主体、国内国际双循环相互促进的新发展格局"，"一带一路"相关国家成为我国对外贸易的最重要伙伴，加入"区域全面经济伙伴关系协定（RCEP）"成为加入 WTO 后中国更高水平对外开放的又一突破。这些举措是国际贸易最大的时事政治，也是"国际贸易理论与实务"的教学内容。习近平经济思想是以习近平同志为核心的党中央对内外事务伟大决策的核心，是对外贸易最重要的思政元素。因此"国际贸易理论与实务"课程思政要践行国家教材委员会发布的《习近平新时代中国特色社会主义思想进课程教材指南》要求，以习近平经济思想引领"国际贸易理论与实务"的课程思政。

传统"国际贸易理论与实务"课程思政形式简单，难以提起学生兴趣；属于教师单方面输出，并受教师素养限制；属于课堂的产物，课后无人问津且与各科各自为政，不成体系；元素五花八门，没有抓住习近平经济思想这个重点。本课程提出以"习近平经济思想"引领课程思政，在充分发挥传统课程思政优秀做法的同时改革传统课程思政以上四大问题，构建从课上到课下，理论、实务、实训、竞赛和科研五个方面形式多样的"五位一体"的课程思政模式。该模式的实践受到学生欢迎，获得学校督导好评与社会认可，值得推广，为推动对外贸易高质量发展贡献职教力量。

一、 解决的问题

2021 年 7 月国家教材委员会发布的《习近平新时代中国特色社会主义思想进课程教材指南》（以下简称《指南》）明确要求依据不同学科专业的特点，整

---

① 张建华，广东食品药品职业学院管理学院讲师，广东外语外贸大学博士研究生，现代物流管理专业负责人，主要从事国际物流与国际贸易的教学与科研。

合各学科的独特优势和优质资源，实现"习近平新时代中国特色社会主义思想"全面融入课程思政。纵观各校课程思政案例，全面分析中国知网课程思政论文，发现当前"国际贸易理论与实务"课程思政仍存在以下不足与问题：

1. 形式简单，难以提起兴趣

传统的"国际贸易理论与实务"课程思政主要是教师通过视频、图片等素材运用讲授法讲授，如讲授海关历史让学生了解"一部海关史就是一段中国近代史"等。对文科专业的学生来说，他们对近代史故事了如指掌，反复提及会产生审美疲劳。对授课教师来说，满腔的激情受到冷遇，打击了开展课程思政的信心。

2. 是单方面输出，并受教师素养限制

传统的"国际贸易理论与实务"课程思政的主体是教师，课程思政的教学质量受教师个人传统文化素养和职业素养影响，参差不齐。传统文化素养高的教师能通过故事娓娓道来、引人入胜，而传统文化素养不高的教师思政渗透枯燥乏味，使学生在课堂上如坐针毡。职业素养高的教师通过情景教学，润物无声，提高了学生职业素养；职业素养不高的教师照本宣科，引人反感。

3. 是课堂的产物，课后无人问津

传统的"国际贸易理论与实务"课程思政是教师的政治任务，是教师的"必答题"，是学生的"必修课"。但是到了课后，无论是教师还是学生都认为已完成任务，教师只会辅导专业知识，不会提及课程思政，学生只会复习知识考点，不会复习思政元素。

4. 与其他科各自为政，不成体系

传统的课程思政，每科专任教师各人自扫门前雪，凭借过人专业素养单打独斗，难以形成集团冲锋。有时同一个故事，"思修"课刚刚讲完，"经济学基础"的教师接着讲，"国际贸易理论与实务"的教师也许还会讲，这进一步加重了学生对课程思政的审美疲劳。

5. 思政元素五花八门，没有抓住重点

传统的"国际贸易理论与实务"课程思政以教师为主导，内容全凭授课教师发挥，没有把握住这门课的特点，例如，把重心仅放在传统文化的弘扬上，讲到猪肉的贸易时讲"东坡肉"的故事等。但是如果仅将重点放在这些故事上，就没有把握住国际贸易时代性的特征，更没有把握住新时代的思政特点。所以应该以习近平经济思想为引领，以中美贸易战中对美国猪肉加征关税的实事为重点。

二、 解决问题的策略

1. 思路

为贯彻落实《指南》，"国际贸易理论与实务"课程必须正确解读新时代国际贸易面临的复杂问题、伟大决策与卓越成就，以习近平经济思想引领课程思政，并且"强长板、补短板"，发扬传统课程思政优秀做法的同时，改革传统课程思政中存在的不足与问题，构建从课上到课下，理论、实务、实训、竞赛和科研五个方面的"五位一体"课程思政模式。

2. 过程

"国际贸易理论与实务"课程受国际贸易的现实问题影响大，课程特征决定了课程思政必须以习近平经济思想为引领，具体思政元素见表1。

表1 习近平经济思想引领下"国际贸易理论与实务"课程思政元素

知识点	主要内容或观点	思政元素
重商主义	掠夺、贸易零和	"一带一路"，人类命运共同体
绝对优势理论	贸易双赢	更高水平开放
比较优势理论	技术创新、贸易安全	创新、创业、价值链攀升
要素禀赋理论	产业升级	产业升级、价值链攀升
新贸易理论	产业内贸易	异质产品、品牌建设
贸易政策	关税与非关税壁垒	美对中加征关税、RCEP零关税
贸易组织	WTO、RCEP	中国多边主义、自贸区战略
战略性贸易	以邻为壑	美国以邻为壑，中国全球倡议
出口前的准备工作	寻找客户	贸易伙伴数量与"一带一路"
贸易术语、交易磋商与合同	契约精神	以往贸易中的教训与经验
国际贸易合同执行	海关、RCEP原产地证、关税	RCEP等自贸区战略的实施
贸易纠纷的解决与不可抗力	仲裁与不可抗力	新冠疫情时商务部开不可抗力证明

（1）对新时代国际贸易面临的复杂问题的正确解读。

自2008年金融危机以来，西方国家发展停滞不前，中国出口需求乏力；贸易保护主义抬头、单边主义盛行，中美贸易战影响全球；新冠疫情肆虐世界，供应链、产业链、价值链受到冲击和调整。在此背景下，中国对外贸易受到前所未有的挑战。"国际贸易理论与实务"课程的首要任务是向当代大学生正确解读我们当前面临的复杂国际环境问题。

（2）对新时代国际贸易做出的伟大决策的正确解读。

中国对于极端复杂的国际贸易问题做出了伟大决策。面对外界的风高浪急，以习近平同志为核心的党中央高瞻远瞩，站在"人类命运共同体"的高度，提出"一带一路"倡议，坚持更高水平开放，签署人类最大区域贸易协定（RCEP），积极应战中美贸易战，构建"以国内大循环为主体、国内国际循环相互促进的新发展格局"，提出全球倡议，呼应联合国《2030年可持续发展议程》。"国际贸易理论与实务"课程的重要任务是向当代大学生正确诠释中央的各项政策。

（3）对新时代国际贸易取得的卓越成就的正确解读。

面对以上问题及以上决策，中国的伟大实践取得了前所未有的成就，成为全世界最大的贸易国之一。自2017年以来货物贸易连续全球第一，是全世界唯一能生产联合国货物分类所有门类的国家。"国际贸易理论与实务"课程的主要任务是向当代大学生正确宣传中国在伟大实践中的卓越成就。

3．做法

从理论、实务、实训、竞赛到科研，"五位一体"的"国际贸易理论与实务"课程思政模式具体做法包括以下三个方面，其中理论、实务、实训都主要在课上完成，竞赛和科研主要在课后完成。

（1）形式多样，课上、课后、线上、线下相结合。

要充分发挥传统课程思政讲授法的优秀做法，同时要将教师的"独角戏"转化为与学生的"对台戏"，采取提问、学生分享、辩论、短视频制作比赛等形式切实把学生纳入课程思政中。教师不但要充分发挥传统课程思政课上优势，同时要向课下延伸，例如让学生搜集中美贸易战中两国分别加征关税的税目。要突破线下活动，在不受地点限制的线上可以通过腾讯会议就热点时事开展讨论会、讲座。例如在新冠疫情期间由笔者开设的线上"中美贸易摩擦历史、原因、影响与应对"讲座受到师生好评。

（2）将课程思政从课程拓展到竞赛。

"国际贸易理论与实务"的课程教学完成了理论、实务与实训三个环节后可向竞赛拓展。例如，参加OCALE全国跨境电商创新创业能力大赛，通过比赛深层次了解创新与创业的技能。再如，参加"一带一路"暨金砖国家技能发展与技术创新大赛，让学生认识到创新的重要性，与金砖国家学生同台竞技，参与中国"一带一路"倡议的建设与人类命运共同体的构建。

表 2 2019—2022 年学生专业技能竞赛获奖情况

序号	获奖时间	发证机构	比赛名称	奖项	指导老师
1	2019 年 6 月	广东省教育厅	2018—2019 年度广东省职业院校技能大赛报关技能竞赛赛项（高职组）	三等奖	胡晓灵 许良葵
2	2019 年 6 月	广东省教育厅	2018—2019 年度广东省职业院校技能大赛报关技能竞赛赛项（高职组）	三等奖	张建华 段文海
3	2019 年 6 月	广东省教育厅	2018—2019 年度广东省职业院校技能大赛"互联网＋"国际贸易综合技能赛项（高职组）	三等奖	胡晓灵 张建华
4	2019 年 11 月	中国国际贸易学会	第四届 OCALE 全国跨境电商创新创业能力大赛（高职组）	团体优秀奖	胡晓灵 刘映升
5	2019 年 11 月	中国国际贸易学会	2019—2020 赛季（秋季赛）POCIB 全国外贸从业能力大赛	指导老师二等奖	胡晓灵
6	2019 年 11 月	中国国际贸易学会	2019—2020 赛季（秋季赛）POCIB 全国外贸从业能力大赛	指导老师二等奖	张建华
7	2019 年 11 月	中国国际贸易学会	第四届 OCALE 全国跨境电商创新创业能力大赛（高职组）	指导老师优秀奖	胡晓灵
8	2019 年 11 月	中国国际贸易学会	第四届 OCALE 全国跨境电商创新创业能力大赛（高职组）	指导老师优秀奖	刘映升
9	2019 年 11 月	中国国际贸易学会	第四届 OCALE 全国跨境电商创新创业能力大赛（高职组）	指导老师三等奖	郑镇宁
10	2019 年 11 月	中国国际贸易学会	2019—2020 赛季（秋季赛）POCIB 全国外贸从业能力大赛（高职组）	团体二等奖	张建华 胡晓灵
11	2020 年 12 月	广东省教育厅	2019—2020 年度广东省职业院校技能大赛"互联网＋"国际贸易综合技能赛项（高职组）	三等奖	段文海 张建华

（续上表）

序号	获奖时间	发证机构	比赛名称	奖项	指导老师
12	2020 年 12 月	广东省教育厅	2019—2020 年度广东省职业院校技能大赛报关技能赛项（高职组）	三等奖	张建华 胡晓灵
13	2021 年 10 月	广东省教育厅	2020—2021 年度广东省职业院校技能大赛"互联网＋"国际贸易综合技能赛项（高职组）	三等奖	胡晓灵 张建华
14	2021 年 10 月	广东省教育厅	2020—2021 年度广东省职业院校技能大赛报关技能赛项（高职组）	三等奖	段文海 周斯斯
15	2022 年 11 月	教育部中外人文交流中心	2022"一带一路"暨金砖国家技能发展与技术创新大赛首届国际贸易数字化能力赛项	二等奖	胡晓灵
16	2022 年 11 月	教育部中外人文交流中心	2022"一带一路"暨金砖国家技能发展与技术创新大赛首届国际贸易数字化能力赛项	三等奖	段文海
17	2022 年 11 月	教育部中外人文交流中心	2022"一带一路"暨金砖国家技能发展与技术创新大赛首届国际贸易数字化能力赛项	三等奖	张建华

（3）将课程思政与科研相结合。

"国际贸易理论与实务"从理论、实务、实训到课后的竞赛训练，用 112 课时以上的时间让学生初步掌握了外贸理论与实践的全过程。在毕业论文的写作上，学生根据所学撰写毕业论文。例如，有 2020 级学生撰写论文《RCEP 背景下中国服务贸易发展策略研究——以广西百色为例》，论文内容紧扣 RCEP 这个国际贸易热点，在习近平经济思想——自贸区战略的指导下，以广西百色为例，研究服务贸易，并服务地方。

表3 2020级部分学生与课程思政相关的毕业论文选题

序号	姓名	毕业论文选题
1	张雪婷	后疫情时代中国茶叶出口贸易研究
2	李芸	浅谈RCEP对国际贸易的影响
3	杨佩茹	"一带一路"背景下绿色贸易壁垒对中国出口产品的影响
4	史文灵	RCEP对粮食贸易案例的影响与对策——以中澳贸易为例
5	卓淑珍	RCEP背景下中国服务贸易发展策略研究——以广西百色为例
6	余嘉丽	中美贸易战对中国农产品进口贸易的影响研究
7	陈浩璇	新时代新征程下中国粮食贸易安全问题与对策
8	廖海霞	中美贸易摩擦对中国外贸企业的影响与对策

通过以上做法，形成形式多样，从课上到课下，从线上到线下，从理论、实务、实训、竞赛再到科研"五位一体"的系统的"国际贸易理论与实务"课程思政模式。

三、 实施效果

在"国际贸易理论与实务"课程思政中聚焦习近平经济思想，按照习近平新时代新征程特色社会主义经济思想引领课程思政，让学生利用国际贸易理论解释后金融危机时代世界经济疲软、中美贸易战层层加码以及新冠疫情的三重影响，解读中国"国家力量"和一系列超常规"稳外贸"政策，解释"构建以国内大循环为主体、国内国际双循环相互促进的新发展格局"，解释"宅经济"等对外贸易"新业态新模式"，解读"数字经济"、"一带一路"、"双碳"目标、"区域全面经济伙伴关系协定（RCEP）"等与国际贸易相关的伟大决策，得到了学生好评、学校认同和社会认可。

1. 学生好评

以上做法践行了党的二十大精神对人才培养的要求，和国家一起从外贸产业链的上游——人才培养开始推动对外贸易高质量发展。这些做法不但激起了学生学习"国际贸易理论与实务"这门课的兴趣，而且凝聚了人心；不但让学生学到了专业知识与技能，而且让学生对国家政策有了正确理解。种种举措得到了学生的认同，部分学生认为本课程"既有理论深度，又有操作训练，深入浅出"，部分学生表示"能把国际贸易理论用在当前问题分析上，知道了如何撰写毕业论文"。

2．学校认同

广东食品药品职业学院督导及管理学院督导在听课后也极为赞同相关做法。同时，为了进一步让课程思政落到实处，笔者也进行了教学教改科研活动，以主持人的身份申报的课题得到学校立项并顺利结题。

（1）2019 年广东食品药品职业学院质量工程教育教学改革项目"'互联网＋'环境下国际贸易专业课程改革研究与实践"（立项时间：2019 年 5 月 9 日；立项文号：广食药职院教〔2019〕4 号），已结项。

（2）2019 年广东食品药品职业学院质量工程大学生创新创业计划训练项目"基于微信平台的青少年科技教育课程研究与开发"（立项时间：2019 年 5 月 9 日；立项文号：广食药职院教〔2019〕4 号），已结项。

（3）2019 年广东食品药品职业学院质量工程精品在线开放课程"报关报检实务"（立项时间：2019 年 6 月 10 日；立项文号：广食药职院教〔2019〕8 号），已结项。

（4）2023 年广东食品药品职业学院质量工程教育教学改革项目"高质量实施 RCEP 背景下国际贸易课程知识体系改革与实践"（项目编号：PX－6232191），已公示。

3．社会认可

笔者作为主笔的研究报告得到认可，并发表论文。

（1）2022 年中国民主建国会广州市委员会课题《打造 RCEP 区域跨境电商价值链，助推广东外贸高质量发展与产业升级》（排名第二），2022 年 6 月结题。

（2）2022 年广东外语外贸大学课题《关于广东先行先试以自贸试验区制度创新促更高水平对外开放的建议》（排名第三），2022 年 8 月结题。

（3）中国民主建国会广东省委员会课题《抓住 RCEP 机遇，促进广东现代农业高质量发展的对策研究》（排名第三），2022 年 7 月结题。

（4）广东省人民政府参事室调研课题《广东融入 RCEP 高质量建设现代农业产业园确保粮食安全的对策研究》，在研。

（5）2017 年广东省教育厅重点平台和重大科研项目"广东高职院校'众创空间'发展的一般研究"（项目编号：2017GWQNCX027）。

（6）2017 年广东省教育厅重点平台及重大科研项目"供给侧改革下协同消费模式创新发展探究"（项目编号：2017WQNCX226）。

（7）张建华、林慧娜、黄子微：《后疫情时代对外贸易高质量发展人才培养问题与对策》，《中外企业文化》2022 年第 12 期。

（8）张建华、陈金源、温可仪：《数字经济时代"互联网＋"国际贸易人才培养问题与对策》，《中国市场》2023 年第 18 期。

（9）温可仪、陈金源、张建华：《数字基础设施建设对进出口贸易的影响研究——来自粤港澳大湾区的经验》，《对外经贸》2023 年第 11 期。

以上项目的立项和论文的发表体现了社会对已取得成果的认可，这些成果紧扣习近平经济思想，围绕"国际贸易理论与实务"这个研究方向，通过"互联网＋"环境、"后疫情时代"与"数字经济"的研究改革课程为学校服务，通过"数字经济""RCEP"的研究为广东服务。

四、　创新与示范

第一，首创从理论、实务、实训、竞赛到科研"五位一体"全过程的"国际贸易理论与实务"课程思政模式。

第二，在课堂以学生为主体进行课程思政，课程思政方式突破线下课上藩篱，采取线上线下相结合的课程思政方式，特别强调线下课后的学生竞赛和学生科研。

第三，最重要的是聚焦国际贸易热点，从理论到实务再到实训，从竞赛到科研，以习近平经济思想为引领。

五、　反思与改进

1. 反思

经过摸索与实践，从理论、实务、实训、竞赛到科研"五位一体"全过程的"国际贸易理论与实务"课程思政模式已经取得初步成效，但是由于突破了线上线下、课前课中课后，学生参与竞赛和科研需要团队协作，初期单打独斗虽有效果但没有实现效用最大化。

2. 改进

鉴于以上反思，课题组计划以本课程思政教育案例的申报与推广为基础，将课程备课组、教研室及校内校外专家纳入团队，形成从理论、实务、实训、竞赛到科研"五位一体"全过程的"国际贸易理论与实务"课程思政模式推广团队，一方面推广本模式，为本校及兄弟院校做出示范；另一方面深挖亮点、补短板，让模式得到完善和改进。

乡村振兴视域下 "响应式网页设计" 的课程思政改革探索与实践

贺媛媛①

"HTML5 + CSS3 开发技术" 是软件学院面向卫生信息专业群相关专业的一门前端开发项目实战课程，从 Web 开发实际应用的角度阐述 HTML5 和 CSS3 的新特性和新功能，力求让学生掌握最新的响应式 Web 前端开发相关技术。在学校的统一部署和领导下，课程开展了多年的课程思政建设。在最初的教学改革实践中，存在课程思政教学体系不完善、课程思政不能有效融入教学过程、课程思政效果评价与教学质量评价矛盾等问题。为了解决这些关键问题，成立了包含课程负责人、授课教师及党政管理人员在内的课程思政团队，以专业人才培养方案为抓手，形成课程思政的总体规划，完成了课程思政建设的顶层设计。针对移动应用开发专业人才培养目标及课程特点，积极挖掘课程中所蕴含的思政元素，构建"一核心、三融入、四载体"课程思政模式。在教学组织与实施中，将 OBE 理论应用于课程思政翻转课堂，同时实践基于 CDIO 工作室制的教学模式，知识技能显线与课程思政隐线双线协同，强化课程线上线下育人功能，将课程的教育性能提升到立德树人的高度，放大课程育人的鲜活性，实现了知识传授与价值引领协同推进。探索了课程思政培养目标达成度，进行定量评价的同时构建了多元化"三全育人"评价体系。

一、 解决的问题

本校开展了"HTML5 + CSS3 开发技术"课程思政教学改革实践，尝试挖掘合适的思政元素融入课程中，并挖掘大量的思政素材，对素材进行归纳整理。通过前期教学设计调整，尽可能将课程思政"春风化雨，润物无声"般融入教学

① 贺媛媛，硕士，讲师，软件设计师（中级），广东食品药品职业学院软件学院移动应用开发教研室负责人。被评为校级课程思政教学名师、优秀教师，获教学质量奖。主要从事移动应用开发的教育教学研究，获得广东省高职院校教学能力比赛三等奖。

过程。然而在实际的授课过程中，还是发现课程思政建设过程存在以下三个问题：

1. 课程思政教学体系：专业课教师的课程思政意识和能力缺乏，导致课程思政教学体系不完善

授课教师在挖掘思政元素、编写课程思政教学案例、设计思政元素融入教学内容的过程中存在"孤军奋战"现象，对课程思政教学体系建设缺乏课程思政意识、能力和水平。在专业课程教学中有效融入思政元素，建设完善的课程思政教学体系，有效实施课程思政是亟待解决的重点，也是难点。

2. 课程思政教学模式：思想政治教育与专业教育脱节，思政元素不能有效融入教育教学过程

改革实践初期，本课程的课程思政教学模式存在诸多问题。首先，在教学内容体系上，专业课教学主要依赖并过分强调课程标准和教材的主导作用，并局限于对教材内容和知识进行讲授，重视理论知识和实践技能的习得，从而忽视了学生的思想教育。这就要求教师需要转变"表层教学思维"，推动现有课程体系向"深度教学"变革。其次，在教学方式上，不论是单向灌输式的教学方式，还是线上线下结合的教学模式，教师都理所当然地成为教学活动的主体，忽视学生的中心地位，学生缺乏主动思维的过程，至于思政教育更是无暇顾及。最后，在融入方式上，由于课程思政对专业课教师的知识储备和教育教学设计等各项能力有较高要求，如何做到在传授专业知识的同时保证思政教育内容有机融入与教学内容系统化，在潜移默化中发挥课程思政的长效机制是面临的最大挑战。

3. 课程思政效果评价：显性的教学质量评价与隐性的课程思政效果评价之间存在矛盾

课程思政蕴含师生的情感、价值和认知等元素，具有多元化和主观化的特点。课程思政育人效果的评价体系是对教师教育教学质量和学生学习效果的综合分析和评价。对于课程思政育人价值实现效果的评价而言，改革实践之初面临的困境是显性的教学质量评价与隐性的课程思政效果评价之间存在矛盾。比如，专业课教师开展课程思政的内容和过程难以用显性指标来量化；现行的课堂教学质量和学生学习效果评价忽略了对学生思想道德素养的整体评估；有的教师通过现行的思政化考核来评估学生的思想道德水平，难以全面考核课程思政实施的效果和学生的获得感等。只有在现有的教学质量考核评价体系中有针对性地增加对学生思想政治教育效果的评价，建立全员、全过程、全方位的多元化评价体系，才能实现评价主体多元化、评价过程全程化与评价内容多元化。

二、 解决问题的策略

（一） 思路

1. 成立课程思政团队，完成课程思政建设的顶层设计

一门课程的价值引领体系应当是全面的、系统的、有规律可循的，不是课程教师一个人闭门造车的结果，需要教研室、课程组甚至党政管理人员共同研讨、确定并实施。课程思政团队中既有教研室课程组负责人、课程骨干教师，也有专业带头人同时也是前端开发相关课程的主讲教师、教工党支部书记，还有党总支书记及主管本专业学生工作的辅导员。团队从学科发展历程、人才培养需求、专业建设成果、课程建设成果等方面构建课程思政框架，以专业人才培养方案为抓手，形成课程思政的总体规划，编制了课程思政教学指南。课程思政教学指南的整体编制立足专业特色，做到师德师风、培养方案、课程体系、课程标准、教学设计五要素协同，以及课程学习与课程思政协同育人。团队不定期开展集体研讨活动及外出调研活动，共同挖掘课程思政元素，编写课程思政教学案例，系统规划，统一建设课程思政教学内容体系。

2. 构建"一核心三融入四载体"课程思政模式，双线协同开展课堂教学

课程思政团队针对移动应用开发专业人才培养目标及课程的知识特点，积极挖掘课程中所蕴含的思政元素，在传授知识与技能的同时，潜移默化进行课程思政育人，构建"一核心三融入四载体"的课程思政模式，即围绕"立德树人"这一核心，将育人目标融入课程教学目标、思政元素融入课堂教学内容、思想教育融入教学实践活动中。通过编制课程思政教学指南、汇编课程思政元素与案例手册、制作课程思政数字资源和搭建"精品在线开放课程 + 课程思政"课政融通教学平台等载体，强化前端开发技术课程线上线下育人功能，将课程的教育性能提升到立德树人的高度，放大课程育人的鲜活性，实现了知识传授与价值引领协同推进。

（二） 过程

1. 育人目标融入课程教学目标

结合学情分析、移动应用开发专业特色和课程特点，设计了课程教学目标，包括知识目标、能力目标、素质目标和情感目标，其中素质目标和情感目标即思政培养目标，包括职业素养与科学素养、家国情怀与个人品德四个维度。课程思政团队将思政培养目标写入了课程标准与课程思政教学指南。

2. 思政元素融入课堂教学内容

课程教学内容包括"响应式设计基础"及七大前端开发技能在内的八个模块。课程思政团队从"职业素养、科学素养、家国情怀、个人品德"四个思政培养目标的维度，在课堂教学内容中深入挖掘了18个思政元素，以"技术赋能"及"价值引领"为着力点将课程思政融入教学内容。思政教学资源涵盖"前端开发技术发展、乡村振兴国家战略、中华优秀传统文化、时政新闻社会热点、技术规范信息安全"五个层面。课程思政元素及对应的思政资源、教学实施的过程及方法已写入课程思政教学指南。

以高度契合教学内容的课程思政典型案例作为"课内任务"、以乡村振兴背景下的"农产品上行"电商网站作品的设计与运行作为"课外任务"，实施双线并举，实现能力递进（见图1）。

图1　课内任务与课外任务双线并举，实现能力递进

3. 思政教育融入教学实践活动

课程思政团队认为，在教学实践活动中融入思政教育，有助于培养学生的团队协作意识，锻炼学生的动手实践能力，增强学生的自主创新能力，是达成素质培养目标的有效途径。思政教育融入教学实践活动，就是将思政教育融入各个教学环节，发挥多元化教育载体的作用，做到全员育人、全程育人、全方位育人，让学生全身心感受到思政教育的熏陶，提升学生的思想道德修养。在教学组织与实施的过程中，知识技能显线驱动教学内容，课程思政隐线剖析育人点，形成了知识技能显线和课程思政隐线双线协同，实现了显性教育与隐性教育相统一。

（三）做法

1. 课程思政的构建策略

（1）思政认定法。

以"切入点""动情点"和"融合点"作为评判是否融入思政元素的依据，进行思政认定。即切入适时，把握切入时机，如引导学生通过观看正在热播的"中国诗词大会"，完成古诗词背景墙的网页设计，以此弘扬中华传统文化，增强民族自豪感；动情适当，引起学生的情感共鸣，触动学生的灵魂，启迪学生的思想，如讲述万维网之父蒂姆·伯纳斯 - 李发明了万维网却将其向世界免费开放，引发学生共鸣；融合适用，思政元素与学科知识的融合度，如引导学生调研国旗的国家标准，完成使用画布绘制国旗的任务，培养学生精益求精的科学精神，激励爱国主义情感。

（2）显性引导法。

将前端技术发展、国家战略、中华传统文化及社会热点问题等元素融入教学内容，汇编完成了课程思政元素与案例手册。通过完成相关主题的网页作品设计，如"农产品上行"电商网站、广东非物质文化遗产网页、环保主题网站等，培养学生的使命感、责任感及对传统文化的认同感、自豪感。

（3）隐性融入法。

翻转课堂——将 OBE 理论应用于课程思政，借助于"在线开放课程 + 课程思政"平台及其丰富的课程思政数字资源，将思政元素有机融入教学全过程，启发学生的学习主动性与创新思维。

"工作室制"——采用基于 CDIO 的工作室制教学模式，引入霍兰德职业兴趣测试，引导学生成立"工作室"，根据测试结果确立学生在团队中的岗位职责，提升学生的自我认同感，培养学生的团队协调能力与沟通能力。

（4）职业导向法。

课程思政团队与企业讲师合作，实践了"岗课赛证"融通的人才培养模式，以前端开发相关岗位为主导、工作过程为导向，选取结构化和序列化的典型岗位工作任务系统化设计教学项目、确定课程内容，以岗定课，实施"岗课融通"。职业技能大赛"融媒体内容制作"赛项内容融入教学内容，大赛评价标准融入实践技能评价标准，以岗提技，实施"赛课融通"。"Web 前端开发"职业技能等级证书标准融入课程标准，证书知识点和技能点融入课程教学内容，证书评价标准融入教学评价标准，以岗定标，实施"课证融通"，有效培养了学生的职业技能与良好的职业素养。"工作室制"的教学模式提升了学生的职业认同感。通过"岗课赛证"融通培养学生，提升学生专业技能，提高人才培养质量，有效培养了学生的职业素养。

（5）信息技术法。

以浏览器开发者工具作为代码调试工具、在线动画工具辅助学习动画技术、通过在线共享文档平台分享思政资源，有效运用多种信息化手段辅助教学，以丰富的形式展示融入育人元素的教学材料；充分挖掘精品在线开放课程学习资源的思政元素，制作课程思政数字资源，如包含思政元素的视频、课件、习题库，网页设计任务清单等，搭建"精品在线开放课程＋课程思政"课政融通教学平台，有效提升了课程线上线下育人功能。

（6）人才评价法。

基于增加了课程思政育人环节，故建立了包括人才培养、学校测评、毕业生跟踪、用人单位评价及反馈跟进在内的"五位一体"人才培养成效评价运作机制。"课程思政"育人效果评价指标主要围绕综合素质、管理能力、创新能力、合作与协调能力、人际沟通能力、心理素质及抗压能力六项指标分析评价课程思政对贯彻落实立德树人根本任务的贡献度。

2．教学组织与实施

通过精品在线开放课程平台实现线上线下教学管理，采用课前启化、课中深化、课后转化三个阶段共八个教学环节，体现了知识和技能显线；全面融入课程思政元素，体现了课程思政隐线。显线驱动教学内容，隐线剖析育人点，形成了知识技能显线和课程思政隐线双线协同，实现了显性教育与隐性教育相统一。

3．课程评价体系构建

（1）课程思政达成度评价。

探索实践基于工程专业认证 OBE 理论的课程思政达成度评价，拟定思政培养目标在作业和主题项目中的权重，对思政培养目标达成度进行定量计算和评价。

综合某班级在一学期中有代表性的（融入思政元素）6 次作业和 5 次主题项目的平均成绩，通过计算 41 名学生各项考核指标的考核平均值，结合素质目标与情感目标在"作业"和"主题项目"学习环节中的权重，计算出课程思政培养目标的达成度均在 70% 以上，思政培养目标基本达成（见图 2）。

考核环节	作业1	作业2	作业3	作业4	作业5	作业6	主题项目1	主题项目2	主题项目3
理论值	5	5	5	5	5	5	10	10	10
理论值折算分	2.5	2.5	2.5	2.5	2.5	2.5	5	5	5
素质目标1	0.40	0.20	0.10	0.10	0.20	0.20	0.40	0.10	0.10
素质目标2	0.10	0.20	0.20	0.30	0.40	0.20	0.40	0.70	0.60
情感目标1	0.20	0.40	0.40	0.40	0.10	0.60	0.10	0.10	0.10
情感目标2	0.10	0.20	0.30	0.40	0.30	0.00	0.10	0.10	0.20

考核环节	主题项目4	主题项目5	过程评价	平台数据评价	态度纪律	形成性评价	终结性评价	总评成绩
理论值	10	10	80	10	10	100	100	
理论值折算分	5	5	40	5	5	50	50	
素质目标1	0.30	0.10						
素质目标2	0.40	0.30						
情感目标1	0.20	0.50						
情感目标2	0.10	0.10						

素质目标1 职业素养 76.15%　素质目标2 科学素养 72.82%　情感目标1 家国情怀 84.19%　情感目标2 个人品德 89.81%

图 2　课程思政培养目标在各学习环节中的权重及某班级培养目标达成度

（2）多元化评价体系。

①评价主体多元化。

课程思政的教学效果不仅仅体现在学生对专业技能掌握的熟练程度上，更是对学生人生观、世界观、价值观的引导，能较为隐性地体现在学生的综合素养上。因此，仅有教师评价、学生自评、组间互评是远远不够的，还应该包括学习平台综合数据评价、用人单位评价及校外同行评价等，这才能实现全员评价。

②评价过程全程化。

评价要贯穿课程思政教育教学全过程，学生参与社会实践、公益活动也可以作为评价指标之一，同时更应该关注学生对课程思政教学过程及效果的直接评价，包括平台数据评价、过程评价（分组任务 PBL、分组作品 PBL、态度纪律等）、期末考试融入思政元素、学生对思政教育的满意度调查、参加公益活动的情况等，才能实现全过程评价。

③评价内容多元化。

学生的能力体现是多方面的，每个学生都有自己的优势，学生在学习活动中的参与度也应当作为评价内容的指标之一。因此，课程思政目标的达成度、项目的完成度、学习平台的活动数据都应纳入评价内容，同时在期末考试中适当融入课程思政元素，才能实现全方位评价。

三、 实施效果

1. 激发学生学习内驱力，课程教学目标有效达成

课程思政有效融入课程教学，让编程教学摆脱枯燥，增强了教学的趣味性，提高了教学的有效性。在课程教学中融入思政元素内容，提升了思政教育的亲和力和实效性，增强了学生的社会责任感与使命感，帮助学生树立正确的世界观、人生观及价值观，从而进一步激发学生的学习兴趣，增强其学习动力，有效达成教学目标。

2. 以赛促学、以赛促教，实现了人才培养与教学质量双提升

以赛促学，强化学生技能培养；以赛促教，提升教师教学水平。学生在职业技能大赛、教师团队在教学能力比赛中均取得了一定的成绩，以课程为载体的《乡村振兴视域下的"网页图文动态展示"》课堂改革案例获得广东省教育厅2021年高等职业教育"课堂革命"典型案例认定。

3. 改革实践经验可复制、可推广，校内外辐射效果显著

课程思政教学改革经验可复制、可推广，带动了软件学院各专业前端开发系列课程的课程思政教学改革；学院与南京海泰、易联众等公司签订订单培养、开设订单班，向社会输送人才；融入课程思政的精品在线开放课程平台向校外开放，在同行中获得了较高的评价。

四、 创新与示范

1. 教学过程双线并举，价值引领与能力培养相统一

设计高度契合教学内容的课程思政典型案例作为"课内任务"，以乡村振兴背景下的"农产品上行"作品的设计与实现作为教学主线，设计多个递进式的"课外任务"，实施双线并举，实现价值观引领与知识、能力培养相统一。将乡村振兴的国家意志融入教学的全过程，在培养学生良好的职业素养与勇于创新、精益求精的科学素养的同时，培养学生的社会责任感，从而激发学生科技报国的使命感。

2. 基于CDIO工作室制教学，全程全方位育人

通过霍兰德职业兴趣测验引导学生发现自身职业兴趣及所长，帮助学生提升自我认同感；在教师的引导下，采取成立"工作室"的培养模式，模拟开展市场调研、接受客户任务、按照客户需求给出设计方案并展开详细的项目制作，工程的实施开放性地贯穿课内与课外，激发学生的学习热情，提高学生参与的主动性与竞争意识，有效培养了学生的创新意识，学生创新创业能力有所提升。

3. 探索课程思政目标达成度评价，形成多元化评价体系

探索实践了基于工程专业认证 OBE 理论的课程思政达成度评价，对思政培养目标达成度进行定量计算和评价。课程思政教学效果评价主体多元化、评价过程全程化、评价内容多元化，形成了全员、全过程、全方位的多元化评价体系。

五、 反思与改进

1. 存在的不足

（1）专业课教师的课程思政能力亟待进一步提升。

由于专业课教师存在思政理论储备不足的天然劣势，在教学实践中对思想政治教育工作的兼顾往往难以做到得心应手。专业知识优先的教学环境进一步限制了专业课教师尝试提升思政教育技巧的时间、空间和主动意识，他们依然将教学重点局限于专业技术领域，久而久之容易偏离课程思政教育教学的初心。

（2）课程思政团队的协同育人方法有待改进。

课程思政团队的成员各自种好"责任田"，虽然完成了对课程思政模式的总体规划与顶层设计，最大限度发挥了团队协同效应。但就实施情况来看，尚缺乏具体的实施方案、明确的考核要求、主动分析精神和强大的探索动力。团队成员通过座谈会或外出调研展开交流与学习，但专业课教师和党政管理人员协同实践能力明显不足，协同育人方式方法亟待改进。

（3）对学生的创新创业意识培养有待加强。

针对高职学生的特点，在学习过程中更倾向以任务为导向的项目化教学，但有些学生在使用开发工具方面的操作规范性与技巧性欠缺，没有建立起开发工具使用的效率意识，影响项目实施的效率，影响了学生的积极性，导致学生无暇顾及创新创业意识的提升；加上专业课教师对学生创新素质教育指导能力不足，大一学生对于创新创业的意识明显滞后。

2. 改进的措施

（1）加强思想政治理论学习，不断提高品德修养，培养思政教育教学的主动意识。

专业课教师应当认真学习党和国家对高校思想政治工作的要求，掌握正确的政治理论，深刻认识国家改革开放四十多年所取得的伟大成就，深刻把握中国共产党的政治主张、国家的发展战略，才能提高政治觉悟，从而解决好课程思政教育教学改革的"底气"问题。专业课教师还要不断加深对中国优秀传统文化的

理解，提高自身文化修养，以及对中国共产党带领人民革命、建设、改革过程中锻造的革命文化和社会主义先进文化的领会和把握，这样才能具备真正讲好中国故事的能力，传播正确的社会主义核心价值观。

此外，专业课教师要强化育人分工意识，熟知专业课程建设的价值定位，明确专业课程在高校立德树人中的地位与作用；积极参加课程思政教育的相关培训，在国内领先的课程思政教育专家的引导下培养思政教育教学的主动意识；开展同类课程的典型经验交流、专题研讨、现场教学观摩、教学案例设计分享等，深挖本课程的思政元素，自觉加强课程思政建设，不断提高课程思政教学能力。

（2）加强课程团队内部研讨，促进各学科教师互相学习。

课程团队应制定教育教学改革实践的实施方案、具体的考核标准，明确每个成员在课程思政教育教学改革中的职责与任务；定期开展内部研讨会，沟通课程思政教学中存在的问题，共同寻求解决方案。此外，可以适当引导学生参与课程思政的建设与案例设计，使思政元素更符合学生自身的思政教育需求，同时起到辐射带头的作用，力求"人人成为思政教育的传播者"。

（3）因材施教、有的放矢，提高育人质量。

对于大一学生创新创业意识的培养，需要专业课教师与思政课教师进行专门的指导和训练。在以"工作室"为单位的项目任务中，专业课教师要善于发现学生的兴趣所长，有针对性地对项目实施过程进行指导，因材施教、有的放矢，帮助学生养成良好的职业行为习惯；进一步完善课程思政育人课堂的互动和评价模式，细化并不断改进学生学习效果的评价方法，提高课程思政的教育教学质量。

高质量发展背景下 "思创专一体化"
人才培养路径探析

王　卓①

随着创新创业教育进入"国家统一领导下的升级阶段"，深化创新创业教育改革、提升人才培养质量、实现高校高质量发展需要更多新思路、新方法、新举措。如何调动高校学生这一最富生命力、创造力的群体，并将其培养成服务于高质量发展的"双创型"人才，成为构建创新创业教育发展的重要议题。

"大学生创业与创新教育"是面向我校全体大一学生开设的一门公共必修课、创业教育的核心课程，纳入专业教学计划。为贯彻落实新形势下中央、省教育厅关于做好大学创业与就业工作的各项文件精神，进一步夯实我校"大学生创新创业教育示范学校""一流高职院校""高水平高职学校和专业建设计划"相关建设，本课程依据在建教改项目"'从研学产品开发历程中探寻专创融合方法'创客项目教学"，进行了课程思政教改探索。

本课程落实课程思政"立德树人"的根本任务，搭建了"思创专一体化"的课程体系和教学体系，将培养现代人的责任感与未来人类可持续发展结合起来。课程基于项目任务式的教学课堂，以教师为主导，以学生为中心，用课程思政领航，用真实项目驱动，培育以创新和责任为核心内涵的企业家精神，实现个体可持续发展与经济社会发展需求紧密对接。

一、 解决的问题

1. 创新创业教育与专业教育融合度不足

在追求高质量发展的教育背景下，创新创业教育与专业教育之间的融合度显得尤为关键。然而，当前教育模式普遍存在两者相脱节的问题，这不仅仅是课程设置上的孤立，更是教育理念和方法上的割裂。这种脱节阻碍了学生将创新创业

---

① 王卓，广东食品药品职业学院马克思主义学院讲师，博士在读，创新创业学科负责人，省级众创空间现象工场创新创业顾问，国际劳工部组织 SYB 认证讲师，连续创业实践者。

思维融入专业实践的能力培养，削弱了他们在未来社会中的竞争力。随着经济社会的不断进步，对人才的综合素质和创新精神的要求日益提高，我们需要深入思考和解决这一根本问题。

2．人才培养与经济高质量发展需求不匹配

在全球化和数字化浪潮下，经济高质量发展的需求对人才培养提出了更高要求。传统教育模式在培养创新人才、应对快速变化的经济环境、满足新时代发展需求等方面显得力不从心。这些体现在教育内容和方法上缺乏前瞻性和创新性，难以培养出具备跨界融合能力和创新精神的新时代人才。这不仅是教育工作的挑战，更是国家发展战略层面面临的困境。

3．学生综合素质与社会责任感培养不足

在全球化时代，教育不仅要传授专业知识，更要培养学生成为具备综合素质和社会责任感的新时代公民。然而，当前教育实践中，学生解决实际问题的能力不足，缺乏强烈的社会责任感和价值观引领。这反映了教育工作在全面育人方面的不足，限制了学生的个人成长和社会整体进步。我们需要从教育工作的高度出发，加强对学生综合素质和社会责任感的全面培养。

4．面临高质量就业与创业教育的挑战

随着全球经济环境的日益复杂，大学生在就业和创业过程中面临着前所未有的挑战。这要求他们不仅要具备扎实的专业知识和技能，还要具备敏锐的市场洞察力、风险评估能力和创新精神。面对这一挑战，我们需要从教育工作的高度出发，构建一个全面、系统且前瞻性的教育体系，注重培养学生的实践能力和创新思维，为他们未来职业发展奠定坚实基础。同时，我们还需要关注新兴行业和职业的发展趋势，为学生提供更加符合市场需求的教育资源和服务。

二、　解决问题的策略

1．思路

（1）用课程思政理念夯实价值引领。

本课程以党的二十大精神为指引，尝试建成一门有中国特色的创新创业通识课。具体来说，课程要全面贯彻习近平新时代中国特色社会主义思想，以课程思政为原则，全面体现大思政之"大"的核心精神。在此背景下的课程改革，绝不仅仅是创业学行内的事，而需要对"大思政"之"大"有深入的体会，按照课程思政的指引来编写，做到习近平总书记所强调的"守好一段渠、种好责任田"，与思想政治理论课同向同行，形成协同效应。

（2）用项目设计理念筑实能力培养。

我国经济高质量发展期，社会对创新创业人才的需求让创新创业教育变得越来越重要。尽管国家投入大量资源大力发展创新创业教育，但在推进创新创业教育过程中，高校多处在被动适应和依附政策状态。在争创一流的语境下，许多高校将资源和精力转向了基于赛事奖项、项目数量、企业孵化率等行政考核显性指标的争夺。创新创业教育成功的标志之一是培育大批具备企业家精神的人才。如何真正培养出适合社会发展需要的优秀人才，激发大学生企业家精神与创新活力，已成为学界重要的课题之一。基于此，本课程在结构上紧紧围绕学生的"大"成长，结合"大健康产业"的特点，"以项目为导向、以任务为驱动"展开设计与建设。

（3）用富融媒体理念促实课堂呈现。

随着云技术在课程建设中的不断深化，建设基于新技术和多媒体平台的富媒体课堂形式已经成为必然趋势。与传统课堂相比，富媒体课堂在选题策划、内容生产等方面要求更高。为了让教师和学生更好地利用本课程的富媒体优质资源获得更好的教学效果，课程建设将纸质教材、课堂活动、二维码扩展、在线课堂等进行了有机融合，使混合式教学能够充分渗透到每一堂课。

2．过程和做法

（1）细化人才培养目标，突出价值引领。

作为创新创业教育通识课，本课程进一步细化了人才培养目标，打通"双创"小课堂与社会大舞台（见表1）。

表1　人才培养目标设计

课程目标	目标设定
知识目标	掌握开展"双创"活动所需要的基本知识。认识"创新""创业"的基本内涵和创业活动的特殊性，辩证地认识创业者、创业机会、创业资源、创业计划和创业项目
能力目标	具备必要的国际视野、商业认知和"双创"能力。掌握分析市场、抓住机会、整合资源、撰写创业计划书等方法，熟悉新企业的开办流程与管理，提高创设新项目和管理小微企业的综合素质和能力
素质目标	注重行动学习的内化作用，为学生打开创新创业行为动力窗；从大格局开始，从小细节执行，使学生能建立独立人格和更强的自我认同感，树立科学的创新观和创业观。正确理解创新创业与职业发展、生涯成长的关系，主动适应国家经济社会发展和人的全面发展需求，积极投身岗位、职业和事业的"双创"实践；认同自己的梦想、信念、优势，并敢于坚守梦想，不懈努力

（2）编制项目任务，驱动能力成长。

本课程课时 32 节，课程结构包含美好生活、创业精神、能力修炼三编，每编用名人名言与经典案例对各部分的核心思想进行诠释和统领。项目与任务制定贯彻知行合一的教学理念，标准具体、可操作性强，不泛化，也不会过于专业（见表2）。

表2 项目与任务设计

内容模块	教学项目	教学任务	课时
上 美好生活编	项目一 插旗子	任务一 读懂创新创业的时代命题	2 学时
中 创业精神编	项目二 定调子	任务二 看清读大学的财富意义	2 学时
		任务三 体会工作中的创新创业	2 学时
		任务四 毕业去哪里，我的青春我的城（辩论赛）	2 * 学时
下 能力修炼编	项目三 摸底子	任务五 找到你的天赋和潜能（性格测评）	2 * 学时
	项目四 找路子	任务六 制定你的蓝海战略	2 学时
	项目五 钉钉子	任务七 绘制你的创业板人生地图	2 学时
	项目六 亮点子	任务八 破解你的企业价值密码	4 学时
	项目七 搭台子	任务九 组建与管理你的创业团队（团建活动）	2 * 学时
		任务十 选择你的企业的法律形态	2 学时
	项目八 称银子	任务十一 制订你的利润计划	2 学时
	项目九 列单子	任务十二 撰写创业计划书	2 学时
	项目十 判卷子	任务十三 展示你的创业计划（项目路演）	4 * 学时
	项目十一 育苗子	任务十四 申报创业大赛（项目申报）	2 * 学时

注：学时数中 * 为实践课。

（3）优化课堂结构，重视理实结合。

本课程将"项目—任务"式教学进行了课堂结构的优化，通过模块化的方式呈现教学内容，课堂条理和脉络变得更加清晰和鲜明，教学手段更加灵活，师生互动得到有效增强，理论与实践的学习有机结合在一起（见图1）。

4. 梳理教学目标
明确知识目标、
能力目标、素质目标

3. 设定任务成果目标
确保任务达成的教学效果

2. 配备行动工具
确保任务实施的过程标准

1. 确定任务关键词
凸显任务的核心内涵

5. 步骤一 What环节
进入新认知的概念学习

6. 步骤二 Why环节
开展新认知的原理学习

7. 步骤三 How环节
推动新认知的实践落地

8. 步骤四 任务执行评估
重视过程评价、增值评价

图1 "以项目为导向、以任务为驱动"的教学模块和课堂结构

（4）巧设教学主线，贯穿核心素养。

教学主体环节，从学生的认识特点出发，按罗伯特·迪尔茨（Robert Dilts）的逻辑层次模型设计了 WWH 任务驱动三步法，用一明一暗两条教学主线推动教学目标达成（见图2）。每一个任务都从世界观、人生观，到价值观，再到行动和结果反馈，实现了三观的塑造、思维的建构、智慧的通达、情绪的管理、行为的再造。

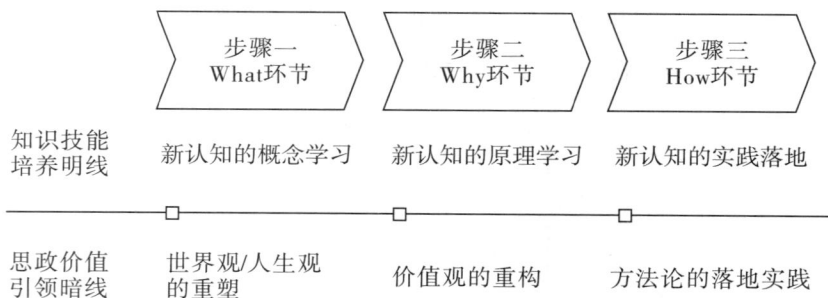

步骤一 What环节	步骤二 Why环节	步骤三 How环节
知识技能培养明线	新认知的概念学习	新认知的原理学习	新认知的实践落地
思政价值引领暗线	世界观/人生观的重塑	价值观的重构	方法论的落地实践

图2 串联核心素养培养的教学主线设计（WWH 任务驱动三步法与一明一暗两条教学线）

（5）编写思创专一体化教材促育人。

本课程对教改思路和教改成果进行总结，编写了配套教材。教材侧重于"大健康产业"高水平"双创"人才培养，适用于"绿色石化产业集群"多个专业的"双创"通识课。教材贯通思政工作，融入"四新经济"元素，把促进学生个体完善、健康成长作为"双创"教育教学工作的出发点和落脚点，梳理了培养社会主义建设者和接班人需要的能力与特性，并将其作为教学实施和教学发展的核心任务，使学生理解新时代对"双创"人才的要求，树立科学的"双创观"，主动适应国家经济社会发展和人的全面发展需求，提升、激发学生个体的本质力量，积极为将来投身创业实践做准备。

（6）开设在线课堂实时指导调控。

本课程建设了课程网络平台，充分发挥互联网时代在线课程的教学优势，教师可 24 小时在线指导，调控教学，跟进育人。

同时，从学生的视听感受和操练需求出发，利用信息技术建设沉浸式体验课堂，实现教学内容情境化。用良好的学习体验激发学生的学习热情和主动性，让学生成为真正的学习主体。

三、　实施效果

1．教师及学生团队多次获奖

教学团队以课改为契机，加大改革力度，课程建设不断取得优异成绩：

（1）教学团队参加 2021 年广东省职业院校技能大赛教学能力比赛获三等奖。

（2）主编和编委老师参与指导的"青心 E 站——青年大学生助力城乡共建共享的创新者"获 2021 年第七届中国国际"互联网 +"大学生创新创业大赛广东省分赛青年红色筑梦之旅赛道决赛铜奖。

（3）2021 年，工信部校企协同就业创业创新示范实践基地（儿童健康食品方向）获批建设。

（4）教学团队老师谭剑音获 2023 年广东省第六届高校（高职）青年教师教学大赛一等奖。

2．教学资源库推广使用评价较高

（1）本课程配套的在线开放课程"人人都是自己的创业导师"围绕"大健康"产业集群，面向新型产业工人、退役军人、农民工等重点人群开发，已在线投入使用 2 年，具有较好的教学成效，深受学习者欢迎，课程评价高达 4.9 分。

（2）本课程的核心章节《创业竞争力提升》目前在智慧职教（https：//www.icve.com.cn）国家级创新创业教育教学资源库上开放。自 2019 年 9 月 23 日开课以来，累计选课超 6 200 人，取得较好的应用效果，得到学习者较高评价和认同。

3．教材多次修订使用评价好

本课程编写的教材《创业核心竞争力提升》是全国高等学校学生信息咨询与就业指导中心 2019 年全国高校就业创业特色教材立项成果。

根据课程改革的需要，课题组又于 2021 年进行了教材的重新编撰，《创新创业成长导航》在电子科技大学出版社出版。用书学校除了我校外，还有重庆工商职业学院、东北石油大学、浙江万里学院、重庆三峡职业学院、云南工商学院、重庆电力高等专科学校、河源市卫生学校等，累计用量 18 700 册。

2022 年根据教改需要再次进行了教材修订，《双创人才成长导学》已于 2023 年 2 月出版并投入教学使用。

兄弟院校使用教材的反馈：

（1）该教材内容和难度符合课标要求，内容贴近企业实际，行业特点鲜明，非常适合学生的学习和教师的教学。通过该教材的教与学，为教师提升教学效果奠定了扎实的基础。

（2）该教材中有大量的图表、案例，实操环节图文讲解清晰，配套二维码视频微课方便学生掌握知识技能点。

（3）该教材的使用提升了课堂互动率和抬头率，学生的学习积极性和兴趣也得到了很大的提升，动手能力增强，运用专业知识解决创新创业问题的能力也得到提升。

4．毕业生创业比例提升，创办企业运转良好

学生在教学引导下，逐步形成良好的学习习惯、掌握更有效的学习方法，学习效率提升，学习获得感增强；不仅在课堂学习中取得较好的成绩，创业实践也是硕果累累。2023 年广东食品药品职业学院毕业三年校友（2019 届）创业现状分析报告显示，毕业生创业实践丰富，创业率保持较高水平。毕业生创办企业目前运营状态处于"运转良好，有序"（66.67%）的占比较高；6.69% 的毕业生正在实施创业，3.90% 的毕业生正在进行创业前期准备及筹建等工作。毕业生创业认同率高、创业意愿增强。毕业生反馈现阶段有创业意向的比例为 37.88%。毕业生反馈未来三年有创业意向的比例为 47.35%。

5．工信部实践基地建设稳步推进

2021 年 12 月，工业和信息化部中小企业发展促进中心立项，广东食品药品职业学院校企协同就业创业创新示范实践基地（儿童健康食品方向）启动建设，并主持和参与 9 项创新创业相关校园活动。2022 年 7 月组建乡村振兴战略实践研究中心。2022 年 11 月参与建设职业教育创新创业教育国际虚拟教研室（深圳职业技术学院）。2022 年 12 月完成第一阶段硬件升级建设工作。2023 年 3 月创新创业团队启动入孵。

四、创新与示范

1. 设计上用"大思政精神"重构"双创"教育

本课程贯彻习近平新时代中国特色社会主义思想，从搭建高水平创新创业人才培养体系的目标出发，坚持立德树人、育人为本，梳理了 11 个项目主线，体现课程思政之"大"的核心精神，推动"双创"人才的形成和成长（见图3）。

课程的改革带动了教学方式的改变，让大学生不但"知创业"，更"敢创业""能创业""去创业"。

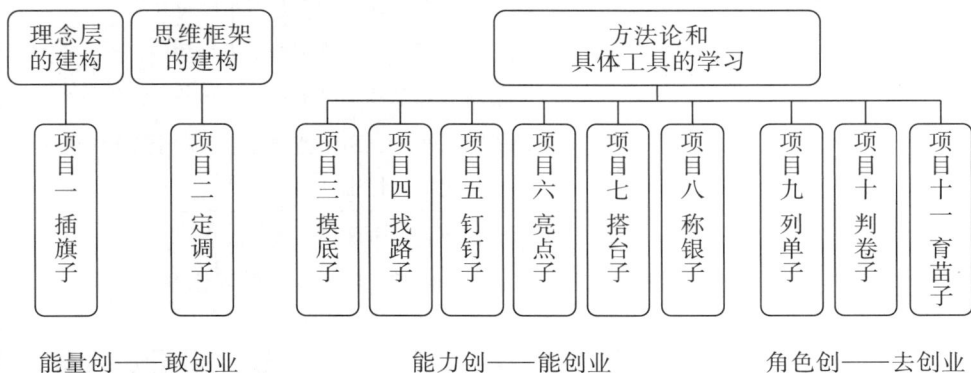

图3　"以学生为中心"的项目任务设计

每个任务都有明确的课程思政目标（见表3），配套了"智慧高地""时代丰碑""延伸阅读"等相关资源。

表3　课程思政元素提炼

教学任务	凝练25条课程思政元素
任务一　读懂创新创业的时代命题	建立自上而下式管理认知和行为的未来视角； 形成宏观与微观分析问题的思维方式和行为习惯
任务二　看清读大学的财富意义	建立眼前利益与长远利益辩证统一的思维； 对品质有一颗匠心，不骄不躁，精益求精
任务三　体会工作中的创新创业	培养爱岗敬业的职业道德； 找到自己的职业理想，在岗位上坚持终身学习、刻苦钻研、勇于创新、坚韧不拔，打造职业精神 追求真理，一丝不苟，对人生、世界、工作形成了更高维的哲学思想

（续上表）

教学任务	凝练 25 条课程思政元素
任务四　毕业去哪里，我的青春我的城	建立批判性思维的底层思维
任务五　找到你的天赋和潜能	建立长板的思维方式：优势才是王道
任务六　制定你的蓝海战略	建立战略思维，掌握以弱制强、因地制宜的终极思考； 能够关注国家政策，立足社会需求，将个人命运和国家社会的发展紧紧相连
任务七　绘制你的创业板人生地图	建立心中有信仰、脚下有力量的奋斗观
任务八　破解你的企业价值密码	培养企业家精神并落实到个人行动中； 坚持解放思想和实事求是相统一的辩证思维
任务九　组建和管理你的创业团队	培养团队协作、团队精神并落实到个人行动中； 形成资源的杠杆思维
任务十　选择你的企业的法律形态	建立创业者的市场经济法治观念； 高扬法治精神，建设企业治理体系，持续提升企业治理能力的现代化水平
任务十一　制订你的利润计划	提升财务素养，树立创业资金管理和掌控意识
任务十二　撰写创业计划书	建立严谨的商业逻辑素养； 培养实事求是、敢于创新的精神
任务十三　展示你的创业计划	提升职业素养，将科学家精神、工匠精神贯穿在学习训练中； 在实践中坚持理论和实践相结合的原则
任务十四　申报创业大赛	提升团队协作能力，提高跨部门协作职业素养； 知行并进、躬行实践是实现创业理想的唯一路径

2. 定位上打造产业特色，顺应区域经济发展需求

本课程依托我校行业引领优势，抓住区域经济发展需求，结合企业生产实际和岗位需求，从整体上打造"大健康"产业特色。包括教学案例的选取、课堂活动和练习题的设计、团队成员专业背景等，这些都着眼于"大健康"产业创新创业人才的培养。打通小课堂与社会大舞台，是一门面向"大健康"产业，并与企业生产实际、岗位需求相匹配的新形态课程。

3. 实施上用更明确的教法和学法实现价值引领与能力培养

教育的根本价值在于开发学生的个性潜能，即通过有效方式引导学生发掘个体所具有的不同天赋。因此，"双创"教育绝对不是按照某个模式进行统一灌输，使学生成为刻板化的"机器人"，而是要培养学生成为自觉的、能动的、具有主体性的人，从而体现出真正的个体价值。落实到"双创"课程，就是要整合尽可能多的资源，为学生个体发现自我潜能提供条件。

因此，课程立足"双创导学"，用"大思政精神"制定了学生仿 AI 学习策略（见图 4）。以"教练技术"为指导，赋予教师"双创教练"的身份，通过"行动工具"让学生了解自己的能力特质，并通过行动训练使其得到真实的促进和提升（见表 4）。活动课与理论课穿插进行，真正实现越来越少地传授知识，越来越多地激励思考、点化智慧。

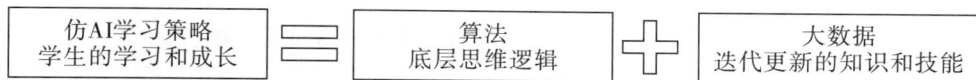

仿AI学习策略
学生的学习和成长　＝　算法
底层思维逻辑　＋　大数据
迭代更新的知识和技能

图 4　学生仿 AI 学习策略

表 4　25 个行动工具设置

教学任务	25 个行动工具
任务一　读懂创新创业的时代命题	1．自上而下创造财富的思维模型 2．语言能量魔法棒 3．认知百宝箱
任务二　看清读大学的财富意义	4．四维视角魔方 5．刻意练习法
任务三　体会工作中的创新创业	6．突破边界的逻辑层次塔 7．3W 黄金圈思维模型
任务四　毕业去哪里，我的青春我的城	8．网状与节点思维模型 9．复盘工具：六顶思考帽
任务五　找到你的天赋和潜能	10．DISC 性格测评工具 11．建立价值金字塔的钉子法则
任务六　制定你的蓝海战略	12．个体成长的破圈模型 13．人生平衡轮 14．以价值创新为核心的蓝海"加减乘除表"

（续上表）

教学任务	25 个行动工具
任务七　绘制你的创业板人生地图	15. ESBI 财富地图 16. 贝克哈德变革方程式
任务八　破解你的企业价值密码	17. 价值思维下的 GROW 模型 18. 五 why 分析法 19. 头脑风暴讨论法
任务九　组建和管理你的创业团队	20. 杠杆理论 21. 丈量问题的刻度尺
任务十　制订你的利润计划	22. 发现问题的鱼骨图
任务十一　撰写创业计划书	23. 搭建创业构思的"为什么梯子" 24. 关键成功因素（CSF）蛋糕
任务十二　展示你的创业计划	25. 演绎思维模型

4. 效果上用"四新经济"元素打造思创专一体化成果

本课程既有基于心智模式的"认知论"，又有基于行为模式的"方法论"。以任务成果为导向，融入"四新经济"元素，将"双创"项目实践与专业相关的新产业、新业态、新模式、新职业进行结合，融入新技术、新工艺、新规范（见图5）。

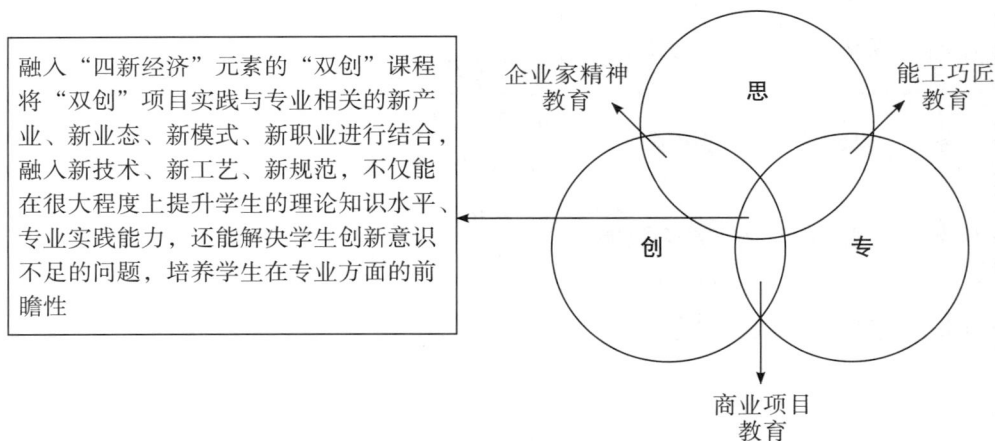

融入"四新经济"元素的"双创"课程将"双创"项目实践与专业相关的新产业、新业态、新模式、新职业进行结合，融入新技术、新工艺、新规范，不仅能在很大程度上提升学生的理论知识水平、专业实践能力，还能解决学生创新意识不足的问题，培养学生在专业方面的前瞻性

企业家精神教育　　能工巧匠教育　　思　　创　　专　　商业项目教育

图 5　融入"四新经济"元素的"双创"课程设计

专业知识与创业教育内容的交叉融合、相互渗透，使大学生能更好地理解我国经济高质量发展阶段市场和消费环境的特点，并系统地对自身和即将投入的项目进行全面高效的解读，围绕创业点子、产品开发、团队建设、项目执行，产出更有效的学习成果。

5. 资源上利用信息化手段打造新形态教材

结合线上教育的趋势，把部分内容以二维码的形式加入教材中，学生扫码即可观看和阅读扩展的内容。

同时，国家建设资源库子项目，将课程配套的信息化教学资源，如微课视频、信息图表、课堂活动、任务工单等多达 15 种教学资源全部上传，建成在线开放课程，供混合式教学、翻转课堂灵活使用。

五、 反思与改进

（1）本课程尚需要建设更完备的教学条件，未来将重点实施创业模拟实训室、创业模拟教学软件、创业信息资源库的建设。

（2）本课程将进一步拓展有效的实践途径，通过在校内开展创业项目设计、创业计划大赛以及创业社团活动和在校外组织创业者访谈、创业项目考察、企业创办等活动，将课堂知识与创业实践紧密结合起来，全面提升学生的"双创"能力。

（3）本课程将进一步组织教师学习交流，提升教师的课堂掌控力、洞察力、调节力、引导力。让课堂教学能够在一个由表及里、由浅入深的过程中，提升学生的科学精神、创业者精神、企业家精神。

（4）本课程将进一步优化教案、讲义，与时俱进叠加更优质的内容，丰富商业案例素材、岗位标准素材，完善增值评价体系，使教学内容能够更个性化地与专业学科岗课赛证的学习相融合。

"健康中国" 视域下 "大健康英语" 课程思政的实践路径研究

王少静①

本课题旨在运用循证研究方法，对大健康产业英语课程思政实施路径进行探索。基于"健康中国"战略与英语课程思政要求，依据社会需求与学情分析，从大健康产业英语课程思政供给侧发力，设定目标、优化内容、改革教法、完善评价，有助于高校制订紧跟时代精神的课程思政方案，为大健康产业英语课程思政提供创新思路。本课题聚焦对大健康产业英语课程思政有效评价机制的研究，致力于探索出一套全面客观测评课程思政的评价方法，基于评价结果改进课程思政教学实施，为大健康英语课程思政教学实施与改革提供科学依据。本课题提出的"健康中国"视域下"大健康英语"课程思政的机制框架，为解决大健康产业相关专业"培养什么人、怎样培养人、为谁培养人"的根本问题提供理论指导；提出的"学情分析—目标设定—内容整合—教学实施—课程评价"贯穿大健康产业英语课程思政实施全过程的育人模式，有助于形成高校"大健康英语"教学与思政教育融合的长效机制。

一、 解决的问题

本研究解决的问题包括：第一，以需求分析为基础，确立大健康产业英语课程的思政元素，厘清大健康产业英语课程思政教什么；第二，基于课程，优化大健康产业英语课程思政教学模式，解决怎么教的问题；第三，基于评价结果，研究大健康产业英语课程思政的提升路径。

同时，本研究在过程中解决：第一，设计有效的调查问卷，以统计课程思政

---

① 王少静，硕士，广东食品药品职业学院国际交流中心英语讲师，雅思英语教研室负责人，被评为学校"金牌讲师"、优秀教师。主持省级继续教育网络精品课程"大健康英语"、省级校内实践教学基地。《岭南中草药资源概览》英语主编，研究方向为英语教育。获得广东省职业院校技能大赛教学能力比赛三等奖，广东省高校（高职）青年教师教学大赛二等奖，校级教学成果奖二等奖、教学质量奖。

的需求；第二，在大健康产业英语课程思政的教学实践中，探索出一套全面、客观、准确测评英语课程思政效果的评价标准。

二、 解决问题的策略

1. 思路

本研究在"健康中国"视域下以大健康产业相关专业英语课程思政教学实践为研究对象。以隐性教育理论、人的全面发展理论、课程文化发展理论及有效教学理论为理论框架，以社会需求与学生学情分析为现实基础，以大健康产业英语课程思政实施路径为主要研究内容，以"大健康英语"课程思政教学效果评价机制为研究目标，构建"大健康英语"课程思政模式。

2. 过程和做法

（1）高校"大健康英语"课程思政建设的理论基础。

以隐性教育理论、人的全面发展理论、课程文化发展理论及有效教学理论为依据，按照"学情分析—目标设定—内容整合—教学实施—课程评价"的过程，通过目标确立、教学内容整合、教学过程融合，实现大健康产业外语课程思政。

目标确立：大健康产业人才培养目标不仅要让学生学习先进的国际知识与理念，更要学习优秀的中国传统医护知识，"大健康英语"课程思政目标要将价值观引领与知识传授和语言应用能力培养有机结合。

教学内容整合："大健康英语"课程思政教学内容整合是一个系统工程，需要结合社会需求、学校特色、学院专业设置特点、学生学情分析等因素重新整合教学素材。

教学过程融合：向学生传授知识，助力学生提高技能的同时，积极对学生进行隐性思想教育，实现英语课程教育与思政教育过程的融合。

（2）高校"大健康英语"课程思政建设的现实需求。

"大健康英语"课程思政建设应进行以需求为中心的分析（need-oriented analysis），以此为基础确立其思政元素，进一步厘清"'大健康英语'课程思政教什么"的问题。借助问卷调查、访谈、机构与高校调研等手段，运用统计分析的方法，对"大健康英语"课程思政进行现实需求分析。

首先，从国家政策出发，依据"健康中国"国家战略，调查国家社会及大健康产业发展需要及对大健康产业的人才培养要求，使用 STATA 统计分析软件，对调查数据进行统计分析，紧跟时代精神，厘清国家对大健康产业人才的知识技能及素质要求。

其次，根据学校办学特色、外语教师思政能力及学生发展需求，整合"大健康英语"课程思政元素。

（3）高校"大健康英语"课程思政建设的框架建构。

本部分以课程为依托（curriculum-based），对"大健康英语"课程思政模式进行分析，着重解决"'大健康英语'课程思政怎么教"这一问题。基于现实需求分析，本研究尝试建构"四部融合"的"大健康英语"课程思政教学模式。

教学目标：大健康产业课程思政与思想政治理论课"同向同行"，确立"价值引领、知识传授与技能培养"相融合的教学目标。

教学内容：整合"大健康英语"课程思政资源库，优化"大健康英语"线上课程，建立"大健康英语"课程"思政育人"的实践载体。

教学方法：分析学情，着力激发学生内驱力，充分利用线上丰富的课程资源、先进的教学实践基地以及鼓励思辨的课堂环境进行隐性思政教育。

教学结果：建立多元化的评估体系，评价主体包括教师、学生、专家三方。考核内容从学生价值观、创新实践能力及对知识系统掌握三方面考核。过程性评价与终结性评价相结合，注重过程性评价。

（4）高校"大健康英语"课程思政建设的效果评价。

本部分以"大健康英语"课程思政的教学结果为依据，对"大健康英语"课程思政的提升路径进行基于结果改进的（outcome-improved）研究分析，着力于研究"如何保证'大健康英语'课程思政的效果"。课程思政的教学效果具有内隐性与发展性的特点，因此评价课程思政的教学效果需要将过程性评价与终结性评价相结合。

①过程性评价：教学过程中关注学生阶段性任务的目标达成情况，关注学生在学习过程中的综合素质体现，通过教师评价、学生互评的方式得出针对学生的过程性评价结果；通过教师教学反思，督导听课，教师互评，对教师的课程思政教学情况做出评价。

②采用问卷调查法和实地访谈法等方法，统计"大健康英语"课程思政满意度调查数据，综合评价"大健康英语"课程思政的育人效果。

③基于评价结果，设置"大健康英语"课程思政全过程持续改进方案。

三、 实施效果

"大健康英语"课程思政建设在"健康中国"战略背景之下以隐性教育理论、人的全面发展理论、课程文化发展理论以及有效教学理论为理论框架，以社会需求与学生学情分析为现实基础，优化"大健康英语"课程思政实施路径，改革课程评价方式与考核方法，取得了良好的效果。

1．学生评价

（1）学生评教。

"大健康英语"课程近两年学生评教分数分别为 99.3 分与 98.8 分。学生认为教师教学质量好、上课有趣、讲解耐心、课堂很有吸引力。

（2）学生行为观察。

教师通过教学过程观察发现，学生迟到旷课现象极大改善，能够认真按时完成教师布置的学习任务，学生的知识技能水平进步明显。

（3）问卷调查。

问卷调查显示，绝大多数学生认为"大健康英语"课程使学生意识到了健康生活方式的重要性，提升了其行业服务理念，培养了其社会责任感，坚定了其文化自信（见图 1 至图 4）。

选项	小计	比例	
非常大	16		34.78%
较大	17		36.96%
一般	12		26.09%
较小	1		2.17%
非常小	0		0%

图 1 "大健康英语"课程对学生意识到健康生活方式的重要性方面的帮助程度调查

选项	小计	比例	
非常大	14		30.43%
较大	20		43.48%
一般	11		23.91%
较小	0		0%
非常小	1		2.17%

图 2 "大健康英语"课程对培养学生大健康行业服务理念、认真负责的工作态度方面的帮助程度调查

选项	小计	比例
非常大	14	30.43%
较大	17	36.96%
一般	14	30.43%
较小	0	0%
非常小	1	2.17%

图3 "大健康英语"课程在激发学生认真学习做事、为社会贡献个人力量的社会责任感方面的帮助程度调查

选项	小计	比例
非常大	13	28.26%
较大	20	43.48%
一般	12	26.09%
较小	0	0%
非常小	1	2.17%

图4 "大健康英语"课程对学生坚定文化自信、弘扬中华优秀传统医护知识的帮助程度调查

2. 同行评价

（1）校内同行评价：校内督导对"大健康英语"课程评价高，认为教师教学方法多样，师生互动好，思政元素融入效果好。

（2）校外同行评价："大健康英语"线上课程经过3年持续改进与不断建设，已被包括我校在内的9所院校调用。

3. 改革成效

基于"大健康英语"课程建设，形成了"学情分析—目标设定—内容整合—教学实施—课程评价"贯穿"大健康英语"课程思政实施全过程的育人模式，有助于高校根据社会需求与学生学情制订紧跟时代精神的课程思政方案，为大健康产业英语课程思政提供了创新思路。

基于课程改革，本课程教师取得广东省高校（高职）青年教师教学大赛二等奖，广东省职业院校技能大赛教学能力比赛三等奖两次，获校级教学成果奖二等奖及教学质量奖；指导"互联网＋"大学生创新创业大赛—现代中药与健康微视公益科普平台—科学养生助力社区"治未病"，学生获校级三等奖。获得课

程思政课题立项："健康中国"视域下大健康产业英语课程思政的实践路径研究。

4. 示范辐射

（1）社会受益面。

①"大健康英语"在线课程向社会人员开放。2023年12月资源库课程使用数据统计显示，素材量达到154个，课程用户总量3 776个，学习人数4 248人，互动量达到251 256次，资源已被包括我校在内的9所院校引用，学生对课程评价高。

②2022年"大健康英语"精品在线开放课程获广东省教育厅继续教育精品课程立项，将服务于社会人员继续教育学习。

③已开放"大健康英语"智慧职教慕课，并完成2期慕课开放学习，选课人数442人，来自16所学校。

④学生积极参加志愿者活动，服务社会。

图5 学生参加志愿者活动

（2）校内受益面。

①基于"大健康英语"课程，我校于2019年申报成为医护英语证书考点；2022年校内医护英语证书考试考生108人。

②教师主持的"健康产业国际人才培养基地"被评为省级校内实践教学基地，为大健康产业培养了相当数量的人才。

③学生参加省级或国家级技能大赛，多次获得优异成绩。

四、 创新与示范

"大健康英语"课程思政建设牢记"立德树人"的根本任务，在实践过程中持续改进，取得显著效果，其创新点如下：

（一）精析普高中职生源，研究实际学情，确定厚品德强技能教学目标

1. 学情分析

本课程教学对象为健康管理（中外合作）专业的学生，学生生源多样化，中职生与普高生学习英语时间不等，英语基础不同，具备的大健康产业行业知识

量差别较大，实践技能良莠不齐。为更好掌握学情，课程组使用数智化手段，通过线上检测、问卷调查对学生的英语水平、大健康产业行业知识进行对比分析。学情分析结果如下：

（1）英语基础知识与大健康产业行业知识水平。

从学生在智慧职教云平台完成的测试结果看，学生的英语听说读写基础知识水平方面，达到良好占比 50%，其中中职生源占比 18%，普高生源占比 82%；大健康产业行业知识掌握方面，达到良好占比 73%，其中中职生源占比 36%，普高生源占比 64%。

（2）健康管理实践能力探析。

中职生入校前健康管理实践能力训练时间为 3 年，普高生入校前未经过专业健康管理实践能力训练，这两类学生在健康管理实践技能方面差异很大。职高生实践能力强，但薄弱的英语语言能力阻碍了其对新知识新技能的学习；普高生英语语言能力有优势，虽然前期实践能力弱，但可以较快获取新知识新技能。

（3）两类生源学习习惯对比。

调查显示，只有 57% 的学生能够课前预习新知识点，其中多数为普高生源学生，占比 82%；30% 的学生没有在各大课程平台自学英语的习惯，其中职高生占比 76%。由此可见，职高生较少预习、较少自学的习惯多源于对语言的畏难情绪，而普高生在语言与知识学习方面有较好的直面挑战的积极心态。

2. 基于学情分析，确定厚品德强技能教学目标

本课程模块紧扣健康管理专业人才培养方案，"大健康英语"课程思政建设不仅要让学生学习先进的国际知识与理念，更要学习优秀的中国传统医护知识，本课程的思政目标是要将价值观引领与知识传授和语言应用能力培养有机结合。"大健康英语"课程思政与思想政治理论课"同向同行"，确立"价值引领、知识传授与技能培养"相融合的厚品德强技能教学目标。

（二）聚焦新产业新需求，树人本理念，重构岗课赛证融通教学内容

根据《大学英语教学指南（2020 版）》、*Health-care English*（《大健康英语》）课程标准和健康管理师职业资格标准，辅以全国医护英语证书（二级）考试要求及健康管理师职业技能大赛要求，通过对大健康产业人才培养需求进行问卷调查，本课程将常见的五种慢病管理作为五个教学模块，辅以一个课程综合检验模块，重构"五项一检"岗课赛证融通教学内容。每一章节以简单易懂的英文解释慢病的概念、产生的原因、症状，介绍慢病的并发症、预防、治疗（聚焦于讲

解饮食习惯与生活方式的调整），并浸润"健康第一责任人"课程思政。结合多样化手段，强化学员对重要知识点、技能点的学习与理解，同时注重素质目标的达成（见图6）。

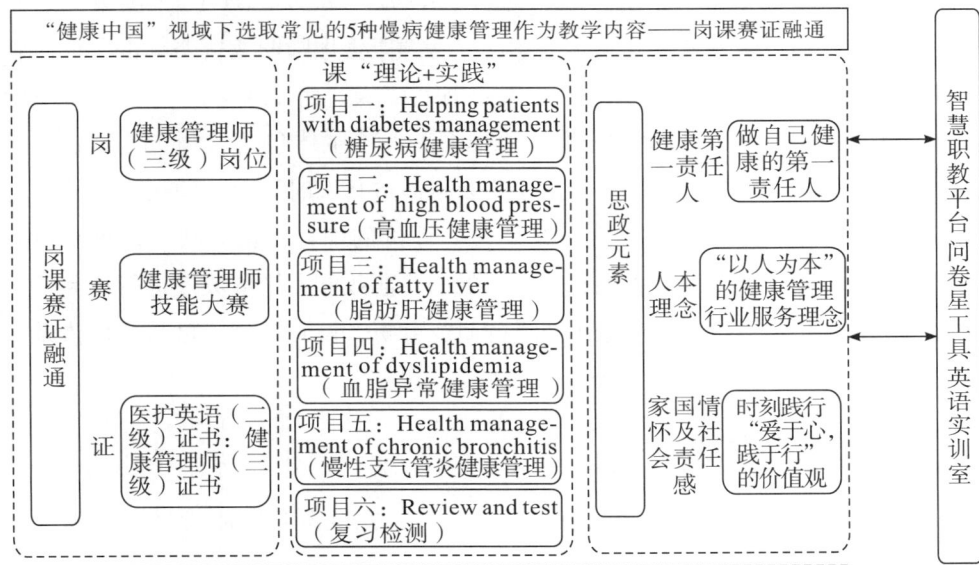

图6　教学内容重构

（三）基于数智教学环境，用混合教学，优化三阶段三环节教学策略

1. 使用线上线下混合教学模式，优化教学组织

基于生源分析的厚品德强技能教学目标，打造以学生为中心的"理论讲授＋启发思维＋实践演练"三阶段教学策略。在互联网信息技术发展的时代背景下，依托"产出导向法"理论，探索线上线下混合小组合作式"任务驱动＋语言促成＋多元评价"三环节教学模式，利用"智慧职教信息化教学平台＋智慧教室＋省级校内实践教学基地"三种数智化教学环境进行教学。

2. 使用多样化教学方法，助力教学目标达成

为使学生习得大健康英语的知识与技能，达成教学目标，课程整体规划教学方法、教学组织与教学步骤。教师在教学过程中融合信息化教学手段与传统教学手段，采用任务驱动法、情境教学法、案例教学法、角色扮演法、多模态教学法五种教学方法，将学生分为"Life""Health""Value""Action"四个小组，以翻转课堂为辅助，线上与线下结合，理论与实践结合，并佐以各知识点的视频导

入、大数据统计、课堂检测等手段，强化学生对重要知识点、技能点的学习与理解。

3．致力学生增值培养，因材施教，构建三主体进阶式评价体系

依据《大学英语教学指南（2020 版）》、*Health-care English*（《大健康英语》）教学标准、健康管理专业人才培养方案，参考健康管理师职业资格标准、健康管理师职业技能大赛要求及全国医护英语证书（二级）考试要求，为学生量身定制"三主体进阶式"多元化综合性评价体系。评价主体包括教师、专家及学生三方，对学生的知识掌握情况、技能水平及素质进行实时评分，使用定性评价与定量评价的方法，形成"过程性＋终结性"评价的综合评价方式。评价结束后获得每名学生的增值培养数据图，对学生的综合职业能力增值成效进行诊断，对教学策略和评价体系进行基于结果改进的研究分析，做到教学策略与评价体系的进一步优化。

五、 反思与改进

（1）语音测评系统的语料具有局限性，尚未完全覆盖健康管理资源库中大健康产业英语内容。

改进：依托现有的语音测评系统、省级继续教育网络课程及健康管理资源库，开发大健康英语智能语音测评系统语料库，紧贴行业发展与专业人才培养目标，设计和丰富健康管理口语训练模块。目前已初步完成大健康英语语音测评语料收集，并将持续建设。

（2）来自不同地区的学生学情不同，对文化的理解不同，教学过程中对以上因素考虑不足。

改进：在教学设计中对跨文化素养较薄弱地域的生源，应依据其跨文化知识基础，提供相应的课前知识辅导。目前已初步完成线上平台课程思政部分中的跨文化模块设计，日后将继续细化。

下 编

课堂教学设计研究与实践

立德树人进课堂，科技＋法律促食安
——"餐饮食品安全管理"课程思政建设研究

李燕杰①

"餐饮食品安全管理"是广东食品药品职业学院食品学院餐饮智能管理专业的一门专业核心课，研究与餐饮食品安全有关的基础理论知识和实践技能。其主要内容既与普通消费者的日常生活关系密切，具有很强的实际应用性，又对餐饮智能管理专业学生在校期间专业知识的学习和毕业后的岗位工作有着深远的影响。

专业课程的课程思政既需要培养学生学习和掌握课程的专业知识，又需要引领学生的世界观、人生观和价值观，在大学生的思想价值观念形成中发挥着重要的作用。因此，如何提炼、挖掘与课程专业知识联系密切的思政元素，并将其融合、设计、应用到课程的专业知识和实践拓展中，而非简单地生搬硬套，从而"外化于行、内化于心"，在专业知识的学习过程中潜移默化地开展思政育人，这也是"餐饮食品安全管理"课程思政在教学实践环节需要解决的重要问题。本课程案例在深刻理解课程内容和精髓的基础上，实现专业知识与思政资源的无缝衔接与自然过渡，在教学过程中交叉融合"智育"与"德育"，能有效地在课堂上发挥"餐饮食品安全管理"课程的育人功能，切实提高教学质量。

一、解决的问题

"餐饮食品安全管理"课程的特性使得该课程的课程思政能够将食品科学、食品安全管理、餐饮食品安全等领域的专业知识与职业道德、社会责任、法治意识、科学精神、公共安全意识等思政元素有机结合，能够在教学过程中将专业的理论知识联系实际，展开专业知识与思政育人建设的创新工作。但作为一门专业课程，在教学过程中既受传统的教学设计、授课教师的知识结构及习惯性的教学思维等因素制约，又受学生的理解能力和消化运用能力有差异等因素影响，"餐

---

① 李燕杰，博士，广东食品药品职业学院食品学院副教授，主要从事食品类课程的教育教学和科学研究。主持校级精品课程"餐饮食品安全管理"，主编教材《餐饮食品安全控制》《化学基础与分析技术》《基础化学与实验》等。

饮食品安全管理"课程思政在教学实施过程中也面临着一些困难和挑战。

1．原有课程设计的影响

"餐饮食品安全管理"课程内容丰富、知识点多、知识难度较大，在紧张的课时中如何再加入思政案例是一大难点。如果处理不好原有课程知识点与思政元素的关系，容易让学生在学习过程中有生搬硬套之感，让授课教师感觉教学任务和目标不清晰。因此，需要精确查找思政元素的结合点和切入点，探讨如何在自然科学知识的课程教学中挖掘与知识点关联密切的思政元素，并精心设计教学方法和手段，促进学生对思政德育内容的理解和领悟，同时也激发他们的学习积极性，提升师生互动成效，实现课程内容与思政元素的有效融合。

2．原有知识结构的影响

传统食品类专业课教师对思政教育了解不深、认识不够，在教学过程中往往只注重专业知识和技能的思考和讲授，同时也由于其术业有专攻、主要专注于本专业领域的知识和技能，对于课程中有效思政元素的思考和挖掘不深入、不彻底，造成理解片面、生搬硬套地将思政元素衔接进专业课程的知识体系中，容易使学生感觉生硬、突兀，极大地影响专业课程思政育人的效果。

3．固有专业课程教学思维的影响

"餐饮食品安全管理"作为一门专业课程，它的教学思维基本是通过知识点的讲解与实践技能的操作练习，使学生掌握课程的专业知识和实践技能，但这容易忽略对其中与教学内容有关的职业道德、社会责任、法治意识、科学精神、公共安全意识等思政元素的植入和讲解。即使有相关思政元素，也可能在系统性和全面性上存在偏差，导致在思政育人方面存在一定的缺陷。

二、 解决问题的策略

（一） 思路

1．加强课程授课教师的思政素养

教师是课程思政的关键，要提升专业课程思政育人的成效，核心要素是提升专业课程授课教师的思政意识和思政素养。在充分认识到课程思政的重要意义后，授课教师应深刻领会课程思政的内涵，并通过学习习近平总书记关于高等教育、思想政治教育、思政课程和课程思政的重要论述，运用习近平新时代中国特色社会主义思想武装头脑，积极主动地提高自身的思想政治理论水平，深入挖掘"餐饮食品安全管理"课程的有效思政元素，积极在授课中运用思政元素。

2. 精心组织课程教学设计

专业课和课程思政拥有一个共同的教育目标——促进学生的全面发展。"餐饮食品安全管理"课程授课教师应立足于本课程内容丰富、知识点多、紧密联系食品安全法律法规制度和易于聚焦民生热点等前提，结合课程思政需立德树人、润物无声的特点和要求，根据教学进度，将与教学内容有关的职业道德、社会责任、法治意识、科学精神、公共安全意识等思政元素和德育目标融入课程中。结合餐饮食品智能管理领域的应用、发展和相关社会热点问题，引导学生认识到餐饮食品安全是关系国计民生的问题，加强对学生的职业道德、职业认同感和社会责任感的培养。因此，"餐饮食品安全管理"课程授课教师需精心设计每章节具体的教学过程，在课程教学中合理融入与本章节内容联系密切的有效思政元素，同时适当优化教学方法，引入课堂讨论、案例分析、翻转课堂等形式，使其生动灵活地融入本章节的教学过程中，激发学生学习的积极性和热情，提升课堂内外师生互动的成效。

3. 充分挖掘课程的思政教育元素

与授课内容有效、恰当且关联密切的思政素材在课堂教学过程中才能激发学生情感的共鸣，在专业课授课教师讲授专业知识的同时，才能真正实现智育和德育的融合，达成立德树人的目标。这样做也便于减少学生对课程思政的抵触，进而有助于真正实现智育和德育的融合、润物无声。

"餐饮食品安全管理"作为餐饮智能管理专业的一门专业核心课，除具有传授餐饮食品安全基础理论知识和实践技能培养的功能外，与实际生产生活联系紧密，还具备一定的工具性特点。适时发挥课程的工具性，通过结合餐饮食品智能管理领域的应用、发展、餐饮食品安全法律法规制度和相关社会热点问题等方面来辅助学生认识校园外更广阔的世界，引导学生提前具备公共安全意识、法治意识，树立社会责任感，提升从业后的职业道德等具有较强的可操作性。因此"餐饮食品安全管理"课程授课教师应收集相关信息，积累典型的餐饮食品安全案例，再结合国家市场监督管理总局最新颁布的餐饮食品安全法律法规制度，具体案例具体分析，进而可以梳理挖掘出充分的思政素材。

（二）过程与做法

以"场所、设施、设备、工具等硬件设施的安全管理"（第 6 章餐饮食品安全操作规范第 1 节）为例进行课程思政教学设计（在此之前，学生已学习了餐饮食品安全管理的范畴、常见危害等基础知识，可为过渡到本节的学习起铺垫作用）。本节内容是餐饮食品安全管理知识和技能的具体应用部分，在餐饮食品安全管理课程中占据重要的地位。

1. 知识目标

（1）掌握餐饮企业地点、布局、面积及设施设备设计选用中的安全管理要求。

（2）掌握常见的清洁方法及清洁剂的适用范畴和优缺点。

（3）掌握常见的消毒方法及消毒剂的适用范畴和优缺点。

2. 技能目标

（1）掌握餐饮企业场所、设施、设备、工具等设计及选材、布局要求。

（2）正确完成餐饮场所、设施、设备、工具的清洁操作。

（3）正确完成餐饮场所、设施、设备、工具的消毒操作。

3. 素养目标

（1）激发学生的使命感与职业担当。

（2）树立诚信意识，培养学生的职业道德。

4. 实施过程

（1）课前——通过课程平台发布学习任务"观看视频1'餐厅的布局设计'"。

通过课前预习，观看视频资料让学生观察和思考近几十年来国内外餐厅硬件设施、就餐环境、餐具品质等的升级变化，让学生更深刻地理解和感受到国家发展历程的艰辛，国家富强、民族振兴的来之不易。通过横向和纵向对比，引导学生思考餐厅硬件设施变化的原因，进而理解人民生活水平的改变和提高是奋斗出来的，是通过每一个人脚踏实地地工作和实践换来的。此外还引导学生思考在面对"中国制造"向"中国创造"升级的时代课题中如何进一步提升我国食品行业的整体水平和质量，引导学生思考作为食品行业的青年一代如何贡献出自己的智慧与力量，进而激发学生的使命感和责任担当。

（2）课中——时事新闻引入"2022年的食品安全案例——'7-11后厨乱象'"。

课中通过案例教学引导学生讨论知名餐饮食品企业的后厨硬件设施安全监管问题，进而思考在餐饮食品安全管理过程中谁是主体，餐饮食品安全应该依靠政府部门的监管还是餐饮企业自身的管理，餐饮企业诚信守法经营究竟于谁有利等问题。通过案例讨论和分析梳理，培养学生树立"立德为先，利益在后，诚信为本，安全第一"的价值观。

（3）课中——专业知识讲解"场所、设施、设备、工具等硬件设施的安全管理要求"。

餐饮食品安全关系到每位消费者的身体健康，也是百姓最关心的民生问题之一。餐饮企业要生产出高质量的放心食品，确保人民群众"舌尖上的安全"，食品机械设施、设备、器具的安全管理至关重要。因此，餐饮食品安全知识既是专业知识又是重要的课程思政内容。在本节教学时，教师在讲解食品机械设施、设备、器具的安全管理方法时，可着重强调对餐饮食品机械设施、设备、器具进行清洁与消毒的必要性，强调从源头上保证和提高餐饮食品质量安全性的重要措施；结合《中华人民共和国食品安全法》对食品生产经营者的违规案例进行分析讨论，帮助学生树立诚信意识，增强法律意识，严格遵守法律法规，维护食品安全，决不触碰法律底线，做知法、懂法和守法的新时代食品人。

（4）课中——专业知识讲解"研读《食品经营许可现场核查表》"。

通过研读、讲解《食品经营许可现场核查表》中不同类型和规模餐饮企业的差异化核查要点，让学生对比发现不同类型和规模餐饮企业的安全管理差异化要求，引导学生思考餐饮企业差异化管理的原因，理解区域经济及社会发展的不均衡性，树立以人为本、实事求是的工作和学习态度。

（5）课中——观看视频资料"常用餐饮机器设备（洗碗机/切菜机/蒸饭机等）的操作使用视频资料"。

通过食品机械和各种人工智能的应用引出餐饮行业内中央厨房的发展、预制菜行业的兴起，引导学生展望餐饮行业的发展前景，思考自己的职业规划。

（6）课后——在课程学习平台扫码观看餐饮食品安全 VR 示范。

鼓励学生课后用电脑和手机访问"餐饮食品安全管理"课程的学习平台，借助学习平台上的资源，在有限条件下融入真实的工作场景，观看课堂教学中无法播放的视频资料，也可将自己完成的小组作业上传到学习平台中进行分享，完成从被动接受到主动学习分享的角色转换，帮助学生完成从课堂知识到餐饮企业工作岗位的知识体系的无缝衔接。

图 1　餐饮食品安全虚拟仿真软件

（7）课后——在课程学习平台布置小组作业。

课程讲述内容结束后，在课程平台布置小组作业：引入以"共创食安新发展，共享美好新生活"为主题的 2022 年全国食品安全周宣传活动，针对食品安全周的"共创食安科普，智享美好生活"活动，要求学生分组查阅 2022—2023 年餐饮食品安全典型案例，组织一场餐饮食品安全线上科普活动。

三、 实施效果

在"餐饮食品安全管理"课程的学生群体和授课教师队伍中进行了课程思政探索的成效调查。

1．学生反馈

（1）学生在课程的学习中加深了对于新时代职业道德内涵的理解，建立了对"餐饮食品安全管理员"这一岗位工作的认知。该课程将食品安全管理岗位工作的职业道德相关内容与专业课程的知识点、时事热点等相融合，契合度较高，学生比较容易接受。

（2）建立"餐饮食品安全管理"课程的网站。此类线上线下相结合的授课方式既有利于学生课前预习，也能将各种不易在课堂讲授过程中展现的内容以视频、微课、动画的形式呈现在线上平台。学生可利用平台多时间、多地点进行学习，将各种餐饮食品安全领域的时事热点作为案例展现在线上平台，还可在线上参与案例的讨论并发表自己的观点。这些方式极大地提高了学生对课程的参与度。

（3）课程学习可以让学生意识到未来从事的岗位工作所承担的社会责任，认识到餐饮食品安全管理过程中诚实守信、爱岗敬业、精益求精的工作态度是对餐饮食品安全的重要保障。

2．教学团队的教师评价

（1）由于教学中诚实守信、爱岗敬业、精益求精等开放性讨论内容的增加，餐饮食品智能管理领域的应用、发展、餐饮食品安全法律法规制度和相关社会热点问题的发展和更新也日新月异，授课教师需要在课前进行更充分的准备和学习，可持续拓展专业知识的深度和广度。授课教师也可将自身生产和科研经历与课程知识点结合，让原本抽象的知识点变得生动具体，加深学生对餐饮食品行业和餐饮食品安全管理员等职业的认同感和自信心。

（2）多元化的考核方式和开放试题的设置，可以直观感受到学生的创造性和独立思考能力得到提高。

（3）课堂教学中良好的师生互动能激发教师的授课热情。

（4）在教学改革的过程，将工匠精神内化为授课教师自身的行动指南，教师教学能力得到了提高。

由此分析，在"餐饮食品安全管理"课程中构建立德树人的课程思政体系，将职业道德、社会责任、法治意识、科学精神、公共安全意识等核心思政元素注入师生互动的教学过程中，不仅能调动教师和学生对专业课教与学的积极性，提升专业课程学习效率，还能在教学中起到潜移默化的隐性育人作用，达到教学相长的效果。

四、 创新与示范

1．充分挖掘本课程专业知识与思政教育的结合点

餐饮食品行业是与人民生活紧密相关的重要民生领域，关乎民众的饮食健康以及安全，而餐饮行业的食品安全状况直接影响到国民生活质量以及国民的幸福程度，也是衡量经济发展以及第三产业建设的重要指标。因此，本课程中涉及的餐饮食品安全基础知识既是重要的专业知识又是重要的课程思政内容，在教学过程中培育学生餐饮行业专业素养的前提下选择合适的案例适当融入职业道德、社会责任、法治意识、科学精神、公共安全意识等思政元素，可提高学生的思想认知，树立社会责任感，也可激发学生学习积极性和为行业服务的热情，树立长远的工作发展目标。

2. 采用课内常规教学与课外网络资源、课程学习平台相结合的模式

教师课堂讲授餐饮食品安全管理知识要点，引入相关思政素材；鼓励学生课下借助电脑和手机，访问"餐饮食品安全管理"网络课程资源库和课程学习平台，观看课堂教学中由于教学时长限制无法全部播放的视频、微课、动画等资料，也可将自己的小组作业上传到课程学习平台，完成从被动接受到主动学习分享的角色转换，深化对"餐饮食品安全管理"课程知识的理解。

3. 与时俱进，案例更新与餐饮行业发展联系紧密

本课程在教学内容上侧重于餐饮企业的生产应用，可根据具体章节内容结合传统饮食文化特色、餐饮食品安全科普活动、餐饮食品生产加工机械、餐饮食品智能管理领域的应用和发展以及餐饮食品安全法律法规制度、相关社会热点问题等方面给学生布置作业、让学生检索文献资料、查找相关案例，让学生感受到餐饮食品安全管理工作事关国计民生，同时让学生认识到餐饮食品工业化水平发展日新月异，需要青年一代为本行业的发展、国家的富强贡献力量，从而间接让学生意识到专业知识的重要性和自身的价值，增强责任感和使命感。

五、 反思与改进

通过"餐饮食品安全管理"课程思政的实践，在培育学生专业素养的前提下融入思政教育，可提高学生的思想认知，增强学生的学习动力，提升学习氛围。但思政元素的全面性和持续性也是一个需要考虑的问题，因此如何充分利用现代信息技术手段，实现课堂讲授与课后反馈的双向流通和及时互动，全面了解课程思政的教学状况，及时纠正课程思政的实施偏差，定制个性化的教学方案，培养学生学习兴趣，提高学生学习能力，确保"餐饮食品安全管理"课程思政教学始终在紧密联系课程内容的航向上健康前行，也是授课教师在课程思政教学中需要不断深入探究的问题。

"双线合一" 递进式 SPOC 教学模式下的 "实用医学概要" 课程思政教育
——"心力衰竭辨识及慢病管理" 课堂教学研究与实践

任　宏①

双通道药店（DTP）的快速落地和体量膨大使药店专业化能力提升、建立高品质药学服务成为新业态。与 DTP 药店匹配的执业药师成为行业新需求。培养高素质药学服务人才、快速达到执业药师标准是本课程面临的首要问题。

"实用医学概要"课程是由岗位常见病种中提炼的认知基础、共性规律而构成的医学素养课，是培育诊疗思维与临床技术的专业核心课。通过课程学习，学生具备岗位常见病种的指标监测、问病荐药、健康促进的基本能力，同时具有人文关怀、救死扶伤、甘于奉献的职业道德素养。

结合专业人文特质和育人育才理念，按照国家医学类专业课程思政标准，本课程创建"双线合一"递进式 SPOC 教学模式：①以岗位任务为行动导向，通过进阶训练形成学生技能成长线；②凝练"敬畏生命—守护生命—生命至上、人民至上"思政主线，通过进阶引领形成思政进阶融合线，双线合一，润物无声。

思政主线统领资源，完成了课程思政系统性建设。课程具有"知识体系展示医药文化、技能训练培育工匠精神、SPOC 教学模式强化学习意识、二三课堂筑牢医者仁心"的思政特色。

一、 解决的问题

1. 教学内容重知识、少育人，无法适应新业态中高品质执业药师从业标准的新要求

当双通道药店的快速落地和逐步扩大，专业化强、职业素养高的执业药师在行业的需求也迅速增加，成为行业人才新需求。课程知识以技能为主导的教学内

---

① 任宏，硕士，广东食品药品职业学院药学院讲师，医药基础课程专任教师，获评校级课程思政教学名师，主要从事医学类课程的教育教学研究。获 2022 年全国职业院校技能大赛教学能力比赛二等奖。

容，与职业素养和职业技能并重的执业药师岗位需求已有一定差距。

2. 传统教学模式思政培育效力低，无法满足 DTP 药店对高素质技能人才的急迫需求

依托教学平台 + 传统教室构建的教学环境缺乏学习情境和工作场景，不利于开展以学生为主体的情景化教学；以知识技能点为主线提取的课程思政元素整体性差，与劳动精神、家国情怀、职业素质融合度不够；学生生源多样化，无专业储备生源近半（高中未选修生物学课程或在中职专业为非医药专业及其相关专业），喜欢任务驱动和角色模拟训练教学方式，关怀和沟通能力整体呈现不足。依托传统教学模式进行的课程思政教学效力较低。

3. 教学评价相对单一，无法达成"以评促学、强化过程、注重增值"的目标

教师为主的评价主体、知识技能点为主的评价方式相对单一，忽视实践能力、工匠精神、职业素养等综合素质（个人增值）的客观考查；评价标准的分数权重过多放在终结性考试，相对弱化了评价在职业素养和职业品质培育过程的权重赋分；教学评价反哺课程思政的培育效力不足。

二、 解决问题的策略

1. 思路

产教融合，强化思政，推动课程思政深度改革；以评促学、强化过程、增值赋分，多维度评价护航课程思政；"心力衰竭辨识及慢病管理"课堂奏响课程思政培育进行曲。

2. 过程

在产教融合方面，树立"育人 + 育才"理念，聚焦执业药师岗位标准，强化课程思政内容建设；凝练课程思政主线，构建系统化课程思政培育体系；深化产教融合，融合课程思政、创新 SPOC 教学模式；强化课程思政素材资源数字化，提升课程思政资源感染力。

在教学评价方式方面，采用"以评促学、强化过程、增值赋分"的多维评价方式。

3. 做法

将国家课程思政标准和行业龙头企业的 DTP 药店药师岗位群的素养要求全面融入药学专业人培方案和课程标准中，完成教学内容重构，解决教学内容"重知识、少思政"的问题（见图 1）。

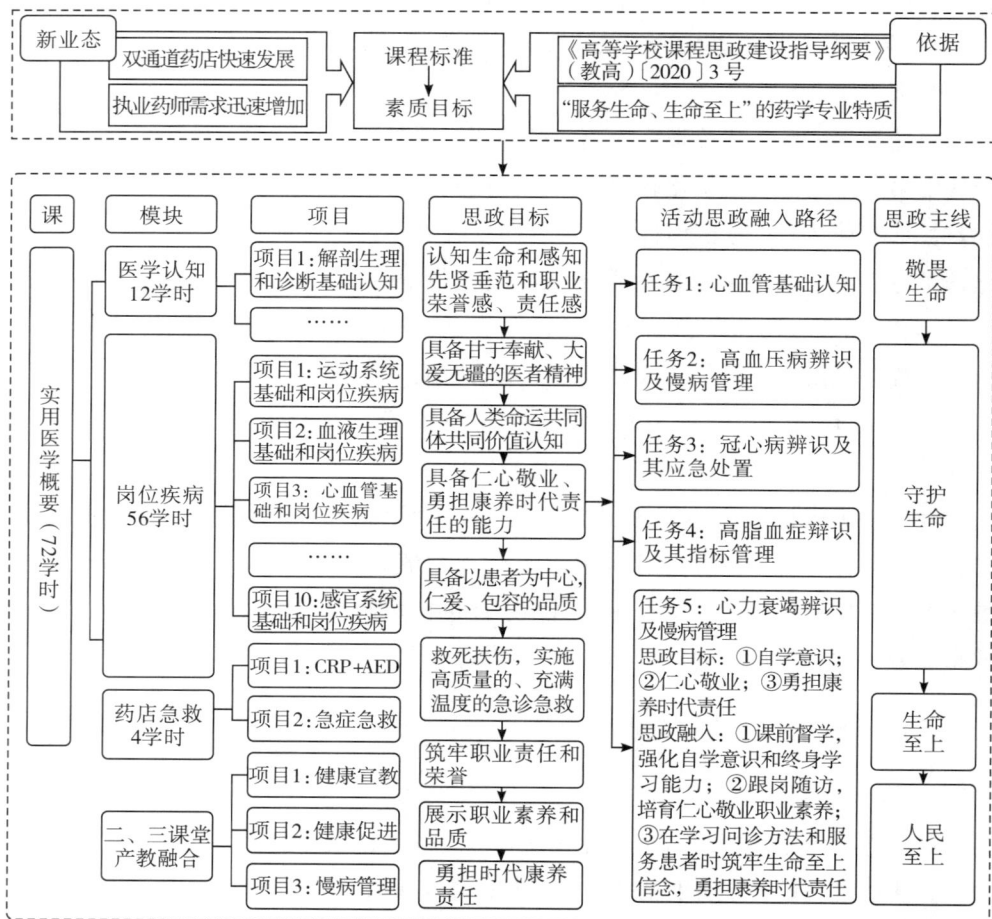

图 1　课程思政教学策略和课堂教学案例内容

校企深度合作，按照执业药师国家职业标准凝练知识技能点，将职业标准全面融入知识目标和能力目标，并完成《实用医学概要》（2023 年 1 月第一版）融媒体教材出版工作。课程组将国家课程思政标准和岗位素养要求融入素养目标，编撰思政教辅讲义《漫谈医药文化史》。从中华文明和人类医药史料中提炼课程思政培育素材，从岗位工作困难中提炼课程思政培育问题，与技能培训深度互融，提升课程思政资源的历史感、感染力、实践度。

结合专业人文特质和岗位素养需求，凝练课程思政主线，将课程思政主线作为隐线统领知识技能点和思政培育点，形成系统性课程思政培育体系。

根据药学专业"服务生命"人文特征和国家医学类课程思政要求，将"生命"凝练为本课程的思政主体，按照认知规律，形成本课程的思政主线"敬畏生命—守护生命—生命至上、人民至上"。课程思政主线作为隐线统领各模块项目的思政培育点，通过感知、修习、内化、践行的进阶培育顺序将思政培育点分项归类，融入模块一、模块二、模块三的知识技能点和二、三课堂的岗位实践中，形成课程思政价值引领、知识技能思政互融的系统性课程思政培育体系。

本课堂案例"心力衰竭辨识及慢病管理"为模块二项目3任务5的教学内容，属于思政主线"守护生命"范畴。贯彻思政主线，结合心衰专业知识，设立本课堂的思政目标为：具备仁心敬业、勇担康养时代责任的能力。课堂依托《漫谈医药文化史》中的哈维及其血液循环理论的医学史料和跟岗见习提炼的岗位难点，构建了三个思政素材，通过感知先贤垂范精神，修习仁心关爱共情力，践行对弱势群体服务的系统化培育，达成了本次课堂的课程思政培育目标。

以立德树人为目标，以情景化教学法为推手，依托课前、课中、课后三个线上线下混合式学习阶段形成"自主学、学技能、练技能、用技能、适岗位"五步进阶训练的教学流程，构建"双线合一"递进式SPOC教学模式。在感知优秀中增强专业学习信心和动力，在专业技能培育过程中修习、内化价值认知和职业品质，在岗位实践中外化职业素养、践行时代责任，实现课程思政的高质量教学（见图2）。

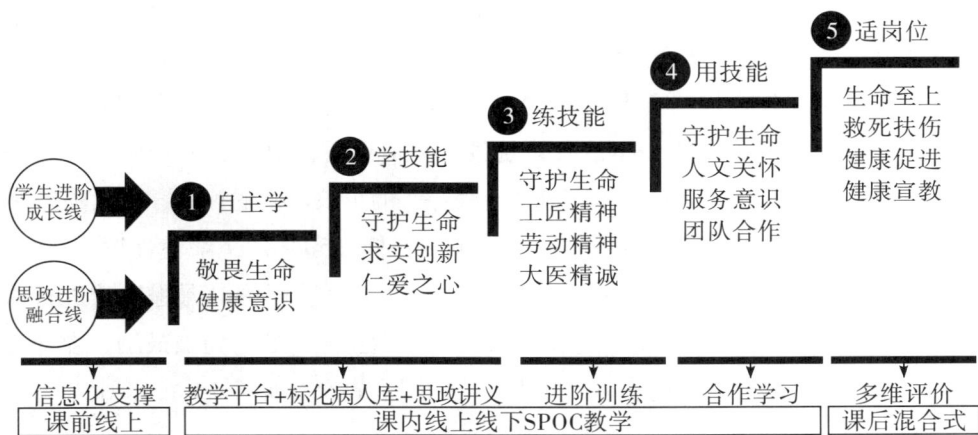

图2　心中有医者仁心、肩上有康养责任、手上有问病技能双线合一、递进式SPOC教学模式

依托药学院与广州市海王星辰医药连锁有限公司的产教融合省级实践教学基地、校企共建的标化病人资源库，构建DTP药店理实一体的学习工作场，全面提升学生在课堂的职业岗位感；以情景化教学法为课堂推手，将岗位工作困难中提炼的课程思政问题无缝融入情景化教学的工作任务中，实现知识技能和课程思政有机融合；以学生技能训练和实战为课堂中心，以岗位任务为行动导向，实施翻转课堂教学。

本课堂的标化病人——心力衰竭、心功能不全1级的苏大妈来自校企共建标化病人案例库。依托苏大妈的疾病特点，课程设计了虚拟练、模拟练和真实练三个任务和与之互融的感知、修习、内化践行三个思政点，借助理实一体的学习工作场，沉浸式完成思政培育，实现了课程思政的高质量教学效力。

依托信息化技术，借助二维动画、微课示教、纪录片、标化病人视频等多种数字化思政资源的大力建设，强化工作责任感和荣誉感。数字资源助力提升课程思政感染力，解决形式单一的问题。

"心力衰竭辨识及慢病管理"课堂中，通过二维动画展示的哈维血液循环医药史料高效清晰、感染力强，学生沉浸在史料中，更能感知敬业守正的品质力量，解决思政融合度弱的问题；通过微课形式展示企业导师"问诊预热三步工作法"示教流程，工作技能细节清晰，职业素质展示精准，高效解决学生面临的真实问题，冲击性强，易于共情，解决了思政培育难点；标化病人数字化建设让干巴巴的病例变成鲜活的病人，高效直观，信息化技术全面助力突破课程思政培育难点。

教学评价采用"以评促学、强化过程、增值赋分"的多维评价方式。教学评价主体多样化，智能设备、学习平台、虚拟仿真大数据评价主体定量标准化考核内容覆盖到每个学生的学习轨迹，关注增量；依托第二课堂的专兼职教师主体精准评价学生第二课堂的作品、活动质量，侧重提质；依托企业药师、社区居民、志愿者协会等社会多元主体完成社会服务等的第三课堂的评价，扩大辐射。

综合评价＝过程性评价（50%）＋结果性评价（50%）＋增值性评价赋分。强化过程性评价、健全结果性评价，特别是通过增值性评价对课程思政进行赋能，构建课堂爱国爱岗、积极奋进的微环境，学生正能量的行为被鼓励、在评价体系中受认可，促进了内化于心、外化于行的同步蜕变（见表1）。

表1　综合评价指标

序号	评价方式	评价主体	评价内容	评分标准	分数
1	过程性考核（50%）	学习平台	学习轨迹数据	占总评50%，含微课、课堂互动、签到、章节测验、分组任务得分	50分

（续上表）

序号	评价方式	评价主体	评价内容	评分标准	分数
2	结果性考核（50%）	智能设备、虚拟仿真软件	实操技能项目	占总评15%，各个项目评分表	15分
		学生和老师	宣教代表作品	占总评5%，作品高质量、专业内容精准性、人文关怀度	5分
		专职老师	期末闭卷考试	占总评30%，闭卷统一考试，考核指标是准确率	30分
3	增值性考核赋分	社会多元主体	劳动实践、社区服务、技能比赛、科普作品、21天打卡	完成1次赋1分，获奖或认可赋2分。累积记录到综评总分	总分不超过100分

三、 实施效果

1. 任务驱动，能力为本，有效达成三维目标

所有学生均能完成分层巩固复习和技能训练，"心力衰竭辨识及慢病管理"项目的自学完成率、按时率均达到100%，显示所有学生都形成了自学意识和持之以恒的良好学习习惯。本项目的综合成绩100%合格，优秀率达20.5%，知识目标达成；课后分层巩固的成绩平均提升10.2分，两个小组完成了慢病服务项目，技能目标达成。学生修身律己，敬业守则，面对药患沟通困难时不仅能始终保持温暖服务，而且医者仁心，以患者生命为本提出解决问题的办法，有效达成素养目标（见图3）。

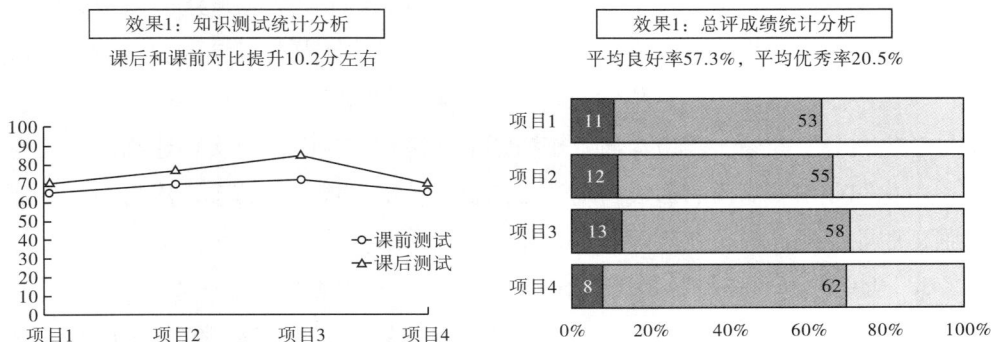

图3 学生成绩统计分析表

2. 能力迁移，各展所长，多种维度服务社会

强化多元化生源长板优势，实现岗位技能迁移。高中生源基础扎实，参与科普公众号建设，持续 4 年翻译权威科普文章推送民众。截至 2023 年底共推送文章 308 篇，单次科普文章的最高浏览量达 500 次以上；中职生源经验丰富，领衔社区服务，获患者、社区高度评价；优秀学生定期在企业药店跟岗见习，持续服务社区民众和弱势群体，用专业技能和热血青春服务社会。

3. 学生满意，专家认可，多方评价肯定实施效果

课程思政融入专业教学后，学生们收获满满，职业素养大幅度提升。学生评价能深刻认识到工作的意义，学到实用的技能，步入岗位更有信心，充满职业自豪感；校内督导评价教学资源丰富、教学手段多样，充分调动学生积极性；校外专家评价实践教学有针对性，切实提升岗位技能水平；行业专家评价课程内容和岗位需求一致，实效性强。已在国、省级多项教学能力比赛中获得大奖，包括2022 年全国职业院校技能大赛教学能力比赛二等奖、2022 年广东省职业院校技能大赛教学能力比赛（高职组）一等奖、2021 年全国职业院校"互联网＋"专业课程思政教学设计大赛一等奖等。

四、 创新与示范

1. 适应多样生源基础，文理交融、学史明德

高职药学专业的生源呈现多样性，近半学生来自文科学科和非医药及其相关专业。课程依托自编教辅讲义《漫谈医药文化史》，引导学生结合所学专业知识技能进行医药史料的通识阅读，文理交融、学史明德。在认知观念中树立中华文明生命观；在知识体系中展示中华医药成就；在技能训练中修习仁心工匠精神；在实践服务中筑牢医药人"生命至上、人民至上"的时代信念。

2. 贴岗位、重应用，产教融合中提升职业品质

注重问题导向，问题先行，理论紧随，应用回归。课程摒弃了传统教学模式，依托产教融合构建的理实一体化资源，采用岗位问题为导向的教学策略，通过产教深度融合构建工作岗位学习场、标化病人数据库以及岗位真实病人实例，引导学生在分析问题、药患沟通、辨病评估和医学服务中，渐次构建临床诊疗思维、内化职业素养品质、形成自主学习意识、筑牢医者仁心信念，成为一名专业化强、职业品质高的执业药师储备人才。

3. 构建"双线合一"递进式 SPOC 教学模式辐射全国

新教学模式紧贴行业新业态，重构教学内容。匹配多生源学习能力优化

SPOC 教学模式。双线合一的教学流程融合"学生成长"和"课程思政"培育过程，强化专业技能和课程思政培育质量；跟岗见习的二、三课堂教学实践、数字化思政资源建设、个人成长增值性评价赋分体系深化了思政培育力度，将课程思政培育推向了高质量。

"双线合一"递进式 SPOC 教学模式辐射范围广。课程通过学银在线服务全国学习者，辐射 28 省 357 所院校共 5 300 余人，课程点击率超过 1 800 万次。同时，课程辐射行业龙头企业和省级教师培训项目，完成 3 期现代学徒制班、企业培训和 2 期广东省药学及相关专业骨干教师培训项目。思政教学成果显著，获 2022 年全国职业院校技能大赛教师教学能力比赛二等奖、全国教指委课程思政教学设计大赛一等奖、校课程思政示范课程等一系列教学成果。

五、反思与改进

"心力衰竭辨识及慢病管理"课堂教学促进了本课程"双线合一"递进式 SPOC 教学模式的探索创新与教学反思。新教学模式改变了学生的学习风貌和行为习惯，自主学习意识更加明显；按照小组形式实施的翻转课堂教学培育了团队协作精神；医药文化史料的人文知识的融入也提升了学生的专业认知和职业共鸣。但新教学模式在实施过程中也产生了大量线上线下教辅工作，特别是大班制的教辅工作。为确保全覆盖的辅教辅导，在今后团队建设中不仅要进一步利用信息化技术提升教学团队的效力，还需要构建学生助学团队，发挥优秀学生的力量，加大帮扶力度。

贯彻工学结合、育人育才教学理念的 SPOC 教学新模式得到了学生、老师、院校、行业的认可，也坚定了课程建设的努力方向。要实现高质量的课程思政和知识技能教学，增加课程思政的感染力，高职课程必须在深化产教融合中进一步提高课程思政的质量。课堂教学必须进一步依托企业病患信息数据，强化与企业的融通共享建设和制度化的交流学习，实现从学科性课程向职业性课程、育才课向育人课的彻底蜕变。

中医药文化自信教育背景下
"人体解剖学" 课程思政教学设计
——以中西医理论融汇认知肺的解剖结构为例

刘　瑶①

"人体解剖学"是广东食品药品职业学院中医养生保健专业第一学期开设的一门重要的专业基础课程。"肺的解剖"是"人体解剖学"教学模块三"呼吸系统"的重点教学内容。肺的位置、形态、结构与功能，以及解剖学的肺与中医学的肺两者存在怎样的联系与区别，是中医养生保健专业学生必须掌握的知识。

本课程以"知识传授、能力培养、价值塑造"三位一体的课程思政教学目标为导向，贯彻"明晰解剖结构，掌握生理功能，联系临床应用，中西融合贯通"的教学理念，主要通过"案例引导、问题探究、小组合作"教学方法，引导学生从中西医不同的角度去认知肺的解剖结构。

课程设计与实施过程中，深度挖掘梳理肺的解剖知识点中与中医养生保健专业人才培养目标密切关联的思政元素，以中西医对肺的结构、功能的认识及中医特色治疗方法"小针刀"临床操作作为思政融合的契合点，形成"健康中国"、中医药文化自信与养生智慧、严谨求实三个思政育人点。通过课堂内外、线上线下、工学结合等教学路径使课程思政育人贯穿整个教学过程，助力培养德才兼备的中医养生保健专业人才。

综上，以中西融通的方式开展"肺的解剖"教学，能在促进学生掌握专业知识的同时，培养大健康理念，增强中医药文化自信，树立严谨认真治学态度，落实立德树人的根本任务。

一、 解决的问题

目前，高职中医养生保健专业学生普遍存在以下问题：①部分学生对大健康

---

① 刘瑶，博士，广东食品药品职业学院中药学院副教授，获评校级课程思政教学名师，从事"中医药学基础"课程教学和研究。主持"人体解剖学"课程思政示范课程建设项目，获广东省职业院校技能大赛教学能力比赛二等奖。

的发展理念缺乏认知，专业认可度较低，表现在实习、就业过程中劳动观念淡薄，敬业意识不强；②在养生保健类企业良莠不齐、服务项目繁杂的不良环境下，学生职业素养欠缺问题凸显，还存在技术操作不严谨和不规范的现象。

二、 解决问题的策略

（一） 思路

本案例将大健康理念、中医药文化自信与养生智慧和严谨求实三个思政元素以讨论辨析式、案例穿插式、画龙点睛式等多种方式融入教学各个环节中，有意、有机、有效发挥育人功能，对于推进中医养生保健专业学生职业道德、奋斗精神及社会责任感的培养具有重要的现实意义和社会价值。

"人体解剖学"是我校中医养生保健专业学生接触的第一门重要的专业基础课程。教师将思想政治教育融入人体解剖学教学中，有利于增强学生对所学专业的认同感，提高学生对所学专业的兴趣和自信，从而充分发挥医学基础课程的育人功能。

本案例注重培育学生的健康道德观，树立大卫生、大健康理念，这是"健康中国"战略对涉医专业的时代诉求，也是人体解剖学课程思政教学实践中的重要思政元素。

1. "肺的解剖"教学需要达成的教学目标

（1） 知识目标。

①掌握肺的位置、形态和结构；②熟悉肺内支气管和支气管肺段的概念；③熟悉胸腔、胸膜和胸膜腔的概念；④掌握肺下缘与胸膜下界的体表投影，胸膜顶的体表投影。

（2） 能力目标。

①能初步阐明吸烟对肺的各种不利影响，向家人朋友科学宣传拒绝烟草；②能大致阐述大叶性肺炎与小叶性肺炎发病部位的区别；③能解释在锁骨内侧上方不能进行针刺治疗的原因。

（3） 素养目标。

①树立大卫生、大健康理念，宣传"吸烟有害健康"，倡导"健康生活从呼吸开始""保护环境，从我做起"理念，用实际行动践行社会主义核心价值观；②激发学生树立坚定传承发展中医药的文化自觉与文化自信的远大目标；③培养学生刻苦勤学、严谨治学的精神以及严谨认真对待医疗操作的职业态度。

2．"肺的解剖"教学重点和难点的突破

（1）本次课的教学重点。

①肺的位置、形态和结构；②胸膜顶、胸膜下界、肺下缘的体表投影。本案例采用多媒体课件、呼吸系统挂图、肺病理标本进行直观演示并精讲重点；以小针刀操作失误案例为载体，强化肺尖的位置以及胸膜顶的体表投影等重点知识，培养学生严谨认真的职业态度。

（2）本次课的教学难点。

①肺内支气管和支气管肺段的概念；②中西医对肺的认识，以及中西医对肺疾病的诊疗思路差异；③肺下缘与胸膜下界的体表投影。本案例利用解剖学标本、3D解剖学软件进行直观演示法教学，化解难点；融入中医药广泛参加新冠感染治疗，深入介入诊疗全过程，发挥了前所未有的积极作用这个思政元素，激发学生的中医药文化自信，拓展学生思维和格局，实现了重难点突破。

（二）过程和做法

表1 "肺的解剖"教学过程和做法

（一）课前学习			
教学内容	教师活动	学生活动	设计意图与思政元素融入
任务1 线上预学	（1）提前一周发布线上学习任务 （2）跟踪学生学习进度，了解学生学习情况 （3）参与学生学习过程，及时给予指导	（1）完成课件资源、视频学习 （2）参与线上学习，分享收获 （3）提出学习中遇到的难点以及发现的问题	（1）引导学生巩固旧知、强化记忆 （2）促进学生将理论知识与实际应用相结合
任务2 问题思考	（1）环境（空气质量）优劣给呼吸道和肺带来的影响 （2）日常生活中会对肺的结构、功能产生不良影响的行为 （3）中医的肺和解剖学的肺的区别	（1）按照课前思考清单，查阅教材、线上资源，进行思考，可在云班课App头脑风暴发表观点并与同学交流 （2）带着对这些问题的思考，准备参加线下课程的学习	思政元素课前铺垫： 激发学生对新知的学习兴趣，对新知在实际生活的运用有初步的认识

（续上表）

(二) 课中内化			
教学内容	教师活动	学生活动	思政元素融入
肺的概述（功能、颜色、质地）	（1）展示呼吸系统概观图，精讲肺的位置与功能 （2）展示图片：幼儿的肺、成人的肺、老年人的肺、吸烟者的肺。提出问题，组织讨论：不同年龄的人的肺为何有如此大的差异；吸烟者的肺为何呈现焦黑色 （3）总结评价学生讨论，讲解环境、大气对肺的形态结构产生的影响	（1）观察呼吸系统概观图，通过教师讲解，掌握肺的概述部分的重点 （2）分析讨论不同年龄的人肺出现差异的原因，以及吸烟对人体的危害；讨论环境因素、大气质量对呼吸系统的影响	讨论辨析式融入： （1）吸烟、环境污染对人类健康的影响。"吸烟有害健康"，提醒学生"健康生活从呼吸开始" （2）学习习近平总书记"绿水青山就是金山银山"指示，提醒学生"保护环境，从我做起" （3）2016 年全国卫生与健康大会提出"健康中国"国家战略，提出"大健康"的发展理念，"共享健康，全民健康"成为建设"健康中国"的战略主题，其核心为"以人民健康为中心"
肺的位置、形态和结构	（1）展示呼吸系统模型，采用多媒体课件辅助，精讲肺的位置、形态和结构 （2）引入小针刀操作失误造成气胸案例。组织讨论：导致气胸的原因，以及避免出现类似医疗事故的措施 （3）总结评价学生讨论，教导学生对待学习做到刻苦勤奋，对待医疗操作做到严谨认真	（1）观察模型、图片，通过教师讲解，掌握肺的位置、形态和结构 （2）分析讨论案例中引起气胸的原因，以及避免错误应采取的措施 （3）反思自己的学习态度以及学习成效	案例穿插式融入： 如果不熟练掌握肺的体表投影，尤其是肺尖体表投影，易导致因小针刀操作失误造成气胸。作为涉医专业的学生，必须具备严谨认真治学态度，扎实训练正确规范的操作手法，才能避免临床操作失误给病患带来痛苦

（续上表）

教学内容	教师活动	学生活动	思政元素融入
肺内支气管和肺段	（1）展示肺的模型，采用多媒体课件辅助，讲解肺内支气管和肺段的概念、结构特点与功能 （2）引入新冠感染的病因病机，分析治疗难点。组织讨论：中医药在这次防治新冠感染过程中发挥了哪些积极作用 （3）总结评价学生讨论，分析解剖学的肺和中医的肺之间存在的差别，以及中医药在抗疫过程中发挥的重要价值	（1）观察模型、图片，通过教师讲解，熟悉肺内支气管和肺段的概念 （2）从解剖学角度分析讨论新冠感染危重症治疗中的难点；从中医的整体观念以及脏腑学说"肺与大肠相表里"的角度，探讨中医药在解决重症中发挥的作用	画龙点睛式融入： 在抗击新冠疫情中，中医药广泛参加治疗，发挥了积极作用，明显降低了重症发病率，增强了中医药文化自信，激发了学生对中医养生保健专业的热爱； 传统中医药是中国的国粹，也是中国人对世界医学发展的一大贡献，将其发展并传承下去是国人的使命与责任
胸膜	（1）采用多媒体课件辅助，讲解胸膜的概念、壁胸膜的分部以及肺和胸膜的体表投影 （2）组织学生分组，互相在活体上进行胸膜顶和肺下缘与胸膜下界的体表投影定位 （3）布置实践任务：在实践手册上画出肺和胸膜的体表投影	（1）观察模型、图片，通过教师讲解，了解胸膜的概念、壁胸膜的分部，掌握肺和胸膜的体表投影 （2）完成肺和胸膜的体表标志定位实操 （3）完成实践手册报告中作图题	实践过程中融入： 实操过程中，培养学生刻苦认真的学习精神，以及严格要求自己的自律意识
课程总结与反馈	（1）总结归纳本次课的知识重点，评价反馈学生的课堂学习效果 （2）布置课后作业	（1）梳理知识重点 （2）反思本次课程学习的收获，感受学习的成就感	

（续上表）

(三) 课后提升		
教学环节	教师活动	学生活动	设计意图与思政融入

教学环节	教师活动	学生活动	设计意图与思政融入
巩固知识 学以致用	布置任务： (1) 通过各种方式向家人朋友科普吸烟对人体的危害，并且从自己做起，做到不吸烟，健康生活 (2) 进一步查阅关于气胸的相关医疗报道，明确各案例中导致气胸的原因。小组同学互相进行活体定位，巩固肺尖体表、肺和胸膜下界的体表投影	完成课后任务： (1) 向家人和朋友完成戒烟的科普宣传，自己从不乱扔垃圾、不随地吐痰、不吸烟等生活中的点滴做起，提高自身修养，树立社会责任感 (2) 阅读关于气胸的案例报道，分析其原因；小组成员互相操作肺尖、肺和胸膜下界的体表投影定位	思政元素课后延伸： (1) 将课堂知识与生活实际密切联系，让解剖学成为生动而有温度的一门课程 (2) 巩固重点和难点，并培养学生严谨认真对待医疗操作的职业态度

三、 实施效果

1. 三维教学目标的达成

本案例从中西融通的角度，挖掘思政元素融入专业教学的教学设计与实践，取得了良好的教学效果，促进了本次课三位一体教学目标的实现。

(1) 在"健康中国"国家战略的背景下，通过融入"吸烟有害健康""健康生活从呼吸开始""秋季养肺""保护环境，从我做起"等观念，将课程内容生活化，引起学生的情感共鸣，使教学变得有温度。

(2) 以小针刀操作失误造成气胸为载体的案例引导式教学法，明显促进了学生对教学难点（肺尖位置、胸膜顶体表投影）的理解和掌握，同时达到了培养学生严谨的治学态度、扎实训练规范操作手法的目标。

(3) 通过讲解中医药在这次抗击新冠疫情中发挥的重要作用，中医药成为"中国方法"的重要组成部分，课堂内化习近平总书记关于中医药工作的重要论述，有效增强学生对中医药传统文化的自信心与专业认同感，教学内容实现了适当拓展和深化。

2. 教学评价

同行和督导充分肯定了本次课堂教学所采用的丰富教学手段和资源以及思政

元素的多元化融入。案例从中西融通的角度，将大部分思政元素以隐性融入的方式渗透入专业教学，对中医养生保健专业学生的理想信念和职业素养起到了积极的引领作用。学生对本次课堂教学满意度在98%以上，普遍认为本课堂案例传递了"正能量"，激发了学习兴趣，提升了健康素养，增强了职业自豪感。

3. 学生综合评价成绩

2022级中医养生保健专业学生学习本次课程的综合评价成绩中，39%学生合格，58%优秀。该专业学生在云班课App上分享的学习感悟体现出学生浓厚的学习兴趣、严肃认真的学习态度，以及尊重标本的思想品质。学生课堂评价标准及综合成绩见表2、图1。

表2　"人体解剖学·肺的解剖"学生课堂评价标准

综合评价		评价环节		评价要素	增值标准		评价主体	评价平台
		理论	工学一体	高级保健调理师技能点	合格（>70分）	优秀（>90分）		
课堂教学评价	课前（20%）	（1）线上任务（10%）（2）教学平台（10%）（含思政）		知识点：肺的位置、形态与功能 素质点：保护环境、健康呼吸	>15分	>18分	教师学生	云班课
	课中（50%）	（1）出勤（5%）（2）案例讨论（15%）（3）小组练习（15%）（含思政）（4）实践报告（15%）（含思政）		知识点：肺的位置、形态和结构；肺内支气管和支气管肺段的概念；肺下缘与胸膜下界的体表投影 能力点：能阐明吸烟对肺的各种不利影响；能阐述大叶性肺炎与小叶性肺炎发病部位的区别；能解释不能在锁骨内侧上方进行针刺治疗的原因 素质点："健康中国"、中医药文化自信、严谨治学	>35分	>45分	教师学生	云班课
	课后（30%）	（1）课后社会实践（15%）（含思政）（2）难点巩固（15%）		知识点：肺尖、肺和胸膜下界的体表投影定位 能力点：能分析气胸发生的原因 素质点：严谨求实、社会担当	>20分	>27分	教师	云班课

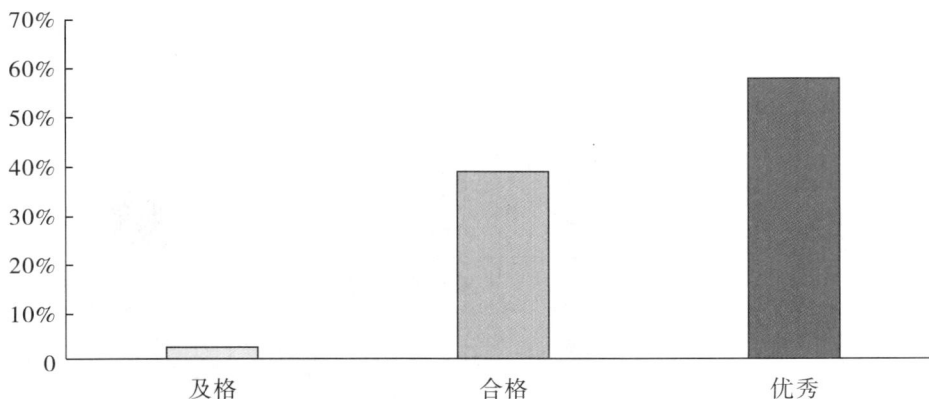

图1　22级"人体解剖学·肺的解剖"学生课堂综合成绩

四、 创新与示范

本案例秉承人体解剖学思政元素的挖掘与梳理，是为专业人才培养目标而服务，最终落实"立德树人"根本任务的理念，将课程思政教育与专业人才培养目标紧密结合，尤其融入了与中医养生保健专业相关的"健康生活，和谐社会"思政元素，使本课堂案例的课程思政教学设计具有鲜明的专业特点。

从"健康中国"、严谨治学、传承中医药三个方面，挖掘贴近生活和专业培养目标的课程思政元素，并将思政元素进行了课前铺垫、课中内化、课后延伸，贯穿于教学全过程，有效拓展了课程的深度、广度和温度。

针对重点和难点，采用案例引导式教学法、线上线下一体化、工学结合的教学模式，隐性融入思政元素，有效激发学生学习内动力，促进学生对课程知识的理解和掌握，从而提升了教学质量。

在课程思政元素延伸至课后任务中，实现了全员、全过程、全方位育人，将思政目标的考核渗入课堂表现和课外任务中，创新了课程考核方式，并搭建线上与线下相结合的考核平台，通过发布主题讨论、作业，或病案讨论等方式以综合考评学生的专业知识掌握程度与德育教育实施效果。

本次课堂教学与中医学基础课程中"五脏之一 ——肺"的中医基础理论教学协同开展课堂思政育人，梳理课堂教学思政元素地图，两门课程的相关教学内容的思政元素避免遗漏和重复，互为补充，显著提升了中医养生保健专业的教学质量（见图2）。

协同开展课堂思政建设

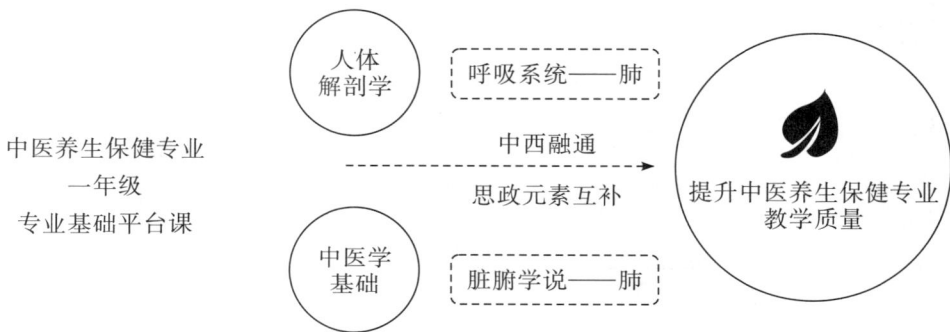

图 2　人体解剖学"肺的解剖"与中医学基础脏腑学说肺脏协同开展课堂思政建设

五、 反思与改进

1. 反思

（1）学生自身对思政元素的发现、思考和总结还不够。比如，由于不熟练掌握肺尖体表投影，容易导致小针刀操作失误造成气胸，这将给病患造成严重损伤。因此，涉医工作者必须具备严谨认真的治学态度，熟练掌握正确规范的操作手法。学生对此缺乏独立思考和探索，更依赖教师的讲解和分析。

（2）课堂教学效果评价的方式主要是课前、课中及课后任务的完成情况，关于学生行为转变、思维提升的评价指标还有待完善。

2. 改进

（1）挖掘课程思政元素的同时，进一步坚持以学生为中心，与专业人才培养目标相契合的理念；优化引导式教学设计，激发学生对思政元素产生自己的见解与思考。

（2）探索将课堂思政目标的考核和评价有机渗透于课程整体评价中，将课堂表现、学生行为转变、思维提升等纳入评价指标。

生命接力， 让爱传递

——"器官移植病人的护理"参与式课程思政教学实践

胡亚妮①

　　器官移植是治疗各类终末期内脏器官功能衰竭的有效方法，可以使生命得以延续。随着器官移植技术的成熟，器官移植手术量逐年增加，如何护理器官移植病人成为外科护理的重要教学内容之一。"器官移植病人的护理"课程蕴含了丰富的思政元素，如社会责任、科学精神、爱伤观念、职业认同等，是课程思政的良好载体。在目前的教学中存在"重知识目标和能力目标，轻素质目标""课程思政融入方式，以教师说教为主，学生兴趣不足""教学评价维度单一，缺少素质目标评价"等问题。

　　本课程根据岗位需求、国家高职护理专业教学标准、人才培养方案、课程标准、学情分析，科学制定教学目标，坚持以学生为中心，设计"案例引领，任务驱动"的参与式教学策略；建设参与式信息化教学资源；深入挖掘思政元素，应用参与式课程思政教学方法，采用"三全＋增值"教学评价体系，实施课程思政教学，效果显著。

一、 解决的问题

　　1. 传统教学中以知识目标和能力目标为主，素质目标为辅，素质目标被放在知识目标和能力目标之后

　　器官移植术前要进行供者的选择、器官保存、受者的准备、病室的准备等流程，术后患者免疫力低下，病情变化迅速，需要护士做好病情观察，给予合理补液，对免疫抑制剂进行应用监测，给予饮食指导和营养支持，做好并发症的护理。教学内容信息量大、专业性强，帮助学生掌握器官移植病人的护理相关知识和技能是教学必须达到的目标。但是仅掌握知识和技能远远不够。虽然我国器官移植发展迅速，但在发展过程中也存在一些问题，如器官短缺、非法器官移植

① 胡亚妮，主管护师，护理学硕士，广东食品药品职业学院护理教研室负责人，获评校级课程思政教学名师、优秀教师，主要研究方向为临床护理、护理教育，主持省级课程思政示范课程"外科护理"。获广东省职业院校技能大赛教学能力比赛二等奖。

等，部分临床护理人员在岗位上也表现出职业素质不高、职业认同不足、法律意识欠缺等问题。因此对于高职护生而言，在了解器官移植患者的护理所需理论和技能之外，更需要对器官移植护士职业有认同感，对器官移植患者具有同理心，有主动传播器官移植卫生健康知识和器官捐献的理念，熟悉器官捐献相关法律法规。

2．传统课程思政融入方式，以教师说教为主，学生兴趣不足，参与感不强，难以真正实现"价值塑造"

以往的课程思政教学多停留在教师讲授的层面，学生被动接受，缺乏主动思考，学生往往"听过就忘"，鲜少产生自己的观点。另外，师生互动不足，学生表达机会少。因此，需要增加学生的体验，让学生自己去感受、去领悟，自然而然地形成"价值塑造"。

3．教学评价维度单一，缺少素质目标评价

传统教学评价主要包括理论测试和实操考核，重点检测学生知识点和技能点的掌握情况，忽略了素质目标的考评，导致学生不重视素质目标达成与否，素质目标形同摆设，育人成效难以实现。

二、 解决问题的策略

1．科学制定知识目标、能力目标和素质目标，三者齐头并进，缺一不可

（1）多元化数据化分析，精准把握学情。

"外科护理"授课学期为高职三年制护理专业大二上学期和大二下学期，本次课"器官移植病人的护理"授课时间为大二下学期。在知识和技能基础方面，学生已熟知外科护理基础、神经外科护理、甲乳外科护理、胸外科护理、普通外科护理的相关知识和技能；在认知和实践基础方面，学生已具有较高的实践动机，但专项实践能力和情境实践能力有待加强；在学习特点方面，学生已具有一定信息素养，喜欢情境教学、任务式教学，但对纯理论教学积极性不高，更倾向于在体验中感悟，喜欢探究式学习；在学习困难方面，学习兴趣不足、学习效率不高是阻碍学习最关键的因素，部分学生选择护理专业是出于容易找工作、家人要求等原因，职业认同感不高。

（2）根据人才需求、国家教学标准、人培方案、课标、学情，科学制定教学目标和重难点。

结合岗位需求、护理职业学校专业教学标准、专业人才培养方案和课程标准，确定教学目标，针对学情确定教学重难点（见图1）。

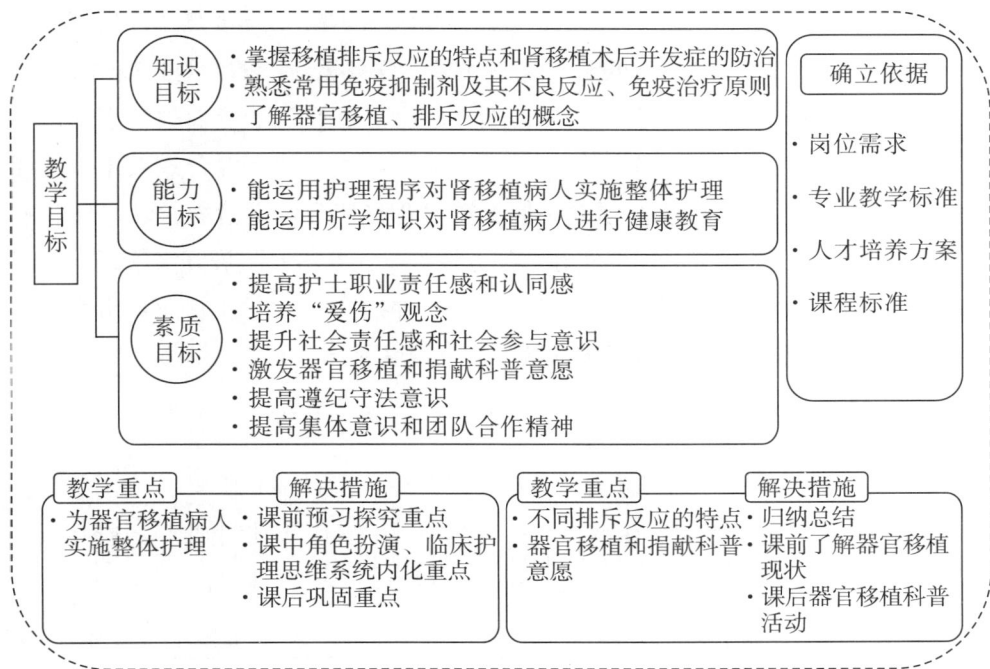

图1 教学目标和重难点

　　其中，素质目标制定时基于以下考量：器官移植患者术前需要进行供者的选择，完善受者的准备，护士需要对其进行心理护理、皮肤准备和营养支持等；术后需要做好病情观察，给予合理补液，对免疫抑制剂进行应用监测，给予饮食指导和营养支持，做好并发症的护理，专业性强。因此课程提出"提高护士职业责任感和认同感"这一思政目标。器官移植患者术前等待期长，术后恢复过程也较为漫长，对于供者、供者家属和供者器官持有复杂的情绪，需要护士能够及时辨别病人情绪并给予耐心引导。因此课程提出"培养'爱伤'观念"这一思政目标。护士的角色是多样的，除了是照顾者，还是教育者，在医院里，护士与患者接触最为密切、最为频繁。因此，护士是"器官移植"和"器官捐献"相关知识宣教的最佳人员之一。基于此，课程提出"提升社会责任感和社会参与意识"和"激发器官移植和捐献科普意愿"这一思政目标。为了规范人体器官移植，保证医疗质量，保障人体健康，维护公民的合法权益，国家出台了《人体器官捐献和移植条例》，相对应，课程提出了"提高遵纪守法意识"这一思政目标。集体意识和团队合作精神对于护生的工作、学习、生活都至关重要，是新时代人才不可或缺的精神之一，所以，课程提出了"提高集体意识和团队合作精神"这一思政目标。

2. 构建参与式课程思政教学模式，有效提升学习兴趣，切实实现"价值塑造"

（1）坚持以学生为中心，设计"案例引领，任务驱动"的参与式教学策略。

本次课秉承着"护·生命全周期，理·健康全过程"的专业教学理念，坚持以学生为中心，设计"案例引领，任务驱动"的线上线下混合式教学，围绕器官移植护士岗位工作流程，创设一例真实"肾移植"病例情境，以"任务准备—任务明晰—任务探究—任务实施—任务评价—任务拓展"展开实施，学生需完成任务，参与教学全过程。教学内容对接行业技术规范、护士执业资格考试大纲，并将课程思政教学目标有机融入教学全过程（见图2）。

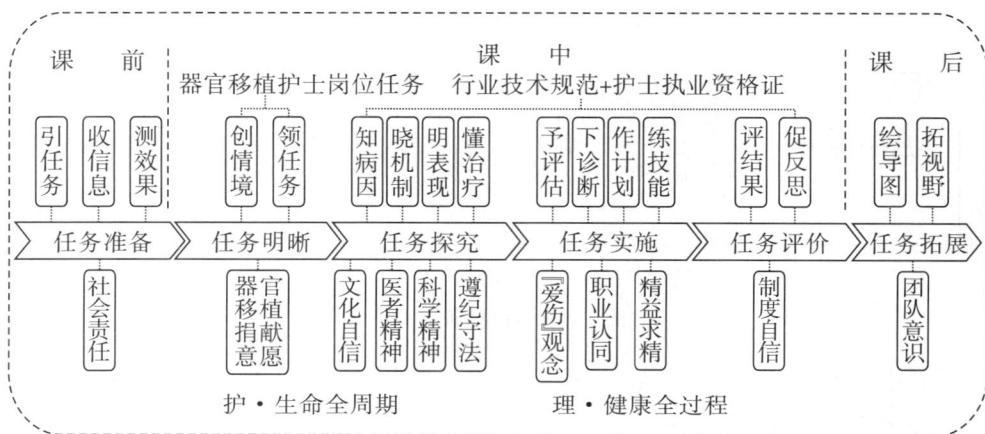

图 2　"器官移植病人的护理"课程教学策略

（2）深入挖掘思政素材，应用参与式课程思政教学方法。

课前，在线上教学平台发布学习任务，请学生以小组为单位查询国内外器官移植和器官捐献的资料，形成报告，上传平台。通过相关资料收集，学生很容易了解到，目前我国器官捐献的理念尚未广泛普及，器官捐献的数量远远无法满足器官移植等待者的需求。这种方法会促进学生社会责任感和社会参与意识的萌芽，小组合作的形式也有助于培养学生的集体意识和团队合作精神。

课堂上，先播放器官移植公益视频《妈妈的心跳》，让学生体会器官移植"生命接力，让爱传递"的力量。然后请学生进行角色扮演，创设情境。案例基于临床真实"肾移植"案例改编，在课前已发给学生。教师在讲到器官移植起源时，介绍"扁鹊换心"的故事和亚历克西·卡雷尔弃文从医事迹，培养学生的文化自信和"敬畏生命、救死扶伤、甘于奉献、大爱无疆"的医者精神。在讲到器官免疫排斥时，介绍移植排斥反应的发现史，培养学生开拓创新的科学精神。在讲到尸体肾移植和活体肾移植时，请学生讨论"脑死亡立法是否应该"。在讲到肾移植手术方式时，插入 17 岁高中生"卖肾买 iPhone"的新闻，请学生思考这一新闻背后蕴藏的法律问题，引导学生要"尊法、学法、守法、用法"。在肾移植患者的术后病情观察中，向学生介绍肾移植术后尿量监测的重要性以及方法，使学生体会到护理工作的意义和价值，提升学生的护士职业责任感和认同感。在讲到肾移植患者的健康教育时，请学生分角色扮演护士和患者，通过对患者角色的体验，让学生思考患者的情绪和感受，从而养成同理心。

课后，在线上教学平台发布学习任务。

任务一：撰写器官移植纪录片《人间世——团圆》观影心得。该纪录片记录了器官捐献者家属在面对家人离世时做出器官捐献决定的艰难，也记录了器官移植受者接受器官移植后获得重生的喜悦，还记录了医护人员为器官移植所做出的努力。纪录片感人至深，催人泪下，将器官移植这一伟大的事业进行了深度的剖析。作为一名医学生，一定会被该片激发出为器官移植事业做出自己贡献的理想，从而进一步培养学生的科普愿望，提高其社会责任感和社会参与意识。

任务二：制作肾移植术后康复须知，帮助学生复习和延伸课堂所学，小组合作的形式还有助于培养集体意识和团队合作精神。

3. 采用"三全 + 增值"教学评价体系，综合评估育人成效

教学评价采用全维度、全主体、全过程评价和增值评价结合的方式。全维度评价指的是评价维度包含知识目标、能力目标和素质目标，课前任务、课中角色扮演、整体护理方案、课后任务的评价指标中均涵盖了素质指标，以推动学生全面发展。全主体评价是指评价主体包括教师、学生自评和学生互评，多角度综合评价学生。全过程评价指的是过程性评价与终结性评价相结合的评价方式，过程性评价占 60%，终结性评价占 40%。增值评价是指将护理技能比赛、"1 + X"老年照护职业技能等级证书、创新创业大赛和社会服务的参加情况和获得成绩情况作为增值评价项目给予最多 20% 的附加分，促使学生综合能力提升。

三、 实施效果

1. 学生理论测试

课后在线上教学平台进行理论测试，该测试涵盖了人体器官移植条例的相关内容，结果显示得分在 91 ~ 100 分者占 28%，81 ~ 90 分者占 58%，71 ~ 80 分者占 12%，61 ~ 70 分者占 2%。

2. 学生的器官捐献意愿和器官捐献科普意愿

课后采用自制器官捐献问卷调查显示，75%的学生愿意捐献自己的器官，高于课前的66%。84%的学生愿意在将来主动进行器官移植与捐献的科普活动，高于课前的73%。在课后组织的器官捐献科普活动中，69%的学生主动报名并参与了器官捐献科普宣传活动（见图3）。

图3　课后器官捐献科普活动

四、创新与示范

1. 科学制定教学目标，素质目标与知识、能力目标同等重要，为课程思政教学改革提供新思路

素质目标是实现"育人"的关键一环，与知识、能力目标同等重要，教师必须自身在观念上进行转变。"器官移植病人的护理"课程蕴含了大量的思政素材，器官移植本身就是一种"生命接力，让爱传递"的温暖，器官移植病人的护理过程中还设计到了法律素养、社会责任感等思政元素。素质目标是本次课非常重要的一环。本案例通过岗位需求分析，结合护理职业学校专业教学标准、专

业人才培养方案和课程标准，确定了"器官移植病人的护理"的素质目标，即提高护士职业责任感和认同感，培养"爱伤"观念，提升社会责任感和社会参与意识，激发器官移植和捐献科普意愿，提高遵纪守法意识、集体意识和团队合作意识，这些目标可为其他教师借鉴。

2. 参与式课程思政教学模式，切实实现"价值塑造"，为课程思政教学改革提供新方法

参与式课程思政教学模式要求发挥学生的主观能动性，参与到课程思政教学的每一环节中去，而不是教师将其价值观单方面地输出给学生。本案例构建任务驱动式的教学策略，学生需要一步一步完成任务，参与教学的每一环节。通过建设信息化教学资源，使学生能够主动选择资源，而不是被动学习所有资源。借助信息化技术构建临床护理场景，让学生参与临床护理任务，提升临床护理思维，实现综合育人。借助信息化教学环境丰富学生的互动体验，学生的课堂参与感大大提升。课堂教学中，将课程思政目标融入调研、主体讨论、心得撰写、科普活动等任务中，学生在参与任务的过程中自然而然实现了"价值塑造"。在课后第二课堂活动中，大部分学生能主动以实际行动参与到器官捐献科普中来，实现了从理念到行为的转变。

3. "三全＋增值"教学评价体系，综合评价育人成效，为课程思政教学改革提供新模板

本案例采用全维度、全主体、全过程评价和增值评价结合的评价体系。全维度评价指的是评价维度包含知识目标、能力目标和素质目标。全主体评价是指评价主体包括教师、学生自评和学生互评。全过程评价指的是过程性评价与终结性评价相结合的评价方式。增值评价是指将护理技能比赛、"1＋X"老年照护职业技能等级证书、创新创业大赛和社会服务的参加情况和获得成绩情况作为增值评价项目，综合评价育人成果，促进学生综合能力提升。

五、 反思与改进

1. 课程思政信息化资源可进一步优化

改进措施：目前的课程思政信息化资源包括 PPT、图片、视频，今后可进一步制作视频或者动画类的课程思政信息化资源，提高学生的兴趣。

2. 课程思政效果评价由教师进行调查

改进措施：在进行课程思政效果问卷调查时虽然采用的是匿名形式，但学生仍有可能会因为调查者是老师而填写对教师有利的答案。今后可采用第三方调查来进一步消除负面影响。

临终关怀， 让生命优雅谢幕

——"临终护理"课程思政教学设计与实践

钟　瑜①

　　临终护理是"基础护理技术"课程中出院护理模块的内容，目标是引导学生通过学习，掌握为临终患者及其家属提供全面支持与照护的知识和技能。随着人口老龄化的加剧，如何减轻临终患者在生命末期的痛苦，让患者带着尊严从容面对死亡是临终护理需要重点思考的问题。目前，临终关怀在我国尚处于起步阶段。受传统忌讳谈论死亡的观念影响，临终护理课堂以课本理论讲授为主，课堂氛围较压抑，学生课上参与性不足，课前调查也显示学生将来愿意从事临终护理行业的意愿较低。因此，借助课程思政，强化感恩教育，加强学生的临终护理教育，引导学生树立正确的生死观和生命至上的职业精神，让其愿意坚定地与患者及患者家属共同面对人生的谢幕具有迫切的现实意义。

　　本课程基于护理专业教学标准、专业人才培养方案、临终护理工作要求和学生学情特点，将思政教育主题定为"学会感恩、正确认识死亡、生命至上"。从教学目标、教学方式、教学评价、教学扩展四方面进行思政教学设计，通过思政融入、体验式教学、多维评价和第二课堂构建"全员、全过程、全方位"的育人模式。评价数据显示课后学生在临终护理专业知识和技能、临终护理工作意愿等方面相比往届均有较大提升，收获了较好的教学效果，值得相关课程思政做进一步借鉴和思考。

一、 解决的问题

　　1. 临终护理现有授课学时少，教学形式单一，学生对临终护理知识知晓状况不佳

　　当前我国临终关怀尚处于起步阶段，绝大部分医学院校尚未开设临终护理专门课程，临终关怀知识多依托于"基础护理""护理伦理"等课程，所占学时少

―――――――――――――

① 钟瑜，护理学硕士，广东食品药品职业学院护理学院讲师，护理现代学徒制专业负责人，主要研究方向为护理、助产专业教育教学改革与实践研究。获广东省职业院校技能大赛教学能力比赛二等奖、广东省高校（高职）青年教师教学大赛二等奖。

（一般为 2 学时），护士资格证考试中，该部分内容所占比例也很低。教师在课堂上以单一理论讲授为主，学生在校缺乏临终护理模拟实操或见习机会，接受的临终关怀教育不足。课前的问卷调查数据显示，学生对临终护理知识掌握状况不佳、获取临终护理知识的途径单一，且后期自主扩展知识的意愿较低。

2. 学生对死亡话题存在恐惧和抵触心理，学习主动性和积极性不高

受传统生死观和避讳死亡内容的观念所影响，人们面对死亡话题以回避态度为主，普遍害怕讨论死亡；加之该阶段的学生缺乏临床实践经验，生活中也普遍较少有接触死亡经历，对丧葬习俗文化常呈现出不解、好奇或恐惧等情绪变化。既往课堂表现显示，学生对关于死亡的主题谈论参与度低，课上参与学习的主动性和积极性相比课程其他内容显著下降，学生的课后心得体会也显示死亡话题讨论容易给他们带来恐惧、悲伤、不安等负面情绪体验。

3. 受负向情感体验和专业知识不足影响，学生将来愿意选择临终护理行业工作的意愿偏低

学生作为临床护理的新生力量，是未来临终关怀的主干力量，学生正确的生死观、专业的临终照护知识和技能以及对于临终照护的态度都和临终病人、病人家属的护理质量息息相关，而面对死亡产生的负面情感体验和临床护理经验的缺乏，影响学生对临终护理工作的认识，进而影响学生面对临终护理行业的择业意愿。课前发放的调查问卷数据显示，对从事临终护理工作意愿选项，学生选择不愿意和不清楚的占比 85.91%；当谈及"是否愿意将来在安宁疗护病房从事临终护理工作时"，大部分学生持否定或不确定态度，问及理由，主要和个人临终护理经验不足、觉得安宁疗护工作环境容易让人产生悲观情绪、担心自己承受不了压力等。

二、 解决问题的策略

（一）思路

1. 课堂融入多样化学习体验方式，利用任务驱动和线上平台扩展学习空间，提升学生的学习效果

基于学生学情特点，课程组改革了采取单一理论讲授该部分内容的方式，以任务驱动的方式将理论知识的熟悉前移至课前完成，课中就本次课的教学重难点进行模块化教学，每个模块对应采取不同的教学方式开展。如临终关怀概述、死亡概念内容采取头脑风暴、互动游戏方式让学生通过小组合作进行体验学习；临

终患者心理变化、特点及护理、丧亲者护理等内容则采取小程序游戏中扮演主人公的方式代入体验学习；临终护理措施及尸体护理则通过死亡情景体验活动让学生亲身代入死亡模拟情景，以自身感悟和内生需求领悟临终护理中的护理要点。通过以学生为主导的体验式学习激发学生学习兴趣，让学生在体验中学习，引导学生树立感恩理念、学会正确认识死亡及培养医者生命至上的职业精神。课后借助学习通平台发布拓展任务，学生通过完成课后任务来进一步巩固和提升学习效果（见图1）。

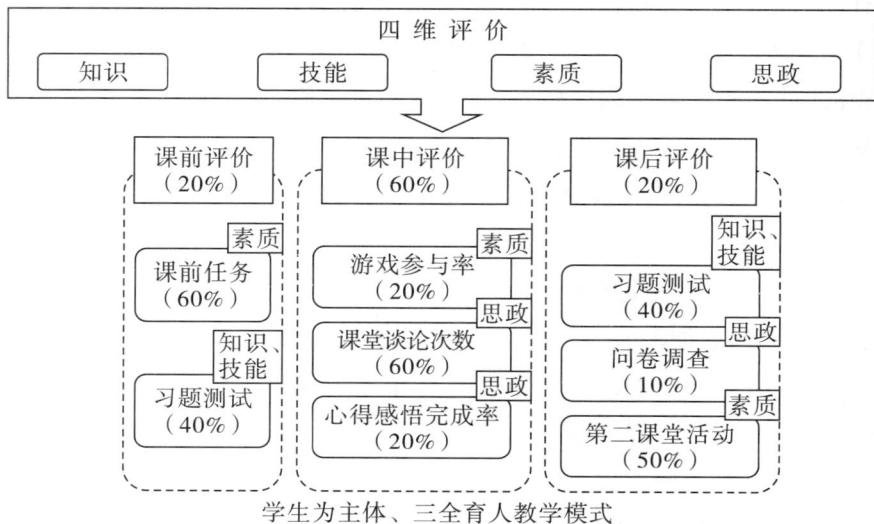

图1　课堂整体评价方案

2. 借助感恩教育和正向激励活动，引导学生树立正确的生死观，激发学生学习主动性

要引导学生树立正确的生死观，首先要让学生消除对死亡的恐惧心理。课上设立三个主题内容融入教学，第一个主题为感恩教育，通过播放感人公益广告《母亲的勇气》和电影《妈妈》《父亲和麻雀的故事》等以感恩为主题的视频素材引发学生对父母长辈的感恩共鸣；激发学生内心对养老、敬老、爱老的感恩之心。第二个主题为模范引领，以展示临床上部分优秀临终护理代表事例为主要内容，通过临床优秀典范的正向激励作用消除学生对临终护理的恐惧感。第三个主题为死亡体验，教师通过创设情景让学生在情景模拟体验中感受死亡并进行深入反思，引导学生树立正确的生死观、积极的人生观和正向的价值观。

3. 校企合作开展第二课堂活动，引导学生在实践中感悟养老工作的魅力

为了巩固学生学习成果，也为了进一步延伸课堂，为学生提供检验知识和技能的平台，课程组发挥校企合作优势，和乡村、社区、养老机构等合作开展关爱老人第二课堂活动。活动号召学生积极参加学院举办的深入乡村、社区、家庭等场所开展助老、敬老、护老的活动，并对参加活动的学生予以平时分奖励，让学生在运用专业知识和技能为老人解决问题的过程中收获养老护理的成就感和满足感，在得到老人及其家属的肯定时收获从事养老护理的幸福感。通过第二课堂活动，学生强化了所学知识和技能，亲身感受到养老护理行业的政策优越性和工作特点，进而激发学生选择养老护理行业工作的主动性，提升学生投身于老年护理领域的择业意愿。

（二）过程

1. 课前

教师借助超星学习通平台线上发布学习任务及预习资料，学生自主完成以下内容：①临终关怀知识现状调查；②预习临终关怀、死亡概念，脑死亡的判断标准，临终患者护理及丧亲者护理，死亡过程的分期等；③完成习题测试及撰写预习心得体会。

2. 课中

（1）情景视频导入。

情景一：播放感人公益广告《母亲的勇气》和电影《妈妈》《父亲和麻雀的故事》等片段，展示父母对孩子至深的爱。教师随即组织和引导学生讨论：随着时光流逝，父母容颜老化，但对孩子的爱始终未改变，而作为孩子的我们是否观察到父母已不再年轻，父母也开始需要我们的主动关怀和爱护？你最近一次是什么时候观察到父母开始衰老的？面对父母的衰老我们能做的有哪些？学生进行讨论并分小组发表结论。教师结合学生结论进行点评——父母至亲一生都在为我们无私奉献爱，我们的成长伴随着父母的衰老，作为子女应多陪父母，主动关心父母近况，进而扩展到临终患者大部分也是兼具着父母的角色，作为医护人员应该秉承大爱无疆、无私奉献的精神，以守护家人健康的责任感陪患者走完最后一程。此环节旨在激发学生感恩共鸣，弘扬中华民族"孝老、尊老、敬老"的传统美德，并以感恩教育消除死亡话题所带来的恐惧、不安等负性情绪体验。

情景二：播放《临终关怀：温暖守护生命的最后一程》新闻片段。片中展现了护理人员在照护老人过程中不畏艰辛、无微不至，让老人平静、有尊严地离

去的事迹，借助视频内容引出本次课学习主题：临终关怀。接着教师提出相关主题进行小组讨论：该新闻片段带给你的感受是什么？作为护士我们能为临终患者做什么？临终照护的关注点应该在哪？学生对此进行讨论并上传观点至学习平台。随后教师就学生上传的部分观点进行点评，强调给予临终关怀最好的方式是陪伴和关爱，临终关怀的重点是提升临终者舒适度、陪伴临终者、温暖临终者生命的最后一程，让临终者能够安宁地离开。此环节旨在引导学生热爱生命、正确认识死亡，并鼓励学生参加临终关怀服务。

接下来在临终关怀的理论讲授中，引入巴金晚年不堪疾病折磨，但家属迫于孝道文化不断挽救其生命；为此巴金感叹"长寿是对我的折磨"的故事。借助该事例引导学生思考：临终关怀中，哪些医疗和护理措施是必需的，哪些是不必要的？通过医疗措施和医疗器械延长患者生命真的是患者本人所需要的吗？在讲解中引导学生明确临终关怀应该以人为本，从患者角度出发，尊重患者意愿，给病人提供如控制疼痛、减轻症状、增加舒适度等适度的医疗护理服务；培养学生尊重生命及生命至上的职业精神。

（2）游戏探索新知。

学生课前通过平台学习资源熟悉临终关怀概述、临终患者生理、心理变化和护理、丧亲者护理等内容，教师结合课前任务完成情况发布游戏体验活动并介绍游戏规则和注意事项。每个游戏体验完成后，组织对应主题讨论分享游戏心得。该环节旨在改革传统以单纯理论授课、学生被动接收的模式，结合学生学习特点引入特色体验式游戏教学，引导学生在游戏中感悟教学内容，突出学生为主导的学习模式。

（3）实践感悟生命。

在学习完临终护理理论知识后，教师发布本次课最后一项任务——死亡模拟体验活动。学生分别躺在模拟病床上，教师和实训辅导老师从环境、灯光、音乐等方面模拟死亡场景，要求学生保持静默10分钟，引导学生思考对死亡的感受，问：此时你最需要的是什么？最想说的话又是什么？活动体验带给你的最深的感触是什么？通过体验让学生更深刻地体会生死离别，感知生命的可贵，引发学生感恩当

图2　学生课上游戏体验学习

下、珍惜生命的共鸣。过程中，教师适当引导学生思考在临终患者的告别时刻，医护人员应该通过专业的医疗护理服务协助患者优雅体面地走好最后一程，同时也应该关注家属的心理。活动结束后，教师结合临床临终关怀的具体案例进一步展开分析和讲授，借助案例引导学生正确认识临终关怀，让学生明白加入临终关怀服务队伍对于作为医务人员的我们责无旁贷，积极引导学生秉承和弘扬救死扶伤、大爱无疆的医者精神。

（4）课堂小结。

教师结合本次课学生的参与表现，总结临终护理的重难点内容，帮助学生进一步梳理和巩固知识；下课前于学习平台再次发放问卷了解学生在本次课学习后对临终关怀的认识和选择临终护理工作意愿的情况。

（5）课后拓展任务。

为了进一步巩固学生的学习成果，促进知识内化于心进而外化于行，教师借助线上平台布置课后任务：①观看《人间世》纪录片中《告别》片段，分享个人观看心得体会上传至学习平台；②查阅临终关怀的最新研究进展，拓展临终护理知识的深度和广度；③完成课后习题测试；④开展深入社区、乡村老年感恩照护第二课堂活动，学生自愿报名参与。

三、 实施效果

1. 课堂教学形式多样，线上资源库和任务驱动扩展了学习空间，学生学习效果显著提升

通过课堂改革，引入公益广告、专题视频、案例分析、主题讨论等多种教学方式作为情景导入，从不同角度带领学生思考、感悟和分享进入课堂主题内容，课中教学结合学生学习特点，以新颖的主题体验游戏活动将沉重的临终话题轻松化，以现阶段学生最喜闻乐见的学习方式开展教学，不同的游戏对应不同的教学重点和难点，让学生在体验中学习知识、掌握技能和升华情感，同时寓教于游的方式也实现了思政教育润物细无声的效果；课堂集合课程组教师共同努力和学生课后任务收集素材情况，于线上平台建立了专项学习资源库，有效延伸学生学习空间；课后测试成绩显示学生在知识掌握上相比课前有较大提升，问卷调查显示学生对临终关怀知识了解率达到 83.33%，相比课前 11.63% 的了解率有显著提升。

2. 课堂活动参与度显著提升，大部分学生树立了正确的生死观，学生对教学满意度高

本次课的学习数据显示，课前任务完成率达到了98%；课中学生参与主题讨论人数比达到100%，全部学生均参与到讨论中来，同时有70%的学生多次参与发言谈论；游戏教学中，体验活动报名火热，每一项体验活动报名率达到90%以上。在游戏后的讨论活动中，分享活动举手率达到86%。从学生谈论内容和发言情况看，大部分学生就临终话题讨论的主动性和积极性高，能对主题充分思考并结合自身经历分享感悟和心得，主题讨论的词云显示"热爱、尊重、感恩、积极"四个词为高频词汇，呈现出正向思考态势；显示学生对生命有了更多的思考，能正确看待死亡，能更多地换位思考，尊重病人的意愿，并由此激发对生命的感恩、热爱和敬畏之心；课后教学满意度调查显示学生满意度达到了98%。

3. 临终护理工作意愿大幅提升，课后学生以实际行动践行感恩志愿活动，思政育人目标有效达成

得益于课堂感恩主题教育及正向鼓励教育效果，学生对临终护理工作的信心得到提升，从事相关领域工作的意愿也随之提升。课后问卷调查反馈学生对临终护理工作和养老行业工作的参与意愿显著提升。课前问卷调查结果显示仅有14.09%的学生表示有意向从事临终关怀工作，19.53%的学生表示对临终护理工作有信心；第二次问卷调查结果显示，76.19%的学生就业时愿意选择临终关怀服务行业，80.95%的学生认为对临终护理工作有信心。从报考教育部"1+X"老年照护证书的报名率和通过率的提升中看出有更多的学生愿意并尝试为将来从事老年护理行业做准备。课后第二课堂老年关怀护理志愿活动中学生报名火热，志愿活动后的心得显示大部分的学生从志愿活动中获益匪浅，均提到在志愿活动中切身体会到现实生活中老年人对照护护理的巨大需求及在活动中锻炼了自己的专业知识和技能，也从中间接了解到国家对养老行业的大力支持，提升了自己未来从事养老护理行业的信心。

四、 创新与示范

1. 游戏体验式学习

课堂基于学生学情特点，对过往单一理论讲授的方式进行改革，课前通过任务驱动学生课前熟悉本次课内容，课中就本次课的教学重难点内容进行模块化重构，引入游戏化教学方式，突出体验教学，让学生领悟生命的宝贵，引导学生树立正确的生死观，强化学生医者救死扶伤、团队协作的职业精神。引入学生最喜

闻乐见的小程序游戏，让学生以主人公第一视角身份代入体验学习临终患者心理变化、特点及护理、丧亲者护理等内容；借此引导学生形成积极的生命观，从不同角色思考，提升人文关怀能力。临终护理措施及尸体护理则通过死亡情景体验活动让学生亲身代入死亡模拟情景，让学生在体验中学习，引导学生树立感恩理念，学会正确认识死亡及培养医者生命至上的职业精神。寓教于游的方式创新了教学模式，激发了学生的学习兴趣，让临终护理不再沉重，引导学生帮助临终患者在生命后期优雅谢幕。

2. 特色第二课堂活动

课程组发挥校企合作优势，和养老机构合作开展关爱老人特色第二课堂活动；引导学生深入乡村、社区开展有针对性的助老、敬老、护老行动。该项活动一方面有助于让学生学有所用，学生课堂学习的专业知识和技能有了发挥的舞台，也为课程思政提供了实践路径。学生在活动中践行感恩行动，收获践行临终护理的成就感、满足感和幸福感；进而激发学生选择养老护理行业工作的主动性；提升学生投身于老年护理领域的择业意愿。对老人来说，学生在提供专业护理和健康宣教的同时进行陪伴和心理护理，在提升老人健康生活质量的同时缓解了老人普遍面临的孤独感。对企业来说，学生的参与一定程度减轻了企业人力成本，活动也间接扩大了企业的影响力，这是发挥校企合作优势、践行"三全育人"和实现三方共赢的新模式，值得各大医学院校进一步借鉴。

五、 反思与改进

1. 教学反思

本次课堂改革重在突出以学生为中心、以"三全育人"为指导、以游戏体验式教学为主的新型教学模式。课堂教学注重学生的课堂参与和教学互动，该模式需要学生课前花时间提前熟悉教学内容和主动学习相关知识，课上才能紧跟老师教学进度并参与到教学中来。这要求学生具备较高的自主学习能力和学习主动性。然而，因部分学生的学习方式趋向于被动接受，主动学习的意愿不够强烈，课前任务完成存在一定的滞后，导致部分学生的课堂参与效果不好。

2. 改进措施

进一步优化教学设计，加强学习全过程的学生数据收集和分析，构建课前、课中、课后全过程的跟踪指导学习，针对部分学习存在困难或者主动性不足的学生，采取同伴互助、教师单独辅导、小组协作等方式打造互助式学习氛围；努力实现学习进度全跟踪，辅导教学全覆盖，助力学习齐努力的教学新局面。

探究心电波形异常故障检修技艺，
在实践中拓展思政素养

余丽玲①

　　"医用电子仪器分析与维修"是医疗器械维护与管理专业的一门专业核心课程。该课程培养学生使用合适的方法、手段对医用电子仪器进行分析以及学习维修的技能，提高学生在医疗设备维修领域的实践能力。课程以树立"中国制造"的民族自信，以培育"明规守则"的职业意识，养成"吃苦耐劳"的劳动自觉，激发"强国有我"的使命担当，践行"工匠精神"的工作态度为引领，将丰富的思政元素自然而然地全方位贯穿到全过程、全员教学中，以润物无声浸人心的方式较好地实现思政育人目标。课程通过思政元素的巧妙融入，以案例分享、校企共建课程思政示范基地、义务维修活动等典型课程思政案例为抓手，运用恰当的教学方式、手段以及多样化的教学活动，促进课程在传授知识技能的同时发挥立德树人的重要作用，落实培养从事医疗器械维修检测等工作的高端技能型人才的育人目标。

　　课程通过对大量的医疗器械企业和行业调研，基于"专业设置与产业需求对接、课程内容与职业标准对接、教学过程与生产过程对接"，以"项目导向、任务驱动、岗课赛证"为引领，结合国家专业教学标准、人才培养方案、课程标准、校企协同、国家卫生健康委员会"十三五"规划教材等，课程组重构凝练了"医用电子仪器分析与维修"课程的教学内容。本次教学案例选自模块三项目三任务 1 "心电波形异常故障检修"的内容。本案例使用"问望闻切扣"的中医诊断理论来进行典型医用电子仪器（心电图机）的维修工作，通过模拟真实的医院报修场景，初步确定故障为心电图机的波形无法显示，通过采取规范的检修流程，最后确定是放大电路出现故障，更换损坏部件后，故障消除。

　　本案例教学开展基于智能在线实验平台的线上线下混合教学模式的探索，把医疗器械维修人员的责任担当、职业道德、吃苦耐劳、工匠精神等思政元素融入课堂教学之中，采用 Multisim 软件虚拟仿真、ELF – BOX 线上线下融合在线实验

---

① 余丽玲，硕士，广东食品药品职业学院医疗器械学院讲师，主要研究方向为医疗器械类课程的教育教学、医学信息的分析与处理。

平台、实训授课助手解决课堂教学重难点，引导学生正确处理医疗设备故障，强化学生实践能力和团队协作精神，培养学生的责任心和创新能力，提高学生的思想素质和思维能力（见图1）。

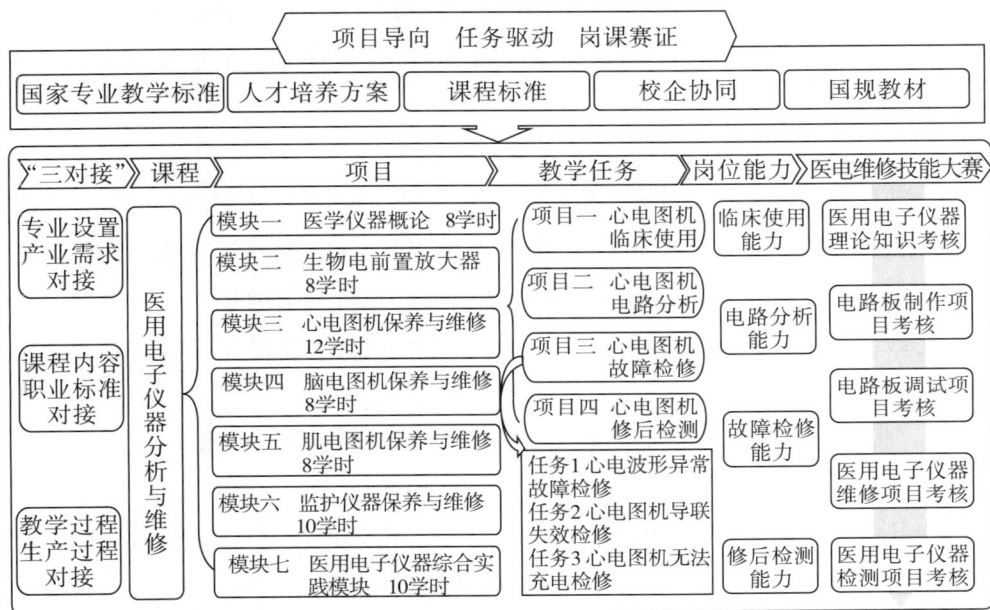

图1 以"项目导向、任务驱动、岗课赛证"为引领，重构教学内容

一、 解决的问题

"医用电子仪器分析与维修"课程对接医疗器械技术支持、维修检测岗位，主要培养学生掌握基本的医用电子仪器维修能力、较强的独立学习和分析解决问题的方法能力，以及与人沟通合作的社会能力。

本课程以往的教学中存在以下不足：

1. 教学内容与工作岗位及其职业标准分离

医疗器械维修工作岗位需要掌握实际操作技能，对维修人员的实际能力有较高的要求。以往的教学中重视理论知识的讲解以及仪器结构分析，忽略仪器维修案例的讨论，学生实践操作的机会少，导致缺乏针对具体企业的真实维修项目的实操训练，学生能力无法与岗位需求对接。

2. 传统课堂教学模式单一，容易忽视学生主体地位

"医用电子仪器分析与维修"课程理论内容抽象、实践性强，依托智慧课堂

和传统实验室构建的教学环境缺乏学习情景和工作场景，不利于开展以学生为主体的基于工作过程的项目化教学。受教学时间、学生人数以及教学地点的限制，教师把较多的精力放在传授理论知识和操作方法演示上，缺乏互动和反馈，无法了解学生的学习情况，无法及时纠正错误，使得学生在学习过程中感到无所适从。学生缺乏有效的帮助和支持，导致学生对所学内容的理解和掌握程度不够深入，技能不熟练。

3. 课堂思政落实不到位，思政成效不明显

专业课教师对思政元素缺乏筛选和提炼，未能针对教学内容进行思政元素的深度挖掘，导致学生对思政问题的理解和掌握程度不够。教师在课堂上注重理论知识和技能点的讲解，缺乏对学生的思想引导和思考能力的培养。在教学过程中，思政评价是一个非常关键的环节，然而思政成效的衡量仅仅停留在理论层面，忽略学生在实践中所表现出的道德和思想素质表现。

4. 教学考核评价体系不完善，无法满足"以评为鉴、以评促教、以评促学"的目的

以往的教学评价中以教师的评价为主，以理论知识技能点为主的评价方式，忽视学生动手实践能力、职业道德和责任、创新精神等综合素质的评价。课堂教学通常以"一次考核"考评学生的任务成绩，不能全面地考查学生的学习成果，不利于沟通和借助考核发现学习不足，不能达成"在改正错误中学习"的目标。评价标准强调共性，忽略了个性差异和个性化发展的价值。

二、 解决问题的策略

（一） 思路

本课程注重学生综合能力的培养，强调学生的"知识、能力、素质"三维教学目标，突出能力本位教育。因此，在本项目的教学中，实施项目教学，以真实项目为任务，将教学内容分解为有针对性的任务。本案例以学生为中心，以能力为本位，以素质为基础，加大职业技能培养，以工作任务为载体整合教学内容。结合案例内容与学生特点，依托 SPOC 课程平台、ELF – BOX 在线实验平台、实训授课助手、虚拟仿真等现代化教学手段，选取翻转课堂、线上线下混合教学等教学模式，灵活运用任务驱动、案例分析、分组讨论、启发引导等教学方法实现教学目标。

本课程的教学理念是以学生为中心，教师是学习过程的组织者与协调人，以

具体工作任务为载体组织教学，采用"三阶任务驱动，生师双线并进"的教学模式。案例将教学任务分别融入课前线上自学、课中知识内化提升、课后巩固拓展三个阶段，通过合理应用信息化手段，优化线上线下混合教学模式，使课堂学习融"教、学、做"为一体，把学生专业知识和专业技能的学习过程置于工作过程、工作岗位的环境中，较好地提高了学生的设备维修技能和团队合作力，并养成良好职业素养。

（二）过程

1. 根据岗位特点，开展学情分析，确定教学重点难点

通过前期的电子电工技术的综合成绩、课前预习情况，充分了解学生的知识和技能基础、认知和实践能力以及学习特点，对接医疗器械维修人员的岗位需求，融合"医用电子仪器维修技能大赛"技能点，确定本案例的教学目标及重难点（见图2）。

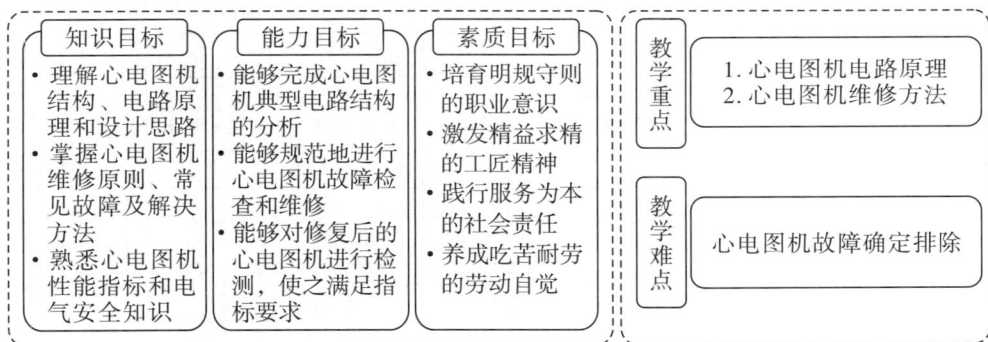

知识目标	能力目标	素质目标	教学重点
·理解心电图机结构、电路原理和设计思路 ·掌握心电图机维修原则、常见故障及解决方法 ·熟悉心电图机性能指标和电气安全知识	·能够完成心电图机典型电路结构的分析 ·能够规范地进行心电图机故障检查和维修 ·能够对修复后的心电图机进行检测，使之满足指标要求	·培育明规守则的职业意识 ·激发精益求精的工匠精神 ·践行服务为本的社会责任 ·养成吃苦耐劳的劳动自觉	1. 心电图机电路原理 2. 心电图机维修方法
			教学难点 心电图机故障确定排除

图2　教学目标及重难点

2. 贯彻"以学生为主体，以教师为主导"的教学理念

本案例以具体工作任务（心电波形异常故障检修）为载体组织教学，采用"三阶任务驱动，生师双线并进，知识技能思政三线合一"的教学模式（见图3）。教师在进行教学过程设计时，主要考虑两个方面——教师的主导性和学生的主体性，随着一系列工作任务的逐步开展，教师的主导性逐渐下降，而学生的主体性逐渐增强。在教学中，教师与学生、学生与学生进行合作互动，充分发挥了教师主导性与学生主体性的优势，实现了教与学的双赢。本案例的教学实施过程分为课前预习、课中探究、课后拓展三部分。课前，教师发布学习任务，分析学情，调整教学设计，学生则通过网络学习平台进行在线预习，了解本次任务并进行课前任务实践。课中，教师创设情境、解析任务，学生沉浸情境、理解任务，

通过明确工作任务、获取信息、制订计划、做出决策、实施计划、评估汇报等学习过程，在自己"动手"的实践中，掌握职业技能、习得专业知识、提升思想。课后，教师在线答疑、推出拓展项目，学生通过在线留言，完成拓展项目，巩固知识并提升技能。本案例通过课堂展示与示教演练突出重点；通过学生实践突破难点；通过角色互换，应用课程思政于维修之中。整个教学过程可在线回溯，通过学习平台和评价量化表实现课前、课中、课后的全过程数据采集，强化学生学的行为数据分析，有效合理评价学生的学习效果。

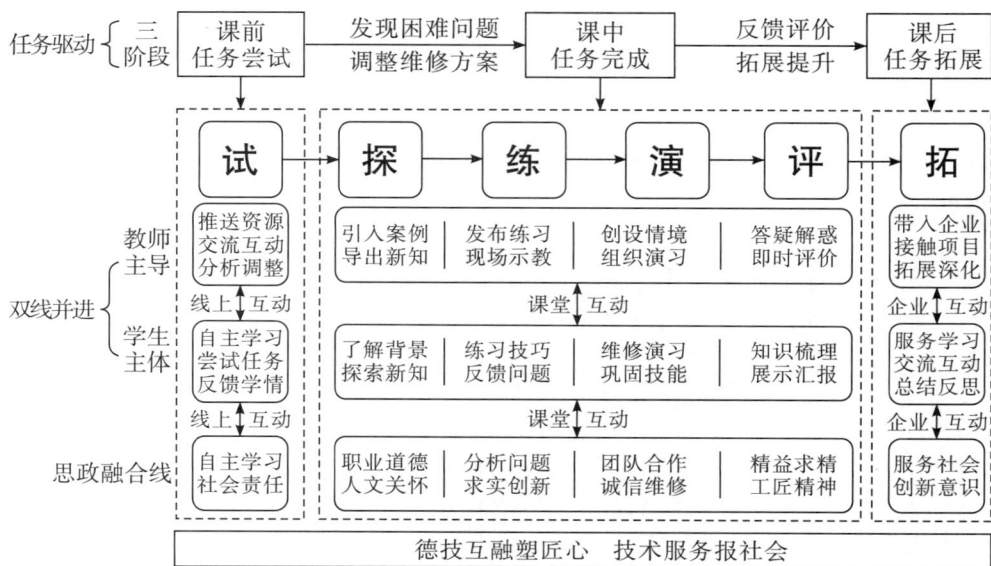

图 3 "三阶任务驱动，生师双线并进，知识技能思政三线合一"的教学模式

3. 借助"智能在线实验平台"突破教学重难点

（1）ELF-BOX 在线实验平台。

本案例采用 ELF-BOX 线上线下融合在线实验平台（见图 4）进行心电放大电路的仿真设计与测试，学生可以在室内、在户外任何有网络的地方，登录远程客户端，调用校内实验平台完成实验。线上进行的是真实的实物实验，实验过程与现场操作无异。教师可以登录该平台查看学生实验数据记录与分析，从而对授课班级整体实验情况有直观的认识，并根据实验情况针对知识难点和易错点推送教学建议，从而保证了每名学生无论在哪均有相同的学习和动手实践的机会。ELF-BOX 在线实验平台，能够帮助校外学生同时参与到理论与实践内容的同步学习，实现低成本定制化实验，确保教师通过系统有效评价实验情况，践行"三

全育人"的教育理念。

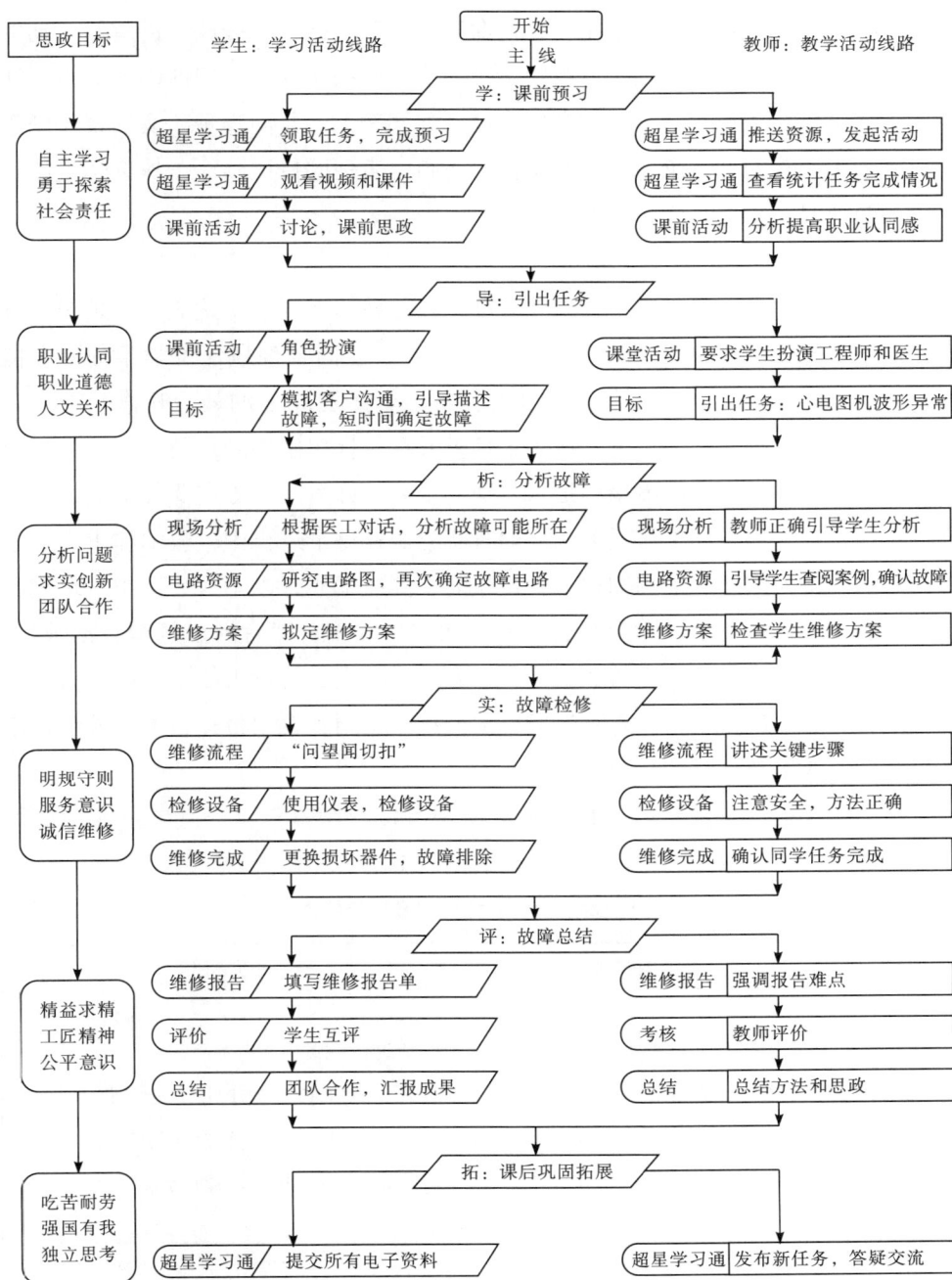

思政目标	学生：学习活动线路	开始 主线	教师：教学活动线路

学：课前预习

自主学习 勇于探索 社会责任	超星学习通 / 领取任务，完成预习	超星学习通 / 推送资源，发起活动
	超星学习通 / 观看视频和课件	超星学习通 / 查看统计任务完成情况
	课前活动 / 讨论，课前思政	课前活动 / 分析提高职业认同感

导：引出任务

职业认同 职业道德 人文关怀	课前活动 / 角色扮演	课堂活动 / 要求学生扮演工程师和医生
	目标 / 模拟客户沟通，引导描述 故障，短时间确定故障	目标 / 引出任务：心电图机波形异常

析：分析故障

分析问题 求实创新 团队合作	现场分析 / 根据医工对话，分析故障可能所在	现场分析 / 教师正确引导学生分析
	电路资源 / 研究电路图，再次确定故障电路	电路资源 / 引导学生查阅案例，确认故障
	维修方案 / 拟定维修方案	维修方案 / 检查学生维修方案

实：故障检修

明规守则 服务意识 诚信维修	维修流程 / "问望闻切扣"	维修流程 / 讲述关键步骤
	检修设备 / 使用仪表，检修设备	检修设备 / 注意安全，方法正确
	维修完成 / 更换损坏器件，故障排除	维修完成 / 确认同学任务完成

评：故障总结

精益求精 工匠精神 公平意识	维修报告 / 填写维修报告单	维修报告 / 强调报告难点
	评价 / 学生互评	考核 / 教师评价
	总结 / 团队合作，汇报成果	总结 / 总结方法和思政

拓：课后巩固拓展

吃苦耐劳 强国有我 独立思考	超星学习通 / 提交所有电子资料	超星学习通 / 发布新任务，答疑交流

图4　教学流程设计

（2）实训授课助手。

实训授课助手集合现代高速发展的信息化技术、互联网技术、工业化技术于一身，包含无线拍摄、课程录制、移动课程讲解等功能，为授课、讲解等活动的顺利进行提供可靠的高清拍摄、视频录制功能，提高实训课程授课的效率与便捷性，增强集体意识与相互学习的良好态度，共同努力，共同进步。实训授课助手解决了学生围观的上课难题，给师生提供清晰、直观的授课画面，保证学生能在有限的学习时间里提高学习效率。

4．采用多维度教学评价法

本案例采用过程参与度、知识掌握度、技能熟练度、素质达成度、思想提升度、信息素养度六个维度进行教学效果的评价，全面合理地评价学生的专业能力、方法能力和社会能力，体现"以人为本，全面发展"的教育理念。在学习考核评价环节，探索增值评价，融入个性差异和个性化发展的价值评价。课程模拟真实的维修场景，在故障接单记录、现场维修、修后报告等主要环节进行在线现场考核，让学生增加工作任务完成的真实感。在整个过程中，教师注重学生学习效果的评价，围绕着建构知识、获得技能、养成素养，以个人、小组、班级为对象，通过评价量化表和学习平台，实现课前、课中、课后的全过程数据采集。教师不仅注重学生学的行为的数据采集，还强化学生学的行为数据分析，将采集的学生行为数据进行分析，及时生成反馈信息，为调整教学目标、优化教学进度提供帮助，改进教与学的行为。

本案例实行"课前考核（10%）＋课中考核（70%）＋课后考核（20%）"的过程性考核，具体考核项目、评价细节见表1。

表1　本次课的考核内容及评价标准

考核及比重	考核内容及分数	评价标准
课前考核（10%）	参与课前测验（2分） 参与主题讨论（4分） 汇报跟本次课有关的思政小故事（4分）	完成课前测验（2分） 主题讨论（参与加1分，发言获10～30个赞加1分，获30个赞以上加2分） 分享课程思政小故事（4分）

（续上表）

考核及比重	考核内容及分数	评价标准
课中考核 （70%）	考勤（2分）	全勤2分，迟到1分，旷课0分
	课堂表现（8分）	参与教学互动积极（1~4分）
		参与小组任务积极（1~4分）
	维修工具PK赛（10分）	准确输出仪器的名称，答对1个加2分，最高不超过10分
	故障排除（35分）	较规范地使用维修工具测量（5分）
		分析故障，排除故障（10分）
		准确填写工作记录（10分）
		工作任务按时完成（5分）
		具备团队合作能力（5分）
	工作汇报情况考核（15分）	语言表达（5分）
		内容完整（5分）
		回答问题质量高（5分）
课后考核 （20%）	完成拓展任务（10分） 完成课后作业（5分） 增值性评价赋分（5分）	按时提交拓展任务的资料，完成质量好（10分）
		按时完成作业（5分）
		乐于奉献的精神、积极寻求进步：参加实验室卫生整理、义务维修活动等（完成一次赋3分）

（三）做法

本次教学以学生为中心，教师为引导，采用任务驱动法等教学方法，实现"学中做，做中学，做中教"的理念。本案例采用虚实结合的实践导向型教学理念，依托多媒体设备、智能在线实验平台、网络教学平台、仪器设备等教学资源，把教学过程分为课前准备、课中学习和课后拓展三个阶段，具体流程如图4所示。学生在探究心电波形异常故障检修技能的过程中，融入了思政素养的提升，实现了故障检修思维等实践智慧的养成，满足了维修岗位的高层次能力要求。

三、 实施效果

总体来说，通过本案例及本课程的教学改革，颠覆了传统的教学模式，达到了预期的效果，显著提高了专业教学水平，并且有效提升了学生的专业能力和综合素质。学生的思想政治意识也明显增强。

（1）学生成绩明显提升。

课前学生预习自测成绩平均分为 70 分，而课后知识小测的评分达到了 87.6 分，提高幅度显著。实训任务的完成由原先的实验管理员的引导变为 80% 以上的学生能够自主完成。学生实训成绩明显提高，有效达成了知识目标和技能目标，本案例的综合分数在 80～100 分段的学生占比达到 78.85%。

（2）学生参与度全面提升。

本案例采用了"以学生为中心"的任务驱动教学理念，结合自主学习、小组探究、模拟教学等教学方法，充分调动了学生的学习积极性。通过网络学习平台、虚拟仿真、实训授课助手、ELF－BOX 在线实验平台等手段，突破传统教室、实训室和教学时间的限制，有效提升了学习效率。学生参与度和对教学的满意度也显著提升，使得课程的三维目标得以实现。

（3）维修能力和思想政治觉悟双提升。

通过学习与实践，学生在维修能力上有了显著提高，还在思想政治觉悟上取得了很大进步。他们自发参与实验室卫生打扫和设备整理，积极参与维修协会的工作，并主动为学校师生提供义务维修服务。

（4）学生参加技能竞赛获奖。

结合本案例以及本课程的教学，学生参加技能竞赛获得好成绩，2017 年和 2019 年连续两次获得全国医用电子仪器维修技术技能大赛团体及个人一等奖。

四、 创新与示范

1. 课程教学采用"三观合一"的教学理念

课程教学采用"三观合一"的教学理念，即"提高维修能力的教育观、基于工作过程的课程观、以行动为导向的教学观"，将三观贯彻于整个教学过程之中，润物细无声，大大提高了学生学习的效果。

2. 构建线上线下融合的智能实验平台

本案例采用基于线上线下的任务驱动教学法，充分利用丰富的数字资源，如 Multisim 软件虚拟仿真、ELF－BOX 在线实验平台以及实训授课助手，以突破教学的重难点。学生可在校外登录在线实验平台的远程客户端,调用校内实验平台完成实验,实验过程与现场操作无异,满足了课前的"试任务"和课后的"拓实践"任务要求,并确保教师能够通过系统有效评价实验情况。

3. 运用学习通对实训任务的考核方式进行改革

学生实操的视频上传到学习通平台,充分发挥任务考核的效用,在检验学习成果的前提下,教师能够准确发现学生知识和技能的弱项,并进行有针对性的指导。这种指导让学生在"做"的过程中理解"所以然",有助于提高他们解决问题的综合能力和知识建构,达到"以考核筑基础、弥补不足、促进技能提高"的目标。通过开放实验室和学习通平台,做到以考为鉴、以考促教、以考促学,从而全面提高教学质量。

五、 反思与改进

(1)不足:本次维修中所采用的教学维修实验箱虽然与实际医疗设备很接近,但仍存在差距,导致学生在操作时遇到一些困难。

改进:增加教学维修实验箱与真实设备的对比实验,降低两种设备之间的差异度,帮助学生更好地掌握实际操作技能。

(2)不足:虚拟仿真技术的长处在于电路本身,但在故障仿真方面存在不足之处。

改进:开发针对维修训练的仿真电路,以弥补现有虚拟仿真技术在故障模拟方面的不足,提高学生的维修技能训练效果。

多元素 "嵌入式" 课程思政在
医疗器械专业课教学中的应用
——"医用电气安全检测技术"课程思政研究实践

刘虔铖①

本课堂教学案例"医用电气设备注册检验报告的撰写"（2 学时）为医疗器械维护与管理专业核心课程"医用电气安全检测技术"中的一个教学项目。案例针对传统"医用电气安全检测技术"课程中思政教育与专业教育未能有机融合、课程思政教学方法比较单一致使教学效率低、教学评价没有体现思政效果等问题，立足知识传授、能力培养、价值引领和素质提升的育人目标，秉承"知行合一，润物无声"思政教育理念，采取"（课）上（课）下并行，渗（透）润结合"两条主线，实现课程思政全过程融入。经过课前探究、课中讨论与实践、课后巩固提升等环节，让学生亲身感受医疗器械检验对保障医疗器械产品质量的意义，训练职业技能和职业素养，培养具备扎实的医疗器械检测基础理论，具有分析解决常见医疗器械检测问题的能力，兼有勤于思考、求真务实、团结协作、严谨务实、爱国敬业、可持续发展理念等良好品质的医疗器械检测人才。

一、 解决的问题

1. 思政教育与医疗器械检验专业教育如何有机融合

医疗器械检验专业对接国家先进制造业高端医疗器械产业，对学生强化思想政治教育的需求迫切。因此要发挥专业课在思想教育方面的优势，强调执行课程思政工作任务，这能有效巩固思想政治课教学效果，把社会主义核心价值观教育贯穿到教学各个方位，形成合力育人局面。在专业课程教学中，如何做到思政内

① 刘虔铖，硕士，广东食品药品职业学院医疗器械学院副教授，医疗器械维护与管理专业带头人，校级"专业领军人才""教学名师"。获广东省职业院校技能大赛教学能力大赛二等奖，主持省级职业教育教师教学创新团队、省级职业教育校内实训基地项目，研究方向为医疗器械专业职业教育教学。

容与专业课程知识有机融合，是专业课开展课程思政的一项挑战。

2. 课程思政教学方法比较单一，教学效率低

教学实施是课程思政教学的最后一公里，让学生潜移默化地接受教师设计的课程思政内容、资源，还要依靠有针对性的教学方式。课程思政教学大多采用教师在课堂上单向度授课的"一言堂"教学方式，很难使学生一以贯之地将注意力集中在课堂，难以有效接受课程思政内容。专业课程在开展课程思政时，通常以案例分析为主，教学方法比较单一，效率较低。

3. 教学评价如何体现思政效果

课程思政评价的首要标准是人才培养。课程的基本教学评价方法都集中在对专业知识本身的评测，考核重点几乎都是专业知识，体现不出课程思政的效果，评测结果只以成绩是否合格为目标，既忽视了学生团结合作等品质上的考核，又忽视了思政教学对学生品格的深远影响。

二、 解决问题的策略

（一） 思路

课程对接医疗器械检验员岗位，按照医疗器械维护与管理专业培养高素质技术技能医疗器械检验人才的要求，坚持把立德树人作为教育的根本任务和中心环节，建立"价值塑造、知识传授、能力培养"三位一体的教学理念，积极响应习近平总书记"四个引路人"的号召，助推学生意志品格、职业技能、职业素养、家国情怀的全面提升。

1. 一核心：以学生职业能力培养为核心

课程秉持本专业以学生职业能力培养为核心的教育理念，一切教学活动围绕以学生职业能力培养为核心进行，从学生面临的问题出发，以提升学生的综合能力素养为最终目标。

2. 双融合：思政融合，专教融合

坚持"思政"引领为党育人，将思政元素与课堂教学融合，培养具有理想信念、爱国情操、奋斗精神的新时代大学生，坚持"专业"引领为国育才，思政案例与课堂教学融合，打造高技能人才培养高地。

3. 三目标：知识传授，能力培养，价值塑造

《高等学校课程思政建设指导纲要》中指出："落实立德树人根本任务，必

须将价值塑造、知识传授和能力培养三者融为一体、不可割裂。全面推进课程思政建设，就是要寓价值观引导于知识传授和能力培养之中，帮助学生塑造正确的世界观、人生观、价值观，这是人才培养的应有之义，更是必备内容。"（见图 1）

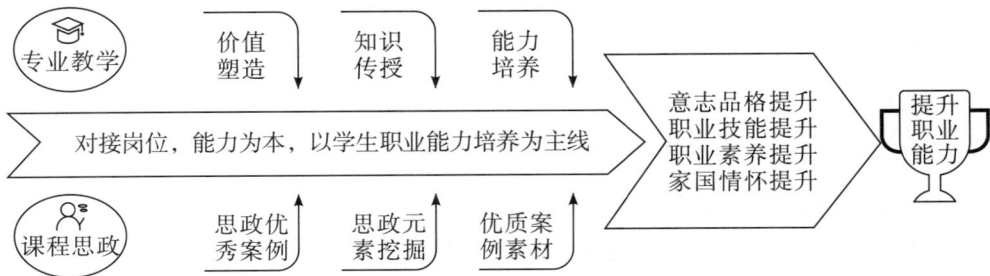

图 1 解决思路

4. 四提升：意志品格、职业技能、职业素养、家国情怀提升

习近平总书记号召广大教师做学生的"四个引路人"，即做学生锤炼品格的引路人，做学生学习知识的引路人，做学生创新思维的引路人，做学生奉献祖国的引路人。"四个提升"从学生角度和"四个引路人"相对应。

5. 教学设计：基于职业能力要求，思政教学目标与专业教学目标融合

以把关医疗器械质量、保障人民用械安全为教学背景，以本专业毕业生亲身经历——医疗器械注册检测为教学实例，将医疗器械检验工作者坚守岗位、兢兢业业、严谨踏实的工作态度（思政目标）与医疗器械注册检验报告的内涵、检验报告在整个医疗器械注册中的重要性结合起来，进一步明确注册检验报告的各项因素（教学目标）。培养求真务实、科学严谨、团结协作的医疗器械检验员。

2021 年起，国家对医疗器械检验实施"放管服"改革，开放第三方医疗器械检测服务，企业自检报告可以作为注册检验报告。探讨这项变化对行业、本专业学生带来的机遇。

解读医疗器械注册改革对行业的推动助力，将国家医疗器械高质量发展的内容、医械人创新故事（思政目标）与注册检验报告的要求结合起来，帮助学生理解注册检验报告的要求，掌握注册检验报告撰写的具体原则及方法（教学目标）。激发学生学习热情，帮助学生树立从事医械检测工作的决心，培养具有改革创新、使命担当的医械检测新青年。（见图 2）

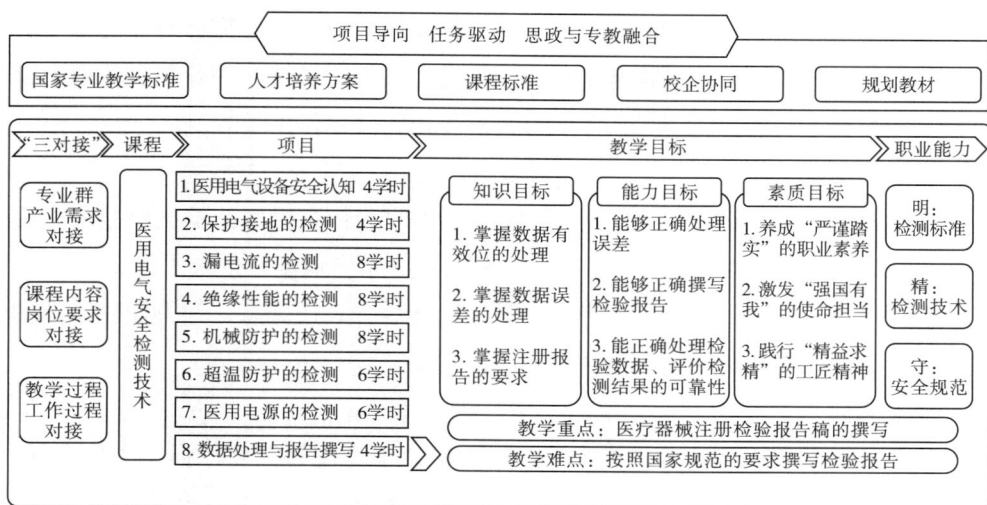

图 2　课程设计

（二）做法

采用"线上 + 线下、课上 + 课下、校内 + 校外"多情景教学模式，以任务驱动为主导，贯穿案例式、启发式、讨论式等多种教学方法，使思政元素既源于生产生活，又能回归指导学生工作生活，在"方向上旗帜鲜明，方法上润物无声"。围绕家国情怀、道德素养、文化素养等，培养专业素质过硬、理想信念坚定的全方位医械检测人才。

1. 课前导学：案例引出

教师通过学习通在线发布课前任务：

（1）课前观看视频《如何保障用械安全》。

（2）查阅国家发展政策：国家对医疗器械检验实施"放管服"改革，允许第三方检测机构开展医疗器械注册检验。

（3）问题导向（在线观点分享、师生讨论）：探讨医疗器械检验实施"放管服"改革对行业、本专业带来的机遇；畅谈如何更高效地保障医疗器械安全上市。

2. 课中教学实施：多元素嵌入实施混合教学模式

（1）根据课前发布的在线活动开展主题讨论（10 分钟）

①授课内容。

根据 2021 年实施的《医疗器械监督管理条例》，委托检验报告和企业自检报告均可作为医疗器械注册检验报告申请产品注册。根据《国家药监局关于印发医疗器械检验工作规范的通知》（国药监科外〔2019〕41 号），符合条件的第三方检验机构均可申请医疗器械检验资质；国家药监局关于发布《医疗器械注册自检管理规定》的公告（2021 年第 126 号），对企业的自检作出了规范。

②教学活动。

学生小组讨论：课堂发言，分享观点：“国家为何要对医疗器械检验实施改革？”医疗器械检验实施“放管服”改革对行业、本专业学生带来了什么机遇？

教师引导：学生自主学习探究后，教师引导学生表达观点，一方面对思政的内容进行分析，另一方面锻炼学生的表达能力。

③思政融入。

实施改革的原因：落实“四个最严”要求，细化监管制度，强化主体责任，落实“放管服”改革要求，完善监管要求，提高监管科学性，充实监管手段，提高监管效率，鼓励创新发展，优化科学高效的审评审批程序。培养学生行业自豪感和责任心，增强学生器械强国梦的使命担当。

给行业、本专业学生带来的机遇：改革促进产业的高质量发展，第三方检测服务增加，行业机会更多，有利于学生就业。行业高质量发展，离不开高素质的医械检测人才，需要学好检验技术、依法从业。培养学生树立知法、守法、懂法和依法办事的法律意识。

（2）医疗器械注册检验报告的格式规范来源（10 分钟）。

①授课内容。

根据国家药监局关于发布《医疗器械注册自检管理规定》的公告（2021 年第 126 号），医疗器械注册自检报告的内容，应是基于申报产品技术要求全项目的检验报告。格式应符合规定“附件：1. 医疗器械注册自检报告模板”的要求。涉及委托检验的，应当对受托方出具的报告进行汇总，形成完整的检验报告，并在备注中注明委托项目。同时，应在自检报告后面附上委托检验报告原件。

②教学活动。

小组讨论：注册自检报告与委托检验报告存在哪些区别？

问题驱动（知识串联）：自检报告要求明确自检报告的格式要求、签章要求和产品检验型号覆盖要求等。委托要求明确受托条件、对受托方的评价要求、样品一致性等。自检和委托检验分别适用于什么情况？

③元素融入：依法规、讲规范、注安全、重质量。

（3）医疗器械注册检验报告的规范（25 分钟）。

①授课内容。

检验报告分三部分，包括检验报告首页、检验报告、检验报告照片页。

检验报告首页：注明检验样品的基本情况和检验项目、检验依据、检验结论。

检验报告：逐项说明检验项目、技术要求条款、性能要求、实测结果、单项结论。

检验报告照片页：样品照片应当包含产品的包装、标签、样品实物图及内部结构图（如适用）等，样品结构组成/主要组成成分、工作原理/检验原理、适用范围、样品状态。

②教学活动。

故事分享：本专业毕业生曾远波在深圳迈瑞医疗股份有限公司的亲身经历：新冠疫情期间，为保障医疗器械（新冠检测试剂、防疫器械、抢救设备等）质量，坚守岗位、严谨踏实地工作。在新冠疫情暴发的三个月后，与小组成员一起撰写了 10 份产品注册检验报告，没有一份报告有问题，为疫情防控产品尽快上市做出了贡献。

问题驱动（知识串联）：在医疗器械注册的各个环节中，每一项流程看似按部就班，实则暗藏玄机，对注册检验而言，检验报告是产品质量合格与否的通行证，是医疗器械产品成果注册的重要前提。大家认为在撰写医疗器械注册检验报告过程中有哪些注意的要点？

创新成果展示：创新医疗器械的检测依据和检验报告。

典型人物：本专业优秀毕业生曾远波——就职深圳迈瑞医疗股份有限公司 EMC 实验室。

③元素融入。

故事分享与检验报告在整个医疗器械注册中的重要性结合起来，进一步明确注册检验报告的各项因素。培养求真务实、科学严谨、团结协作的医疗器械检验员。

（4）医疗器械注册检验报告的撰写（40 分钟）。

①授课内容。

各学习小组前期已经按照项目任务要求，完成了各小组产品的保护接地、漏电流、电介质强度、剩余电压等《医用电气设备 第 1 部分：基本安全和基本性能的通用要求》（GB 9706.1—2020）的安全检测，并记录了检测的原始数据，根据上述检测的原始数据，结合《医疗器械注册自检管理规定》的规定，完成各小组产品的检验报告的撰写。

②教学活动。

案例：《规范的心电图机注册检验报告》。

小组讨论：如何才能既规范又高效地完成检验报告的撰写？

知识串联：检验数据的记录、数据处理。

课堂实践：各小组按照《医疗器械注册自检管理规定》，分工协作，规范完成产品的检验报告的撰写。

③元素融入：小组分工撰写检验报告，并开展互评互比，在实践中培养学生严谨踏实、求真务实、团结协作的医疗器械检测职业素养。

3. 课后巩固：引导学生完成拓展性任务，持续提升职业能力

利用学习通平台发布拓展性任务：任选一种（除心电图机外）医用电气设备开展接地检测项目，拍摄检测过程视频，并撰写检验报告，上传到线上线下融合实训平台，兼职参与拓展任务的增值性评价。引导学生充分运用线上线下学习资源和虚拟仿真手段，自主学习巩固知识、拓展技能，在课后持续拓展职业能力。

4. 课程评价：实施"多元素融合评价"改革

课堂的评价，由教师一方评价改为"学生 + 教师 + 检验工程师"的三方评价标准，以学生为中心，以学生完成的检测项目为重心，课堂评价主要由教师评价（70%）和学生互评（30%）组成。把思政教学对学生的要求纳入考核范围，评价内容包括知识考核、职业素养考核、任务完成质量考核、团队合作能力考核等。

在传统学生互评、教师评价之外，本案例增加了来自企业的检验工程师对学生的拓展任务进行增值性评价，评为优秀的学生可以优先选择到合作企业实习，以此调动学生的积极性，从而达到更好的教学目标，却忽视了思政教学对学生品格的深远影响。

三、 实施效果

1. 提升了学生的家国情怀，增强了学生的行业自豪感

通过"任务驱动 + 启发 + 政策解读"的方式，引导学生探索我国医疗器械监管与注册改革的必要性和先进性，使学生更加认同国家发展道路，提升家国情怀。

通过任务驱动，让学生课前查找 2021 年获得创新医疗器械产品注册的产品，引导学生了解创新医疗器械技术上属于国内首创、国际领先，具有显著临床应用价值的医疗器械，培养学生行业自豪感和责任心，增强学生器械强国梦的使命担当。

2. 引导学生爱岗敬业，树立正确的职业观

通过"视频 + 毕业生工作实例分享 + 讨论"的方式，引出疫情防控期间坚守岗位、逆势而行、敢挑重担、赶上头阵、敢打硬仗的先锋医械检验人。以医疗器械检验服务人员工作不惧风险、服务人民、保障疫情防控物资尽快上市的逆行事迹，引导学生建立健康、积极、正确的学习工作态度，培养学生不畏艰险、兢兢业业、一丝不苟的敬业精神。同时，突出医疗器械检测工作在整个医疗器械产品质量保障中的重要作用。

3. 提升了教学效果，提高了学生的职业技能

通过校企深度合作，对接医械检测岗位标准设计项目和融入思政的考核方案，校企共同实施教学，使学生的学习兴趣和实践能力得到显著提升。课程评价数据显示 2020 级与实施课堂改革前的 2017 级相比，学生学习兴趣提升 33%，知识目标测试结果显示提升了 20%，技能目标有效达成，考核优秀率均提升 22%。

四、 创新与示范

1. 课程思政、立德树人——以教学内容为切入点，专业教育与思政教育融合

专业知识的教学侧重于知识的"求真"，而思想政治教育则要求"真善美"的统一，完成立德树人的使命。本课程以教学内容为切入点，从医疗器械专业教学内容中提取和凝练思政元素，每一个思政元素都和教学内容密切相关，并通过任务驱动式教学，通过"知任务、查资料、找数据、说心得、融思政"逐级递进，使学生通过领取任务、查阅资料、找到关键数据、汇报学习心得、融入思政五个步骤，做到了专业教育与思政教育融合。

在授课过程中结合相应教学内容分享学生生活实例、讨论社会现象、解读国家政策、学习典型人物事迹这四类思政案例，将踏实勤劳、不畏艰险、爱岗敬业的职业观，善于发现、乐于探索、勇于实践的创新理念，埋头苦干、不怕困难的职业精神有机地融入课堂，将思想理论转化为行为实践。思政案例与课程内容结合紧密，知识传授与价值引领相辅相成。

2. 数据说话、证明观点——用数据阐明思政观点，避免生硬说教

根据当代大学生的特点——不喜欢他人说教，乐于接受有数据证明的观点，本课程的课程思政元素都有明确的数据来阐明思政观点，避免生硬说教，更容易被学生接受。

例如，以我国医疗器械注册制度的四次改革演变为课程思政载体，"放管服"改革说明我国医疗器械监管体制以监督为中心，在全面质量管理的同时，有利于帮助和促进产业高质量发展。

用数据佐证该论点：学生课前查找2021年落实"放管服"改革要求后，广东省新增医疗器械第三方检测机构30家，新增高质量就业岗位400余个，行业机会更多，有利于学生就业。通过上述数据佐证我国医疗器械监管体制的优势，增强学生的制度自信，坚定学生做社会主义接班人、做医疗器械事业建设者的人生理想。

3. 改革评价、促进教学——实施"多元素融合评价"改革，促进职业能力持续提升

通过"案例—小组讨论—教师总结—课堂实践—课后提升"的形式，逐级递增学生对于新方法、新技能的参与感和体验感，初步接触行业前沿内容。每个环节都结合相应教学内容分享学生生活实例、讨论社会现象、解读国家政策、学习典型人物事迹四类思政案例，并结合课程实践提升学生的意志品格、职业技能、职业素养、家国情怀。

在课程考核中，对接医械检测岗位标准设计项目和融入思政的考核方案，校企共同实施教学，使学生的学习兴趣和实践能力得到显著提升。引导学生坚定从事医械检测工作，不畏工作辛劳、爱岗敬业，教导学生树立"要能坐得住才能立得住"的思想，将爱国主义情怀倾注到自己的专业中去。

五、 反思与改进

1. 紧跟国家政策和产业发展需求，加大思政案例的补充力度

课程思政实施取得良好效果的关键就是在充分考虑专业课程知识体系科学性的基础上，遵循教育规律，充分挖掘专业课程中蕴含的科学、人文、道德等思政元素。在整体论指引下，紧跟国家政策和产业发展，进一步完善课程思政案例库，是未来持续更新的重点。

2. 完善评价机制，促进思政效果

在已有课程评价改革的基础上，改变以传统教学评价量化、指标化的评价标

准，以学生为中心，综合运用过程性评价、动态化评价等方式，构建系统化的课程思政评价，通过评价体系引导和培养学生思想道德素质和价值观养成，达到课程全方位育人的思想政治价值目标。

细微之处护真心， 合理用药卫健康

——"实用药物商品知识"之心血管系统
常见病用药课程思政设计

李 雪①

"实用药物商品知识"是依据国家专业教学标准开设的药品经营与管理专业核心课程，现为省级精品在线开放课程，主要介绍临床常见疾病以及对应的治疗药物。该课程以培养学生用药指导能力为中心，为专业人才培养目标中的药店药师、医药电商客服、药品营销人员等核心岗位提供有力支撑。

课程针对人才培养方案目标岗位群，依据《医药商品购销员国家职业标准》，明确专业所面向的岗位群，分析各岗位所需的职业岗位能力和1+X药品购销职业技能等级证书考核标准，确定职业技能点和对应的职业技能要求。综合职业岗位能力需求和职业技能要求，最终确定教学内容，实现"课岗融通、课证融通"。

本课程选取心血管系统常见病用药模块，在讲授专业知识和技能的同时，通过"三有、两线、四化"教学设计，有机融入道德素养、职业素养、劳动精神和人文精神等思政教育元素，培养学生良好的药学服务规范意识和崇高的为人民健康服务的职业精神（见图1）。

---

① 李雪，广东食品药品职业学院管理学院药学讲师，执业药师，药品经营与管理专业负责人，广东省精品资源在线开放课程"实用药物商品知识"课程负责人，"十四五"全国医药行业高职高专规划教材《实用药物商品知识》副主编，全国医药行业特有职业技能竞赛优秀指导教师（2016年、2018年），广东省网络学习空间应用普及活动优秀教师（2023年）。获广东省职业院校技能大赛教学能力比赛二等奖三次（2019年、2021年、2023年），一等奖一次（2022年）。

课程思政设计思路

| 三有 | 内容目标"有用" | 活动组织"有趣" | 评价反思"有效" | 三有 |

主线一：知识结构主线

疾病认知 — 药物认知 — 用药指导 — 健康指导 — 其他

| 疾病机制 | 机制类别 | 适应证 | 剂型用法 | 储存养护 | 饮食 运动 情绪 | 法律法规 |
| 疾病分型 | 不良反应 | 适应证 | 相互作用 | 特殊人群 | | 新药拓展 |

| 两线 | | | 两线 |

主线二：课程思政主线
元素：道德素养、职业素养、劳动精神、人文精神

四化	教学内容项目化	理论实训一体化	实训操作规范化	现场管理精细化	四化
	社会道德素养	职业素养培育	工匠精神培育	"8S"现场体悟	
	小组分工决策	良好工作习惯	规范操作意识	整理　整顿	
	沟通交流协调	职业生涯规划	爱岗敬业意识	清扫　清洁	
	团队合作协助	崇尚劳动教育	质量控制意识	素养　安全	
	自主学习成长	知行合一达成	精益求精意识	节约　学习	

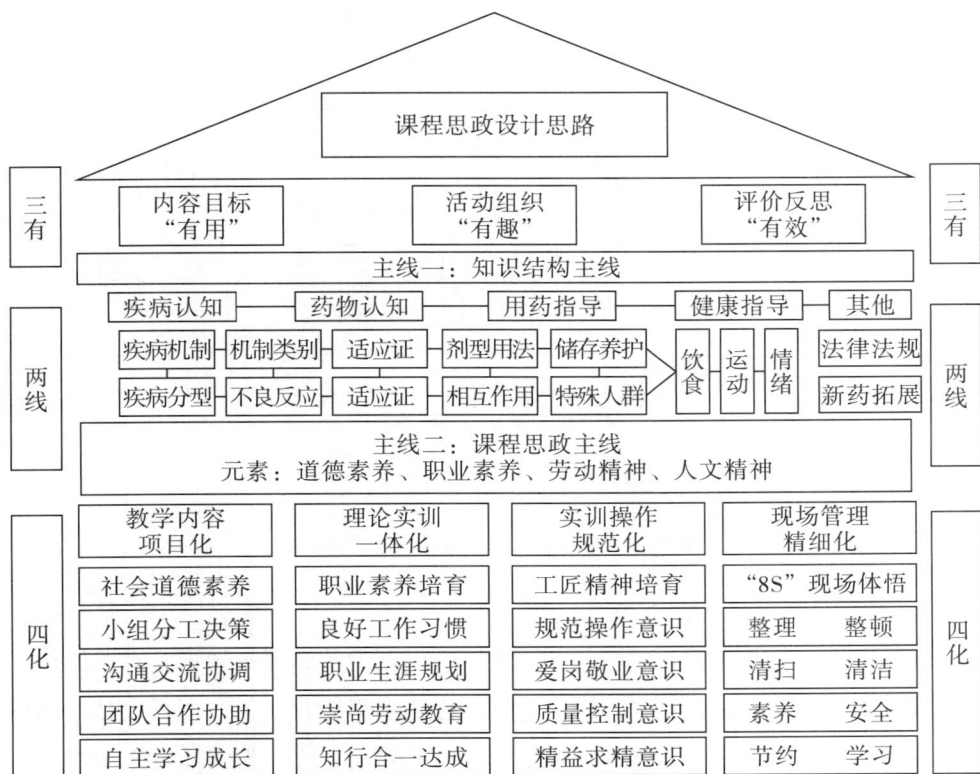

图1　课程思政设计思路

一、 解决的问题

1. 教学内容如何与教学目标匹配

将课程内容对接国家职业标准、1＋X 药品购销职业技能等级证书要求及国家医药行业特有职业技能大赛考核标准，梳理对应教学目标和重难点，收集整理企业一线用药案例，把这些实际发生的教学案例应用到实际教学，如活页教材和课程平台中，真正做到"课岗融通、课证融通"（见图2）。

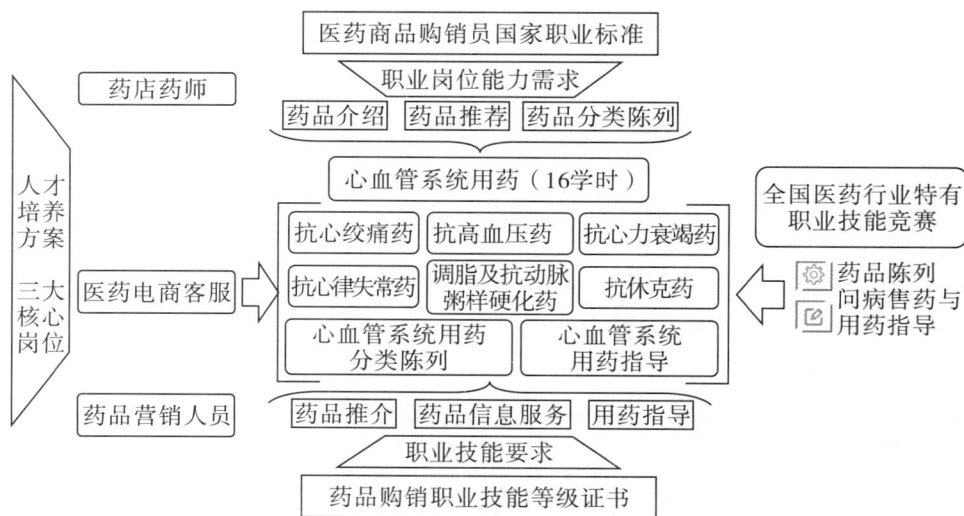

图 2　"岗课赛证"融通设计教学内容

2．如何做到活动组织有趣

通过前期与同步课程，学生具备一定医学、药学基础理论知识，对于以成果为导向的教学方式容易接受，但同时对知识点的理解能力一般，不喜欢枯燥的理论知识。教师尝试通过形式多样的教学资源与信息化手段让教学活动组织更为丰富有趣，进一步激发学生对于药物商品知识以及指导患者安全、合理、有效用药产生较强烈的学习兴趣。

3．如何做到评价反思有效

课程应采取多维考核评价体系，过程考核和结果考核并重，探索与完善增值性学生评价，注重学生接受教育后增长值的"净效应"。在考核过程中，同时将国家职业标准、1＋X 证书要求和国家竞赛标准融入评价体系，重学习结果，更重学习过程，激励学生不断进取，培养学生自信心（见图 3）。

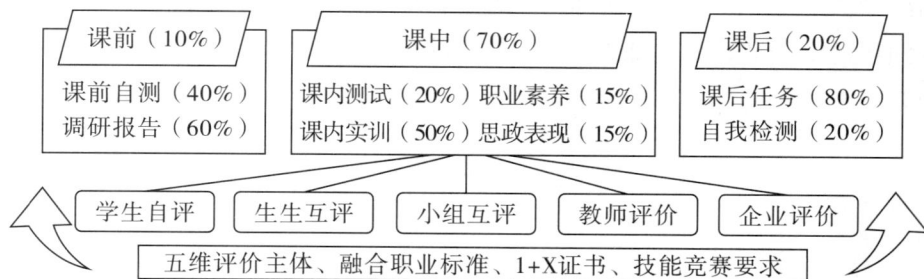

图 3　增值性课程评价体系构建

二、 解决问题的策略

（一）思路

课程遵循"以学生为中心、以能力为本位"的教学理念，通过"教学内容情境化、学习效果成果化、学习全程数据化"的教学策略，切实提升学生解决实际问题的能力。

1. 教学内容情境化

教师基于真实工作任务设计教学内容，以用药指导为主线进行情境设计，通过虚拟仿真软件、模拟药店实训室、真实工作场所等构建真实教学情境，讲中做，做中学，理论和实践交替进行，学生边学边做、边做边学。通过不同难度任务的技能训练，环环相扣，层层递进，调动学生人人参与、全程参与。

2. 学习效果成果化

以学生能力培养为教学核心目标，每次课堂教学都结合真实工作岗位要求，布置实践任务，要求学生以实践成果的形式予以呈现，比如制作视频、操作软件、陈列药品、课堂辩论、用药指导（角色扮演）等，通过这些任务检验学生学习成果，使学生解决实际问题的能力"看得见"，同时在实践过程中培养学生精益求精的工匠精神和敢于创新的求新精神。

3. 学习全程数据化

本课程为广东省精品在线开放课程，数字化教学资源丰富，教师充分运用教学平台、软件和信息化技术、方法、资源组织教学，即时记录学习过程，确保每个教学环节都有测评记录，"学过留痕，测过有分"，为后续探索和完善增值性评价奠定基础，也有助于课程组持续开展教学诊断与改进。

（二）过程

1. "二维六步"进阶式能力提升教学模式

"二维"是以教师为主导、以学生为主体开展教学，"六步"是指采用"晓行情、导用药、明疾病、懂药品、能指导、拓新知"进阶式能力训练模式，逐步提升学生的实际能力（见图4）。

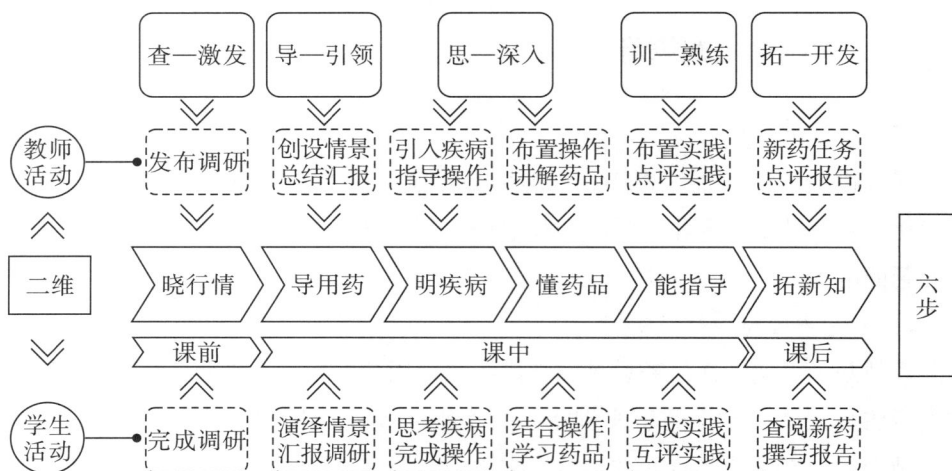

图4　教学实施示意图

2. "抗心绞痛药"单次课流程

本次课以抗心绞痛药为主要学习内容，具体流程如下：

（1）课前。

晓行情。教师发布调研任务，要求学生设计调查问卷并对学校附近药店进行调研，了解学生先备知识的同时，让学生认知市场抗心绞痛药物的使用现状。

（2）课中。

①导用药。教师组织学生依照已准备情景案例，现场演绎一则抗心绞痛不合理用药情景。通过不合理用药情景，引导学生思考不合理使用抗心绞痛药的危害，强化学生合理用药意识，增加学生学习积极性。

②明疾病。以视频案例、虚拟仿真软件等手段引导学生思考疾病知识及治疗手段，为后续知识的学习作铺垫。

③懂药品。通过微课、动画、思维导图、软件测试、课堂小游戏等手段，引导学生开展自主学习，通过 App 信息检索、直播演练、游戏设计等方式将疾病和药物知识有机融合，让学生能够融会贯通，解决实际问题。

④能指导。教师让学生在情景模拟过程中尝试根据具体病例选择合适的药物商品，激发学生学习兴趣，同时巩固所学知识，提升操作技能。

（3）课后。

拓新知。教师布置拓展学习任务，要求学生检索新药信息，撰写新药报告，对报告线上点评。引导学生不要拘泥于课本药品品种，要拓宽眼界，追踪新药开发前沿，把握市场开发动向。

（三）做法

根据不同的教学环节和教学内容，采取灵活多样的教学方法，包括任务驱动法、体验式教学法、仿真操作法、角色扮演法、自主探究法等，提升学生学习兴趣，加深学生对相关知识的理解，培养学生解决实际问题的工作能力。

三、 实施效果

1. 课堂教学质量提升，学生多元化增值

通过课程满意度调查，以上教学实施策略取得了良好的教学效果，多个学习指标都获得明显提升。此外，问卷测评也表明，学生实现了多元化增值。

2. 学生综合素质提升，技能大赛成绩优异

学生在有效学习理论知识的同时，操作技能及综合素质也得到显著提升，2018 年和 2020 年获得全国医药行业特有职业技能竞赛"药品购销员"工种个人二等奖 1 项、团体三等奖 1 项，2019 年全国食品药品类专业微知库教学比赛学生学习比赛一等奖 2 项。

3. 企业实践获得良好评价

在实训效果评价方面，引入国家药品购销员大赛考核标准，把用药指导岗位操作各步骤的要求加以细化，通过任务驱动与情景模拟法，设计心血管疾病情景化案例，学生在课前指导视频观摩评价、课中现场模拟评价、课后拍摄视频作品组间、组内及个人评价中反复强化岗位用药指导流程要点。经过一系列的学习，学生基本能掌握并熟练应用药品的相关知识，逻辑思维、沟通、应变等能力都得到了很大的提升。

通过在课程中渗透职业理念，以岗位工作标准要求学生严格遵守相关规范，塑造了学生良好的礼仪形象，强化了职业意识，形成了良好的职业风范，在岗位实践过程中得到了企业的一致好评。

四、 创新与示范

1. 紧跟行业新模式，校企融合，课岗对接

新冠疫情深刻改变线下药品购销行业，为适应新技术发展与企业药品购销岗位内容的新要求，将心血管用药指导以科普直播的形式展现出来，以创新教学的实训模式，给学生深刻的学习实践体验，同时与企业形成合力，共同推进课程内容建设的岗位化和多样化，具有较大借鉴和推广价值。

2. 专业与课程思政相结合，挖掘具有课程特色的思政要素

提炼专业知识体系蕴含思想价值和精神内涵，与课程教学内容相融合，采用"三有、两线、四化"课程思政设计思路。案例均来自药店实例，在问病用药情境实施中，除考查学生对药品作用机制、适应证、不良反应及注意事项等知识点的掌握之外，还融入遵纪守法、质量为本、人文关怀等思政要素，科学合理拓展专业课程广度、深度和温度，增加课程知识性、人文性，提升引领性、时代性、开放性。

3. 信息化教学手段丰富，助学效果突出

为方便利用碎片时间学习，提升学习效果，课程团队还自主研发"药品天天练"手机小游戏和"药问药答"交互式动画。这些教学手段增加了学习的趣味性，变枯燥学习为乐在其中，同时也加强了学生合理使用药物的能力的培养。

五、 反思与改进

1. 自主开发软件题库有待进一步丰富

药品分类陈列软件和线上小游戏、交互式动画等自主开发软件的题库明显跟不上学生的学习需要，有待进一步丰富。

改进措施：与兄弟院校合作，共同开发题库，提高题库题目数量和质量。

2. 基于增值性评价的评价体系有待进一步完善

基于增值性评价的评价体系存在数据收集不够全面、评价指标偏少的问题，无法做到全面评价学生的学习表现。另外，增值模型不能完全适用不同学习水平的学生，针对优等生和后进生的评价体系需进行适当的优化。

改进措施：通过文献检索、师资培训和专家指导等多种方式，加深对增值性评价体系的认识和理解，逐步完善基于增值性评价的评价体系。

3. 基于药品使用更新，不断丰富完善活页教材

目前使用的教材《实用药物商品知识》是"十二五"职业教育国家规划教材，2018 年获得中国石油和化学工业优秀出版物奖（教材奖）一等奖，2022 年获推荐参评国家"十四五"规划教材。

改进措施：教学中涉及的某些前沿药品开发上市甚至退市等情况在不停更新变化，应利用活页式教材的特点，对知识重难点进行补充完善。教学团队自编了活页式工作手册作为辅助教材，但还需要不断丰富完善。应坚持能力培养为本位，做到理论教学与实践教学融通合一。

改革开放视域下复利计算器网页制作

——"JavaScript 技术应用"课程思政 +
岗证课训赛课堂教学设计与实践

张乐吟

本课程依托"JavaScript 技术应用",是 2021 年广东省继续教育质量提升工程项目优质继续教育网络课程、广东省教育厅关于遴选推荐 2021 年国家级课程思政示范项目、校级"课程思政"示范课程、校级精品在线开放课程。本课程选自模块二"用户注册模块",针对教学过程中存在的课程思政教学生硬化和形式化、部分教师对课程思政重要性认识不足、课程思政教学评价体系不健全、学生职业素养和求职技巧培养不到位等问题,围绕 Web 前端开发工程师的岗位要求,结合 1 + X 证书"Web 前端开发"职业技能等级考试大纲以及职业技能大赛要求,在"红色文化"视域下以"改革开放以来中国 GDP 增速"为命题驱动教学,设计"复利计算器"网页教学任务。使用情景教学、项目教学、自主探究、小组学习等多种教学方法,实现"课前启发、课中内化、课后转化"三阶段和"学、思、导、析、练、讲、探、拓、训、展"十环节的线上线下混合式教学模式,进行课程思政 + 岗证课训赛课堂教学,全方位、立体化培养学生精益求精的信息素养与工匠精神,同时增强学生的家国情怀与社会责任感。

一、 解决的问题

广东省信息技术类课程普遍存在以下问题:

1. 课程思政教学生硬化和形式化

课堂教学中缺乏对本专业课程蕴含的社会主义核心价值观、理想信念、家国情怀、英雄事迹等思政资源的深入挖掘和创新融合,教学内容与思政元素关联度不够,出现课程思政教学内容的拼凑现象。在推进思政教育时,很多专业教师找不到课程内容融入思政教育的合适切入点,无法达到潜移默化的效果,只能采用灌输式教学,进而导致课程思政教学生硬且形式化,引起学生反感,无法达到课程思政的育人目标。思政教育与专业教学"两张皮"现象未能得到根本改变。

2. 部分教师对课程思政重要性认识不足

教学科研任务繁重、职称评聘压力大等使得教师"重科研、轻教学、更轻思政"的现象普遍存在。此外，学校层面对课程思政所做的工作大部分是专家讲座、会议传达、文件学习等，缺少推动课程思政落实到课堂教学的具体行动，无法从思想上引起专业教师对思政教育的高度重视。

3. 课程思政教学评价体系不健全

思政教育主观性和内隐性的特点为课程思政的效果评价增加了难度。学生认知和情感这些难以量化的内容未进入评价体系。现有的评价标准和评价方法较为单一，较少将学生的认知、情感、价值观等内容纳入评价标准中。

4. 学生职业素养和求职技巧培养不到位

学校就业指导课一般开在第四、五学期，只讲授通用简历和面试技巧，并没有针对专业技术岗的专门指导和实操。开课时间太晚，不利于学生积累素材，因为简历并不是短时间能写出来的，是学生在校三年踏踏实实做出来的。应该将职业生涯规划和就业指导有机融入专业课程，促进学生职业能力持续提升。

二、 解决问题的策略

(一) 思路

本课程采用"课程思政 + 岗证课训赛"的设计理念，采取项目引领、任务驱动、模块化设计思路，设计贯穿整个课程的"改革开放知识竞赛系统"前端网站设计与开发项目，将之分解为四大模块，采用项目驱动教学模式，将爱国主义教育和红色文化融入课程。以实际项目开发的典型工作任务为载体设计教学环节，通过各个环节的技能训练，感受职场环境，实现由学生角色到职业人角色的转变（见图1、图2）。

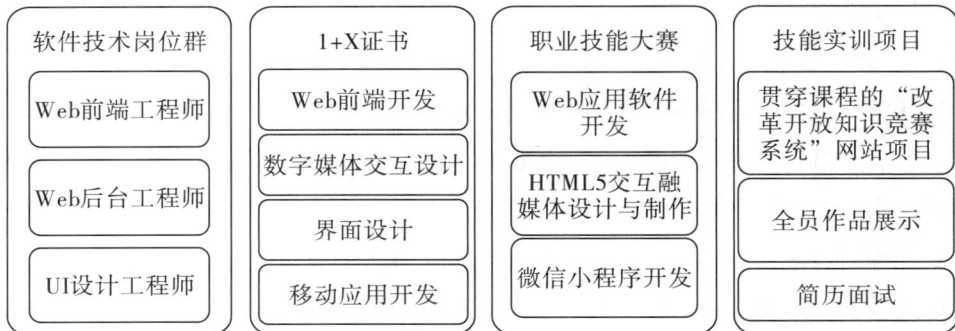

软件技术岗位群	1+X证书	职业技能大赛	技能实训项目
Web前端工程师	Web前端开发	Web应用软件开发	贯穿课程的"改革开放知识竞赛系统"网站项目
Web后台工程师	数字媒体交互设计	HTML5交互融媒体设计与制作	全员作品展示
UI设计工程师	界面设计	微信小程序开发	简历面试
	移动应用开发		

图1 "岗证课赛训"五位一体

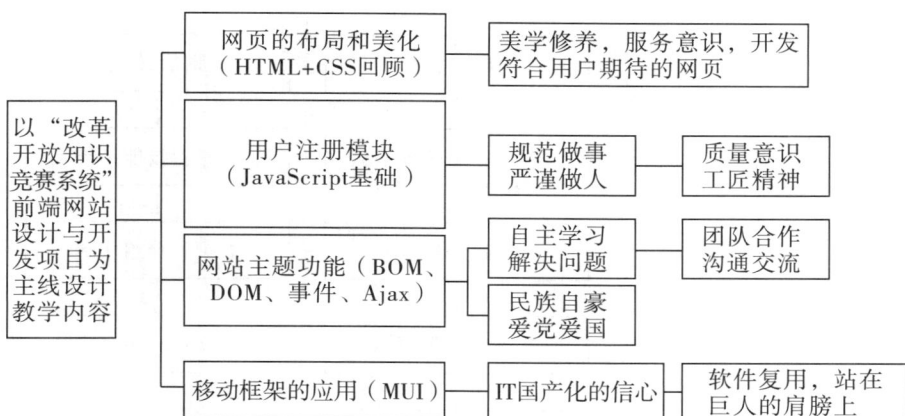

图2 教学内容

（二）过程

本案例选自模块二任务三，采用"改革开放知识竞赛系统"网站项目案例作为课程设计内容，教师引导学生以"改革开放以来中国 GDP 增速"为命题驱动教学，设计"复利计算器"网页教学任务与"房贷计算器"拓展任务。采用"课前启发、课中内化、课后转化"三阶段一体化设计和"学、思、导、析、练、讲、探、拓、训、展"十环节组织教学。

图3 复利计算器

图4　三阶段十环节教学组织模式

1．课前启发

（1）课前自学。

发布互动游戏思政案例和预习测验，引导学生自主学习。

（2）分组思考。

展示网页功能和效果，提出问题"网页功能应该怎么实现"，要求各小组提交设计方案，激发学生思考。

2．课中内化

（1）思政导入。

思政案例1

$$1.01^{365} = 37.78$$
$$0.99^{365} = 0.025$$

如果每天进步1%，那么一年后的成果就是初始值的37.78倍，而如果每天退步一点点，一年后只剩下0.025了。引导学生理解个人成长的复利效应：日积月累，持之以恒对成才的重要性。

思政案例2

了解改革开放以来，中国GDP高速增长的复利效应，增强民族自豪感。

改革开放 40 多年来，中国经济踏浪前行，实现了年均约 9% 的增长。1981年至 2021 年，中国国内生产总值（GDP）增加了约 230 倍，从 1981 年的 0.49 万亿人民币到 2021 年的 114.3 万亿人民币，全球 GDP 排名第二；如果按照购买力平价计算，中国已经是世界第一大经济体。

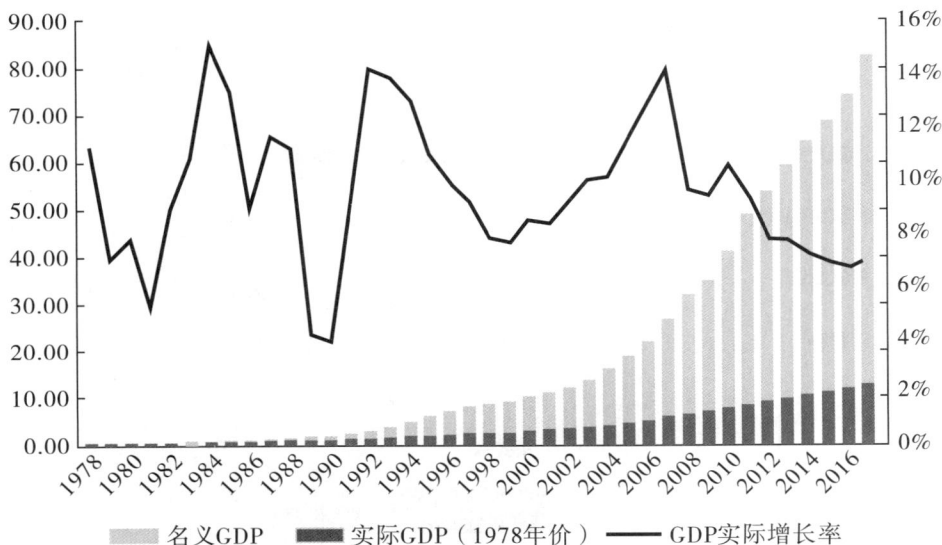

图 5　中国 GDP 增长速率（数据来源：国家统计局）

（2）剖析探究。教师点评各组方案，分析解决问题的要点。

（3）课堂演练。学生在任务实操中学习新知识，突破重点难点。

（4）点拨关键。教师演示代码要点、调试技巧和易错点，总结关键知识点。

（5）深入探究。教师提出拓展问题和课后思考题，鼓励学生举一反三。

3．课后转化

（1）技能拓展。

学生在课后完成"房贷计算器"拓展练习，教师在自主学习平台讨论区与学生互动展开讨论，答疑解惑；学生登录 1＋X 考证 Web 训练平台完成课后测验，检验学习效果。

房贷计算器　　**商业房贷计算器**　　公积金贷款计算器　　组合房贷计算器

房贷
计算　商业房贷计算器

2022年最新商贷利率4.90%，公积金利率3.25%

» **输入数据**

计算方式　　　　　　　◉ 按贷款额度算 ○ 按面积算

贷款金额　　　　　　　　　　　　　　　　　　万元

贷款期限　　　　　　　20年　　　　　　　▼

年利率　　　　　　　　最新基准利率　　　　▼

您也可以手动输入

4.90%

计算　　重置

图 6　房贷计算器

（2）分组实践。

分工协作，共同完成"改革开放知识竞赛网站"课程设计，提升职业能力与素养。学生获得成功体验，学以致用热情高。

（3）云上展示。

使用 github 或者 gitee 等代码托管平台进行 Web 前端网页效果的全员作品展示、生生互评，并且将项目经验写入个人求职简历。随着课程推进，简历素材不断积累，所有学生都有成就感。教师也可以有针对性地对学生进行单独指导。

（三）做法

1. 做好学情分析，因材施教

通过章节测试结果、作业完成情况，做好多层次、多维度的学情分析。通过课前测验，了解学生自学的情况，课堂着重讲解难重点。

本课程开设于软件技术专业一年级下学期。学生在本节课前已经学完 JavaScript 语言基础，掌握了关键字与标识符、数据类型、常量与变量、表达式与运算符、赋值语句和流程控制语句等基本知识，能够编写和调试简单的 JavaScript 程序。部分学生虽然掌握了课本的相关知识点，能够在教师的讲解下读懂代码，但是难以在项目实践中独立运用所学知识。本次课程将在此基础上，引导学生理解函数的概念，掌握函数的定义和调用。

2．两条主线：课堂教学 + 课外分组实践

（1）课堂教学。

针对每一个具体知识点和技能点，围绕企业实际项目，采用"提出问题—思路分析—任务实操—归纳分析"教学四部曲，先具体后抽象，先实践后理论，做中学、学中做、教学做一体化，符合学生的认知规律，激发学生兴趣，鼓励学生思考。

（2）课外分组实践。

采用"改革开放知识竞赛系统"网站项目案例作为课程设计内容，教师引导学生将所学知识综合应用到课程设计中，培养自主学习、解决问题的能力，严谨务实的职业素养。

3．多元化教学评价体系

从自评、互评、教师评三个维度评分，过程性与终结性评价相结合，德、技双面评价。围绕学生"创新思维、价值取向、团队协作"等评价指标进行综合评价，针对学生在课程学习过程中的"德、能、勤、绩"等多方面表现进行考核。

（1）强化过程性评价。

着眼于整个教学过程，学生自评、讨论互评，再结合教师对学生学习表现等方面的评价，把学生的学习态度、职业道德、团队精神等考虑进去，将课堂表现和实训情况作为平时成绩的重要依据，加大平时成绩的权重。

（2）推进增值评价。

重点考核学生的技能提升情况。原来基础相对薄弱的学生，有了大的进步就该褒奖；而原来基础就比较好的学生，如果原地踏步或者退步，即使他依然比其他同学考试分数高，也应该给予更低的评价。通过增值评价，可以鼓励学生不断进步，多元发展。

（3）健全综合评价。

提高评价的人文因素，构造多元化的科学评价体系，符合"三全育人"的要求。对课程专业目标和思政目标的效果进行综合评价，重点关注学生是否掌握教学内容解决实际问题，学生的价值取向、个人修养、精神风貌、行为规范能否有所提高（见图 7）。

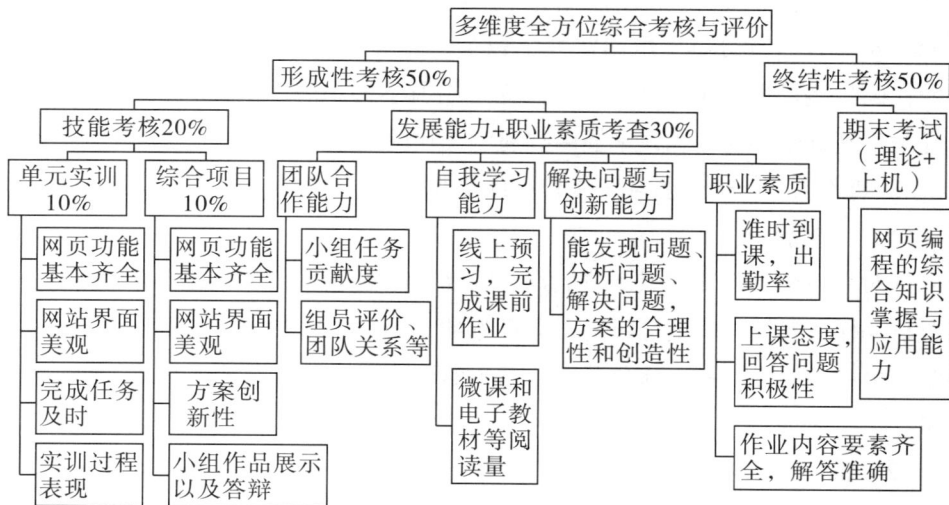

图 7　教学评价体系

三、　实施效果

1．课程教学目标有效达成，学生评价优秀

教学过程以学生为中心展开，用典型案例为教学载体，激发学生学习兴趣。以真实项目驱动教学，学生全程参与其中，全面掌握 JavaScript 技术应用。通过教学平台教与学全过程的信息采集与分析，学生的主动性、积极性、学习热情与获得感明显增强。学生的课堂参与度、作业完成情况、满意度得到明显提升，有效提升了教学效果。课程近两期学生评教平均分为 97.26 分。

本课程获评 2021 年广东省继续教育质量提升工程优质继续教育网络课程，获广东省教育厅推荐参加全国课程思政示范课程评选，还入选 2020 年校级精品在线开放课程、2021 年校级"课程思政"示范课程。教师团队也获省级以上教学大赛奖项三项。

2．岗证课训赛融通，学生创新能力得到了提升

精准对接 1 + X "Web 前端开发"职业技能等级标准，实施课证融通，参加 2019、2020 年 Web 前端开发"1 + X 证书"考试，初级平均通过率为 56.93%，中级平均通过率为 75%，远高于全国平均水平。学生近三年省技能大赛获奖 20余项，居全校前茅。

3．学生职业素养大幅提升，立德树人成效显著

所有项目组都在规定时间内完成了"改革开放知识竞赛系统"网站项目，

并在课堂展示，这大大提升了学生的自信心与成就感，培养了学生创新精神、敬业精神和责任意识。通过发放给用人企业的问卷调查了解到，本专业毕业生基础知识扎实，职业基本素质好，岗位适应能力强；在工作中能够吃苦，进入公司后能快速进入员工角色。根据新锦成调查数据，软件技术专业 2021 届毕业生平均月收入 7 992.76 元，为全校最高。

四、 创新与示范

(一) 创新

1. 建设"岗证课训赛"融合、工学结合的课程资源

与行业、企业充分合作，进行 Web 前端开发相关岗位的人才需求调研及职业能力分析，共同开发课程标准和课程资源。课程内容突出实用性、前沿性，符合产业生产实际，及时根据行业企业生产技术升级更新学习内容。网络教学、课外作业以及试题库基本与 Web 前端开发"1 + X 证书"的考试大纲同步，鼓励学生参加 Web 前端开发"1 + X 证书"等相关证书的考试。

2. 以典型任务为载体设计教学环节，强化技能训练

由于高职学生的基础比较薄弱，自学能力不强，思维能力较弱，学习的主动性不够，应以实际项目开发的典型工作任务为载体设计教学环节，建立真实工作任务与专业知识、专业技能的联系，增强学生的直观体验，激发学生的兴趣。每一个实践环节都围绕企业实际项目展开，通过各个环节的技能训练，感受职场环境，实现由学生角色到职业人角色的转变。

3. 创新信息技术类专业"课程思政"教学案例和实践项目

实现高职院校工科专业课程思政教育的"沉浸教学"效果，把做人做事的基本道理、社会主义核心价值观的要求、民族复兴的理想和责任融入课程教学中，渗入备课、授课、作业、考试等教学全过程，使得学生在学习知识和实操技能的同时，接受理想信念与价值判断层面的精神指引，做到育人的润物无声和潜移默化。

4. 有机融入 Web 前端开发技术类岗位的职业生涯规划和就业指导

通过全员作品展示、简历面试等情景模拟教学，让所有学生充分参与，激发学生学习成就感，培养学生职业素养和求职技巧。

(二) 示范引领

1. 课程思政教学改革具有示范辐射价值

高校课程思政的短板和难点在于理工科课程，做好理工科课程的思政教育具

有重要意义。"JavaScript 技术应用"面向"双十"产业集群，是 Web 前端开发"1 + X 证书"的初级核心课程，涉及的专业面广，学生人数多。总结课程改革的方法和经验将为本专业其他课程提供借鉴，也可以为兄弟院校和成人教育相关专业提供经验，推进信息技术类专业的课程思政建设，使课堂主渠道功能发挥最大化，建构全方位、多层次、立体化思想政治教育课程体系。

2. "岗证课训赛"的教学体系具有服务和推广价值

建成可共享、可推广的"岗证课训赛"五位一体的课程教学体系，可以用于兄弟院校相关专业的线上线下混合教学，可以面向行业企业提供培训服务，也可以面向社会学习者的自学入门和考证复习。在课程建设和教学实践中，可以不断拓展课程服务范围，提升社会适应性。

五、 反思与改进

1. 部分课程思政资源陈旧

改进措施：①以学期或者学年为单位，不断挖掘新的思政素材，建立动态的课程思政课程链建设机制；②准确掌握世情国情的最新发展、学生的需求变化、学界的研究进展、资源技术的更新应用，认真领会其精髓，合理应用于课程教学中。

2. 第二、第三课堂与第一课堂的衔接与融合不足

改进措施：①探索第二、第三课堂学分制改革；②鼓励专业教师以学术科技竞赛小组、创新创业工作室等形式积极参与第二课堂，形成教育合力。

3. 小组学习中部分组员参与度不够

改进措施：①合理设置小组，一般为 3 ~ 5 人；②按照"组内异质，组间同质"的原则，结合个人意愿，合理平衡各组实力；③设置作品全员展示和简历面试等环节，充分调动每个人的积极性；④通过生动有趣的案例实操，对学生进行视听冲击、行动冲击、情感冲击，引发学生对课程的兴趣与热情。

4. 部分学生难以使用已学知识解决实际项目，不喜欢独立思考

改进措施：①课前布置项目任务，让学生画出程序流程图，思考解决方案。各小组课中发言讨论，教师完善解决方案；②布置多种类型的作业，让学生画出程序流程图，写出整体解决方案和所用到的知识点。

以职业能力为导向的课程思政教学设计

——以"溶液的配制"为例

王永丽[①]

本案例内容选自"无机与分析化学"课程中的实训项目"溶液的配制"。案例以"无机与分析化学"精品在线课程、国家"十二五"职业教育规划教材为依托，教学采用"线上＋线下"混合教学模式。本案例选择内容对接化学检验岗位，将职业标准有关内容及要求融入课程中，以职业能力的培养为目标，以化学检验工就业岗位的要求为依据，主要培养学生的溶液配制技能。课程教学以学生为中心，引导学生开展课前自主探究，课中"教—学—做"，课后在精品在线课程平台巩固提升，以达到对学生职业能力培养的目的。课程讲授全面贯彻党的教育方针，在讲授专业知识的同时融入了思政教育"躬行实践、知行合一"的理念，以培养学生严谨、实事求是、精益求精的工匠精神。案例力求探究在教学中融入思政教育，让思政教育真正落实到课堂教学中，实现思政教育入脑、入心、入行，并最终形成专业课程与思政教育同向同行的协同效应。本案例教学中做到了课程与岗位对接、评价与标准对接、线上与线下对接、理论知识与技能对接、专业知识与思政对接。通过本案例的学习，使学生具备以下能力：①能正确规范地使用容量瓶配制溶液；②具有一定的自我探究能力；③具备实事求是、精益求精的工匠精神。

一、 解决的问题

1. 思政元素与学科知识"两张皮"，教育效果适得其反

课程思政的本质是实现教书育人、立德与树人的有机统一。习近平总书记强调要用好课堂教学这个主渠道，使各类专业课程与思政理论课同向而行，形成协同效应。因此，如何找到学科教学与思政教育的结合点，充分发挥学科育德、学

---

① 王永丽，硕士，广东食品药品职业学院化妆品与艺术设计专业应用化工技术专业负责人，学校课程思政教学名师，主编国家"十二五"规划教材《无机及分析化学》、高职《有机化学》和职业本科《无机化学》三本教材，主要讲授课程有"无机与分析化学"、"有机化学"、本科"无机化学"、"精细有机合成"、"化学检验实训"等。获 2020 年全国职业院校"互联网＋"轻工类专业课程思政教学设计大赛二等奖。

科育人的功能，如何合理地在课程中融入思政教育并确保融入后形成一个完整的教学体系，是本案例需要解决的问题之一，是立德树人的需要，也是高等教育教学改革的需要。

2. 学情复杂，学生的知识技能个性的差异与专业培养体系的统一性存在矛盾

本课程学习主体是高职化妆品技术、应用化工技术、香料香精等专业的一年级学生，大多生源来自高中，部分来自中职。生源特点是高中生源实操普遍比较薄弱，基本未接触过实验仪器；中职生源则理论知识薄弱，会操作，但实验数据处理能力差、数据准确度差。课程包括理论和实操两部分，课程目标是通过该课程的学习，使学生掌握从事化学检验岗位必备的理论知识和实验技能，而学生在知识技能个性上的差异与培养体系的统一性存在矛盾。

3. 学生内在学习动力不足，岗位能力要求高与生源基础薄弱及学习积极性不足存在矛盾

以化妆品技术专业为例，分析该课程与学生的就业岗位群，可看到该课程主要对接检验岗位，检验岗位不仅需要基本的理论知识，也需要熟练的操作技能，而学生的基础普遍比较薄弱且动力不足。传统的实验课是老师讲完实验内容后，学生自己完成实验即可。若采用这种传统的教学方法讲授，学生对技能的掌握不够精确，结果仅完成了实验。对于学习态度不够积极的学生，学习效果及数据准确度就尤其不理想。由于实践是高职的生命线，为了提高教学效果，培养高质量的技能人才，实验课教学设计有必要进行改革（见图1）。

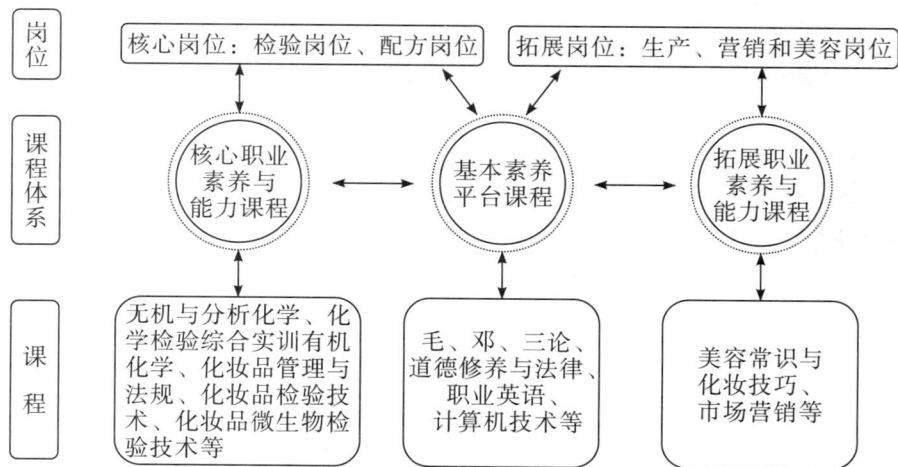

图1　课程体系构建与岗位关系

二、 解决问题的策略

1. 思路

针对以上问题，以"溶液的配制"一节内容作为思政教学案例。该案例设计思路为：为什么开展本案例教学（需求分析：专业能力、职业能力、思政能力）→确定本案例教学目标（知识目标、职业能力目标、思政育人目标）→如何完成目标（过程设计）→是否完成了该目标（课程评价）。考虑到学生知识技能薄弱的实际情况，通过合理的设计让学生逐步进入状态，胜任化学检验岗位（见图2）。

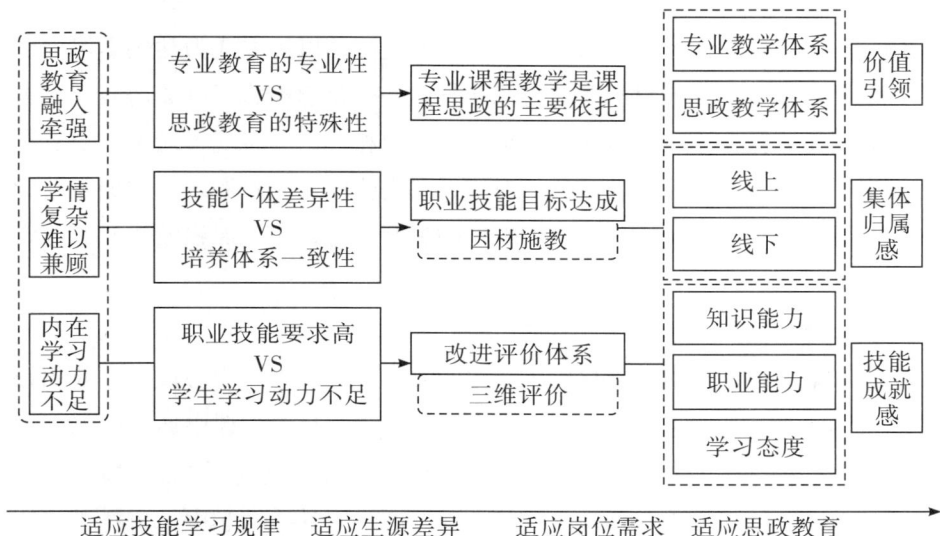

图 2 案例设计思路分析

2. 过程

具体教学设计过程如下：

①实验课前学生扫描教材中的二维码或进入学习通精品课程平台打开"容量瓶的操作"实验微课进行预习，以培养学生的自主探究精神。②教师通过创设情景开始课堂教学，通过岗位案例融入思政教育，培养学生认真细致的实验态度和精益求精的科学精神。③先进行容量瓶的基本技能训练，教师巡堂指导并针对巡堂时发现的错误操作进行投屏演示，接着设置"定容操作关键技能点"为过程考核内容。这里引入了多元化的评价，以培养学生独立的工作能力和良好的科学素质，通过提高学生观察、分析和解决问题的能力，培养其成为敬业、诚信的化学检验技能人

才。④前面技能分步训练完成后，教师演示讲解项目：$0.1mol \cdot L^{-1} Na_2 \cdot CO_3$ 溶液的配制。⑤教师布置项目任务，学生实施项目任务。⑥教师巡堂指导。⑦课程后，教师逐个给出评价，并提醒学生清理干净台面和地面、物归原处，培养学生的劳动意识和环境保护意识。

3. 做法

（1）立体化教材、精品在线课程等教学资源的建设。

建设立体化教材、思政素材、微课、习题库、试题、仿真软件等教学资源，继而建设成精品在线课程。笔者主编了国家"十二五"职业教育规划教材《无机及分析化学》，该教材开创了数字化与传统教材相结合的一种新模式，即将教材中难的理论知识点和实验技能制作成微课，通过二维码将微课植入传统教材，学生通过扫描二维码即可打开微课完成预习或复习，以此方式为学生学习提供了一个新的学习平台。该教材编写时将职业技能——化学检验工有关内容及要求有机融入教材中，是一本书证融通、课证融通的教材。内容实现了理论知识点与岗位知识点、技能点与就业岗位项目的对接，将岗位相关内容融入日常课堂教学中去，做到课程建设和职业技能、就业岗位的相互融通，实现课程教学和职业资格证的融通。

（2）"线上 + 线下"混合教学模式。

依据职业资格标准对化学检验工岗位的要求，以学生为中心设计课前扫描教材中二维码打开微课学习和平台任务结合的自主学习环节；课中通过微课自主探究、仿真实验操作、投屏演示操作、任务导入、过程关键技能点考核、师生互动、点评总结和错误操作投屏演示等环节开展课堂教学。教学中，依托学习通平台、数字化教材微课、仿真实验、投屏演示等信息化手段，将职业资格等级标准有关内容及要求融入课程中，以化学检验工就业岗位的要求为依据，有机开展翻转课堂教学，形成"线上 + 线下"混合教学模式。

（3）教师"因材施教"组织教学，使学生学得舒心。

教师灵活多变地将全班演示教学和个别差异性指导有机结合，做到"因材施教"。首先，教师面向全班演示操作整个过程，然后学生练习，同时教师巡堂个别指导。巡堂中，教师根据学生个体差异进行差别化技能指导，并将差别指导贯穿于整个实验过程，从而让学生纵向比较不断进步，获得技能提升成就感，最终使全班学生实现职业技能目标的达成，让学生学得开心舒心，培养了学生的敬业和诚信精神。

（4）开展三维技能评价，学生学得开心。

为达成职业目标，构建"学业 + 能力 + 素养"的三维多元化评价，即加入了"过程性评价"，融入了思政评价。"三维"评价中的维度一即学生的学业成绩；维度二即是从学生的解决问题能力及技能方面进行评价，及通过在实验项目中引入过程关键技能点进行考核评价，评价主体是专业教师和实验辅助老师；维度三是个人素养评价，包括职业素养和个人基本素养两方面，职业素养从团队合作、操作规范和安全操作方面进行评价，而个人基本素养从学习态度、学习纪律方面进行评价，具体依托学习通平台通过在线签到、值日、团队合作等方面开展。这种三维多元化的评价有助于激发学生的学习潜力，引导学生自主学习。

（5）递进式教学设计，符合教学规律。

教学设计首先是基本技能训练，然后是项目训练，最后是综合训练，逐步递进，中间穿插关键技能点考核。

课程设计采用逐步递进的方式开展教学，即先进行容量瓶的基本技能操作练习，再进行项目"溶液的配制"训练，合乎学习规律和教学规律。这样安排的好处是避免学生只追求完成实验而忽视过程操作的标准化及结果的准确度。

三、 实施效果

1. 学生发展目标达成

创建了适合个体发展的三维度技能人才评价模式，学生目标达成。通过改进教学方法及构建的"学业 + 能力 + 素养"三维评价模式，使立体化教学资源与"线上 + 线下"混合教学模式形成同频共振，实现耦合发展，满足学生个性化、多元化、自主性、实践性的学习需求。根据评价结果发现，学生的理论成绩、实操成绩以及职业能力得到很大提升，能胜任化学检验岗位。

2. 教师发展目标达成

课程构建了适合技能人才培养的递进式实施方案，该方案符合学生的学习规律和教师的教学规律，着眼学生的职业认同感、集体归属感和技能成就感的提升，以"线上 + 线下"混合教学模式开展教学，实现了学生职业目标的达成，同时也达成了教学目标。课程团队教师在课程建设过程中取得了多个成果，成为新一代适应"互联网 +"的教师，具体成果如下：

（1）笔者主编了 3 本教材，分别是《无机与分析化学》《有机化学》和《无机化学》，其中《无机及分析化学》被评为国家"十二五"职业教育规划教材。

（2）笔者参加首届"课程思政"示范课堂大赛获得一等奖，同时被评为校级思政教学名师。

（3）笔者在 2020 年全国职业院校"互联网＋"轻工类专业课程思政教学设计大赛中获二等奖。

（4）笔者获得多个微课比赛名次：2019 年全国食品药品职业教育药品类专业微课大赛二等奖；第二届（2019）全国职业院校化工类教师微课大赛二等奖；第三届（2021）全国职业院校化工类教师微课大赛三等奖；2022 年第一届全国职业院校高分子材料类专业教师微课大赛二等奖；笔者主编的《有机化学》被评为首届全国高分子（橡胶）职业教育集团优秀教材。

（5）笔者主持多个教研教改项目，分别是：2023 年度教育科学规划课题（高等教育专项），2022 年度教育科学规划课题（高等教育专项），2022 年度广东省高职教育食品药品与生物化工教职委教育教学改革项目，精品在线课程"无机与分析化学"，精品在线课程"有机化学"，教改课题"微课、二维码和传统教学资料有机结合的应用研究"，国家资源库子课题《有机化学》精品在线课程等。

3．社会发展目标达成

（1）本课程案例利用纸质教材、二维码、电子教材、在线学习平台、在线交互式题库、在线微视频、仿真软件等新媒介辅助课堂教学，丰富知识流动的渠道类型和教学活动发生的场所类型，可有效提高该课程的教学质量和教学效率。该项目产生的立体化教材为国家级"十二五"规划教材，在全国发行，教材中的思政素材为其他院校开展思政教育提供了参考。展望未来，该项目产生的立体化教材和资源会转化成精品在线课程在全国分享，做到资源共享。

（2）构建的三维评价模式从不同维度和不同层次对学生进行更客观、更多元、更科学的评价，这为其他技能课程的教学在"改进课程评价，强化过程评价，健全综合评价"等方面提供了实践参考。

（3）案例给出的递进式教学设计符合学生学习规律和教师教学规律，这可作为高职技能人才培养体系构建的基本遵循，为高素质技能人才的培养提供了理论依据，也为类似课程的设计提供了借鉴和参考。

四、　创新与示范

本课程的课程设计理念如图3：

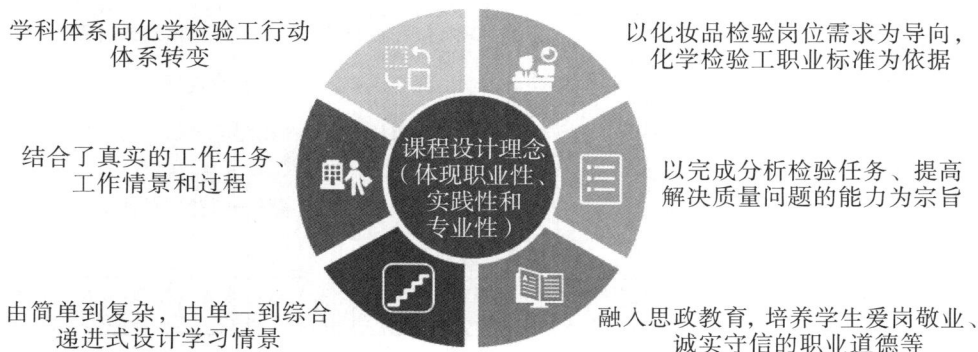

学科体系向化学检验工行动体系转变

以化妆品检验岗位需求为导向，化学检验工职业标准为依据

结合了真实的工作任务、工作情景和过程

课程设计理念（体现职业性、实践性和专业性）

以完成分析检验任务、提高解决质量问题的能力为宗旨

由简单到复杂，由单一到综合递进式设计学习情景

融入思政教育，培养学生爱岗敬业、诚实守信的职业道德等

图3　课程设计理念

1．"线上＋线下"混合教学模式

依据职业资格标准对化学检验岗位的要求，以学生为中心设计了课前扫描教材中二维码打开微课学习和平台任务结合的自主学习环节，课中通过微课自主探究、仿真实验操作、投屏演示操作、任务导入、过程关键技能点考核、师生互动、点评总结和错误操作投屏演示等环节开展课堂教学。教学中，依托学习通平台、数字化教材微课、仿真实验、投屏演示等信息化手段，将职业资格等级标准有关内容及要求融入课程中，以化学检验工就业岗位的要求为依据，有机开展翻转课堂教学，形成"线上＋线下"混合教学模式。教学过程穿插过程性考核，同时融入思政教育，帮助学生树立正确的三观，培养学生求真务实、精益求精的工匠精神（见图4）。

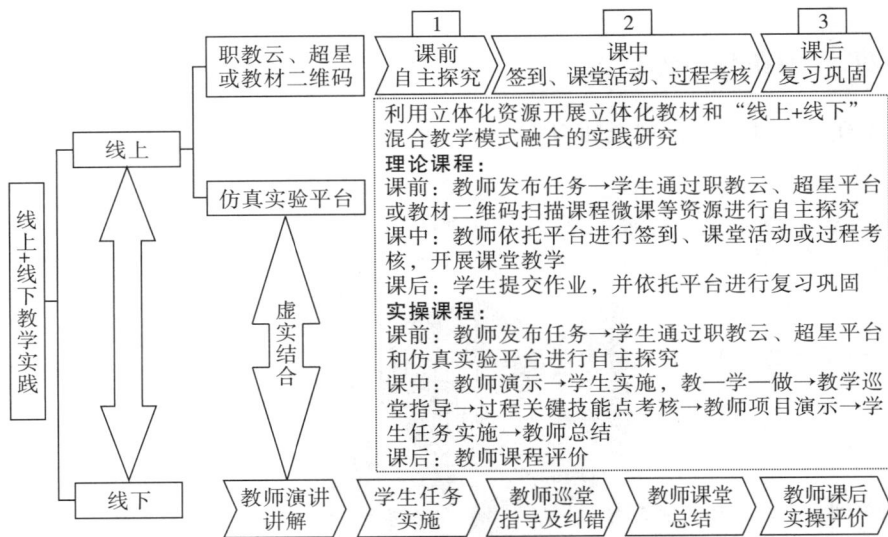

图4 "线上＋线下"混合教学模式

2. 层层递进的教学设计

通过梳理化学检验岗位的能力要求，结合岗位需要，构建基本能力—应用能力—综合能力逐步递进的实践教学内容，递进式培养学生的职业能力。课程体系中融入思政元素，实现全方位育人。

本课程的具体教学设计思路为：微课自主探究、仿真实验操作、投屏演示操作、任务导入、过程关键技能点考核、师生互动、点评总结和错误操作投屏演示等。教学设计先基本技能训练，再项目训练，再综合训练，逐步递进，合乎学生学习规律和教师教学规律。课程设计采用逐步递进的方式开展实验教学，即先进行容量瓶的基本技能操作练习，再进行项目"溶液的配制"训练，让学生不仅关注完成实验，更关注过程操作的标准化及结果的准确性（见图5）。

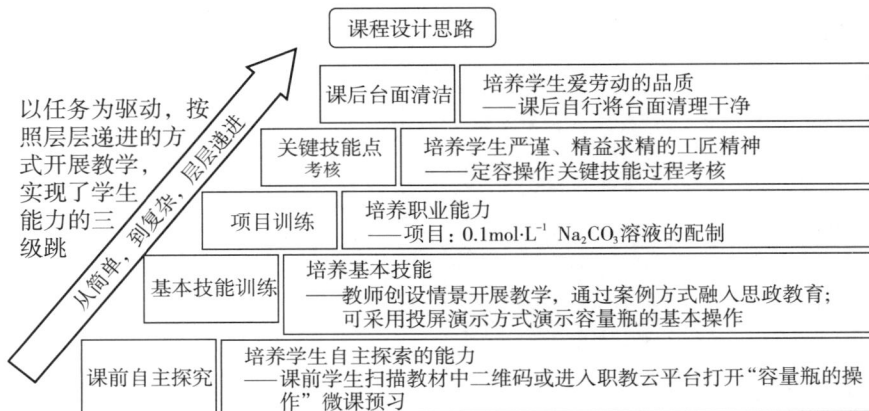

图5 课程设计思路

3．从学科体系向化学检验工行动体系转变

笔者主编了《无机及分析化学》。教材开创了数字化与传统教材相结合的一种新模式，同时是一本书证融通、课证融通的教材。课程教学内容做到了"课程与岗位对接"、"评价与标准对接"、"线上"与"线下"对接、"理论与技能对接"、"专业知识与思政元素对接"，将岗位相关内容融入日常课堂教学中去，做到课程建设和职业技能、就业岗位的相互融通，实现课程教学和职业资格证的融通。案例教学着眼学生的职业认同感和技能成就感的提升，以职业岗位要求作为技能考核评价依据，充实训练量，实现学生职业能力的快速达成。

4．多元一体的评价体系

课程创建了适合学生个体发展的技能人才评价模式，通过引入"过程考核"将学生的学习能力、学习态度和学习动力等因素纳入考核，进而构建了"知识＋能力＋素养"的三维评价模式。这种评价模式将职业能力评价、学习动力、职业认同感等非智力因素作为评价元素，可更好地激励学生，也在"强化过程评价，健全综合评价"等方面提供了理论参考。如本案例项目"溶液的配制"，可选择"定容"关键技能点进行过程考核，学生定容完成后请老师进行过程性考核，老师检查定容是否可行，并给予过程性评价，时间操作上比较可行，也对学生的练习起到督促作用，同时也有助于培养学生严谨的实验态度和精益求精的工匠精神。

5．价值塑造、能力培养、知识传授"三位一体"

从课程目标到整个教学过程都融入了对学生的思政教育，在传授学生知识及培养学生职业能力的同时，挖掘课程所含思政元素，将专业知识教学与思政教育融会贯通——"躬行实践、知行合一"，以培养学生严谨、实事求是、精益求精的工匠精神。

五、 反思与改进

课程思政不是改变专业课程的属性，更不是把专业课改造成思政课，而是将思政教育融入课程中，学生在不知不觉中接受了思政教育。为此，应充分提炼专业课程中蕴含的思政元素，润物细无声地对学生起到价值引领的作用。教师对课程思政理念和内涵的把握以及教师对教学过程的把控能力直接影响思政教育融入的质量，笔者针对本课程融入思政教育的情况反思如下：

1．加强课程融合思政的教学设计

本课程是一门专业基础课程，对接化学检验岗位。课程所含思政元素多种多样，非常丰富，在课程教学与思政教育的融合方面发挥着得天独厚的优势。目前大多专业课融入思政教育存在的普遍问题是教师根据自己以往的经验和认知开展课程思政，思政教育过于零散随意，缺乏对整门课程思政元素的充分挖掘和梳理。而本课程理实化一体，笔者前面已经对该课程思政元素进行了挖掘和梳理，也对融入思政教育进行了一些教学设计，并在以后的教学实践中继续摸索探究该课程融入思政教育的方式。思政教育融入应杜绝直接讲授灌输，避免生硬，否则效果适得其反，引起学生反感。为了做好课程思政教育，笔者后续会在原来思政设计的基础上进一步研究，更好地将思政融入教学中。

2. 继续完善课程教学资源

课程目前已具备配套的教材和大量的课程资源，在后面的教学中将继续进行完善，如制作微课、开放实验仿真软件等。目前，笔者主编教材《无机及分析化学》后续也将继续完善，将教材建设成和精品在线课程配套的教材，建设成适于开展"线上＋线下"混合教学模式的教材，以适应信息化教学的需要。

3. 继续开展"线上＋线下"混合教学模式，做好立体化教材建设与混合式教学实践的有机融合研究

"线上＋线下"混合教学模式有很多优点，但也不能盲目采用，需要把两者有机合理地结合起来，才能提高教学效果。在以后的教学中，总结经验，找到两者的结合点。立体化教材是依托现代网络技术，以纸质教材为基础，并以多媒体、多形态、多用途和多层次的教学资源与多种教学服务为内容的教学出版物的集合。混合式教学则是将传统课堂教学与线上自主学习相结合，将以教师为主体的教学模式转变为以学生为主体、教师为主导的教学模式。两者在改革目标和方法等多个方面均存在相似性。立体化教材的开发若能与"线上＋线下"混合教学模式有机融合，必能促进教学的变革与创新，满足信息时代的要求。

创新职业英语课程思政浸润路径

——以展会英语"Product Demonstration"为例

方夏萍①

　　高职公共英语课程思政的育人效果不明显，从生态教育学的视角来看，其根本原因是课堂教学设计忽略了学生与课堂教学环境之间的动态适应关系，导致教学环境的各种思政要素不能有效转化为学生的积极给养。因此，如何以学生为中心，设计与其英语学习需求和效能相匹配的思政给养要素及浸润路径，激发学生积极的学习行为，促进学生知识、能力、素养的提高，塑造正确的价值取向，成为公共英语课程思政亟待解决的问题。

　　本案例基于课程思政浸润路径和学生专业、英语学习需求、学习效能等因素的深度分析，将生态给养和产出导向法等教育教学理论与信息技术深度融合，开展职业英语课堂革命。主要举措包括：一是宏观层面上的课程思政创新，以学生的积极给养转化为导向，通过挖掘教学内容的思政元素、创新思政融入渠道与方法、实施混合式教学模式、建设"三全"评价体系四个方面的改革创新，有效促进学生对思政元素的积极给养转化；二是微观层面上的课堂教学实施，基于产出导向法开展课堂教学，利用产出任务驱动学习，通过输入性学习促成产出，采用多元化评价有效反馈，并在具体的教学中有机地融入思政元素，在提高教学效果的同时，发挥育人的功能。

一、解决的问题

　　目前高职公共英语课程思政主要存在以下问题：

1. 教学内容思政资源不够丰富

　　在现有的高职公共英语教材中，思政元素较为分散，教师利用思政元素开展教学的主观性很大，缺少整体的规划与设计。

---

① 方夏萍，硕士，广东食品药品职业学院国际交流中心讲师，大学英语教研室专任教师，主要研究方向为大学英语教学和语篇分析。获广东省信息化教学大赛二等奖、广东省高校（高职）青年教师教学大赛二等奖。

2．课程思政融入的渠道和方式较单一

高职公共英语课程思政实施的渠道和阵地比较受限，常常仅限于课堂上教师的引领和教育，手段和形式也不够多样化，所以效果并不理想。

3．教学方法和教学模式较陈旧

传统高职公共英语教学常常以教师为中心，注重讲解和传授知识，信息技术运用较少，授课形式呆板，学用分离，不利于调动学生的学习积极性。

4．教学评价环节未能体现课程思政的元素

在高职公共英语的教学评价环节上，常常存在重语言知识和技能而轻思政或素养考核的现象。以学生语言能力为主的评价体系没有体现思政目标或素养目标的考核，不利于思政元素的积极给养转化。

二、 解决问题的策略

（一）思路

针对高职公共英语课程思政在课堂教学中存在的问题，以学生为中心，以积极给养转化为导向，挖掘与拓展现有教学内容的思政元素，创新思政融入的渠道与方法，实施基于产出导向法的混合式教学模式，建设"三全"教学评价体系，促进学生的有效感知、解读和行动，从而实现思政给养的有效转化（见图1）。

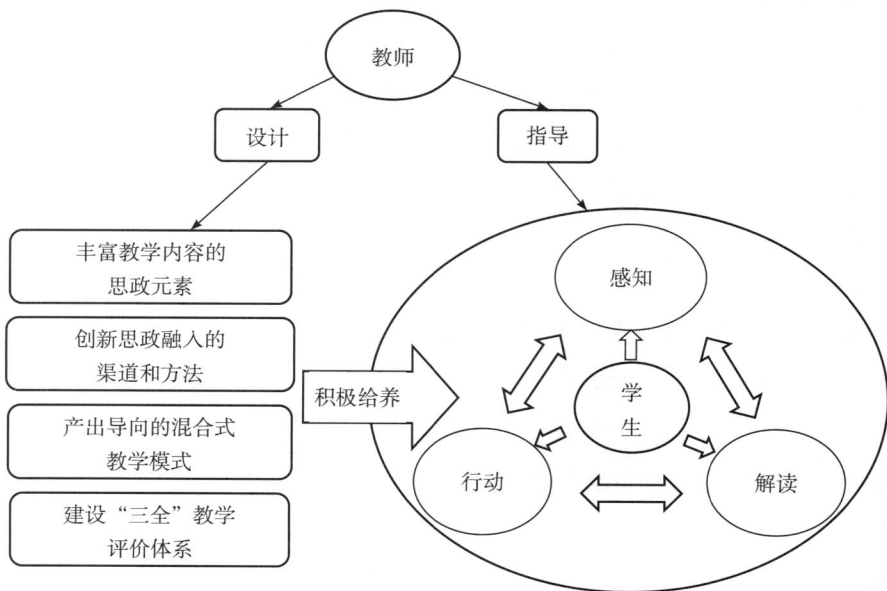

图1　基于积极给养转化的职业英语课程思政浸润路径设计

1. 挖掘教学内容的思政元素，创造思政浸润的环境

依据"以学生发展为中心、以英语学科属性为引导、以专业特色为依托"的原则，挖掘职业英语中的思政素材，主要包括家国情怀（如政治认同、国家意识、民族情怀、文化自信等）、职业素养（如创新能力、沟通能力、思辨能力、服务意识、工匠精神、团队精神、敬业精神等）和国际视野（如全球眼光、开放包容、交流合作、绿色发展等），从内容、呈现形式、练习及活动设计方面进行筛选和必要的增补（见图2）。

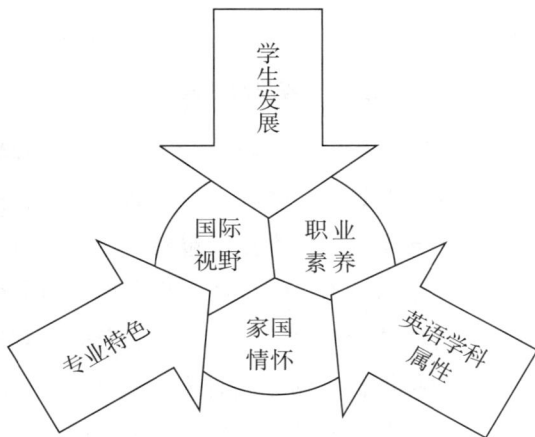

图2 职业英语课程思政元素的挖掘与拓展思路

2. 创新思政融入的渠道与方法，拓展思政浸润的时空与形式

除了课堂主阵地外，依托学校社团"英语俱乐部"开发英语第二课堂，拓展思政育人时空。课堂上以任务为载体，学生通过展示、讨论、表演等多样化的形式，锻炼了思辨能力、沟通能力、团队协作、服务意识等职业素养，同时教师通过"专题嵌入式""案例穿插式""隐性渗透式"的方式，将家国情怀、国际视野等其他思政要素融入教学；课下定期组织开展多样化第二课堂的活动，如以"My Chinese Dream""工匠精神""敬业精神""团队精神"等为主题的中国故事英语演讲比赛，以"美丽乡村，希望田野""Red Star Over China"等为主题的写作比赛，以"中医药文化"为主题的短视频大赛等，激发学生的爱国热情，帮助学生树立远大的理想抱负，投身到国家发展的大潮中（见图3）。

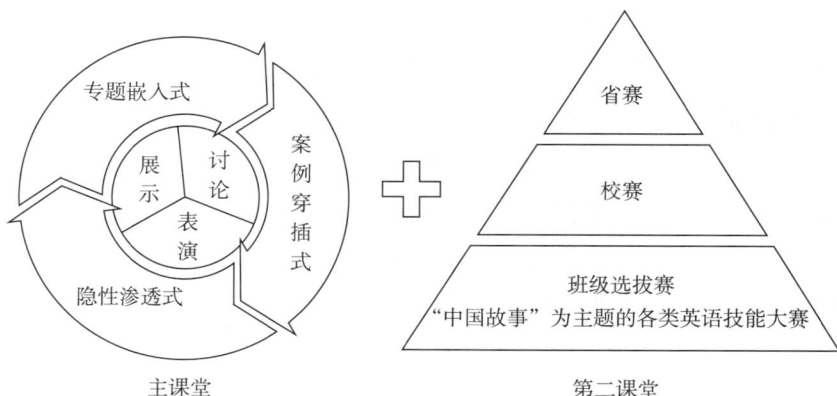

图 3　职业英语课程思政融入渠道和方式

3. 设计基于产出导向法的混合式教学模式，推进思政浸润的实施

在信息技术大发展的时代背景下，依托产出导向法理论，探索职业英语线上线下混合式教学模式。产出导向法的教学流程包括：①驱动。设计具有潜在交际价值的任务场景，使学生产生内驱力。②促成。将产出任务分解为子任务，学生围绕各子任务，选取输入材料进行学习，促成任务的完成。③评价。产出结果采用多元化评价手段，包括教师评价、学生自评和互评等。在具体教学的设计中，通过线上线下混合式教学模式有机地融入思政元素，通过教育教学与技术的深度融合引领新的课堂革命（见图 4）。

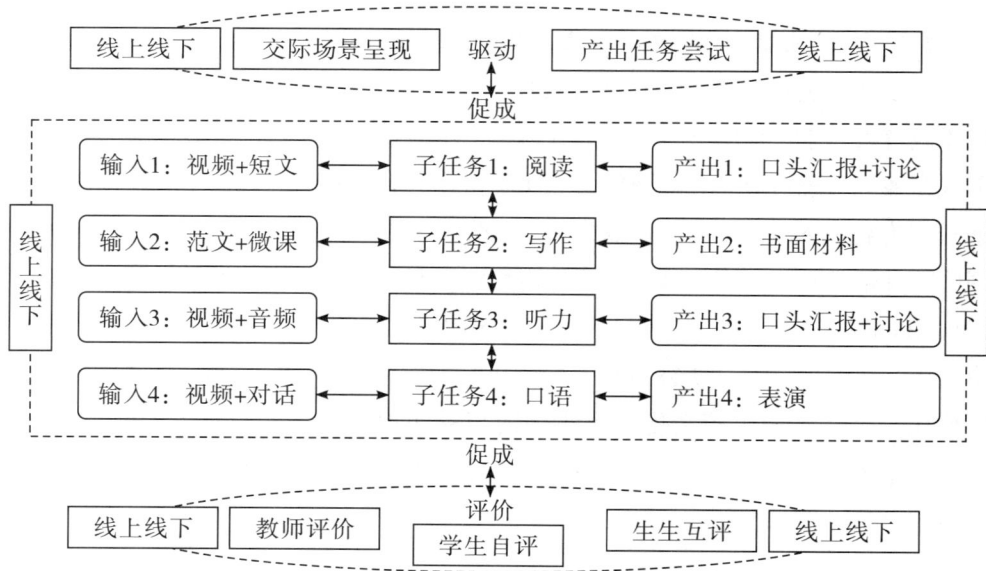

图 4　基于产出导向法的职业英语混合式教学模式

4. 建设"三全"评价体系，注重思政浸润的反馈

采用学生自评、生生互评、教师评价三维评价体系，学生、同学、教师均参与到评价中来，实现全员育人；评价内容从知识、技能、思政三方面的视角开展评价，注重对学生的全方位评价；充分利用学习通网络教学平台的大数据功能，全程准确地记录并评价学生的学习情况（见图5）。

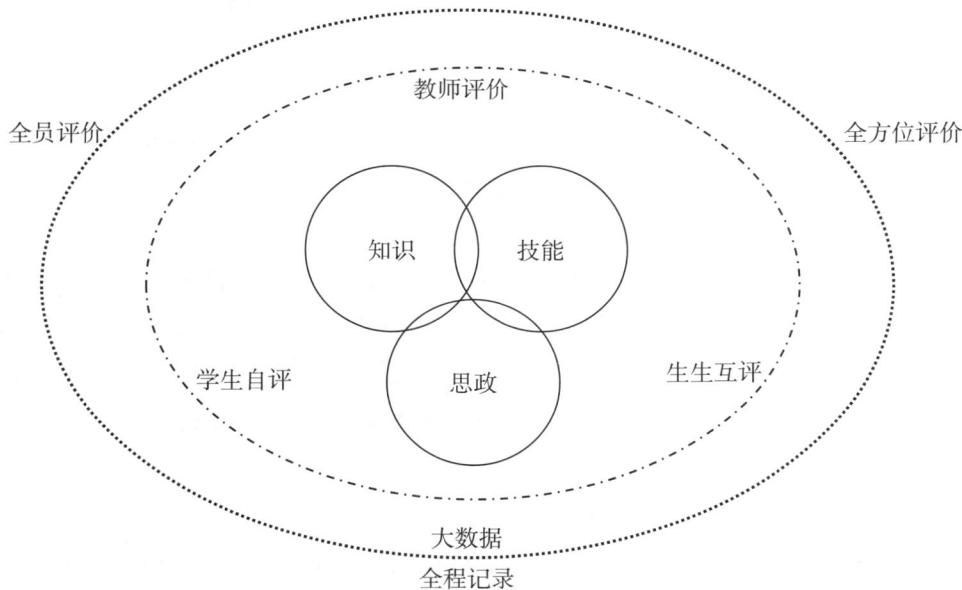

图5 职业英语课程"三全"评价体系建设的思路

（二）过程

1. 整体教学设计

职业英语教材因受其应用面的限制，职场任务常以共性的工作场景呈现，未能结合学生的专业及其未来的就业岗位，导致这些任务往往具有职场特点但缺少专业岗位特色。只有把课程教学内容与职业岗位结合起来，才能设计出专业特色浓厚且能有效促进学生学习的职场英语情境。因此，在教学中根据授课学生专业整合教材的职场情境，突出职业特色。以授课对象为药学专业的学生为例，分析学生的就业岗位群及岗位工作任务，对教材内容进行岗位化改造，把学生将来可能从事的具体职业岗位如药师、药品销售代表、药学顾问和推广专员等角色引入各个单元学习情境。学生通过求职面试（Unit 1 Job Interview），进入具体职业角色，在具体岗位上由易到难开展电话服务（Unit 2 Working on Telephone）、接待外宾（Unit 3 Receiving Foreign Guests）、参观公司/工厂（Unit 4 Factory &

Company Tours）、召开商务会议（Unit 5 Running Business Meetings）、展会参展（Unit 6 English for Exhibitions）、价格谈判（Unit 7 Price Negotiation）、药物制剂（Unit 8 English for Pharmaceutical Engineering）、药店服务（Unit 9 English for Pharmaceutics）等工作。通过岗位角色的设定，使普通职场情景的教学内容具有专业岗位特色，实现教学内容与职业岗位的有机融合。这种基于职业岗位的课程教学设计学生易于接受并能产生兴趣，进而乐意以职业角色的身份主动探究和学习。

2. 典型课堂教学案例

以"Unit 6 English for Exhibitions"的听说课"Product Demonstration"为例，授课对象为药学专业的学生，介绍具体课堂教学实施过程。

（1）重组教学内容，挖掘思政元素。

以职业能力培养为导向，对接药学专业相关岗位（药品销售代表）的典型工作任务，整合教材 Unit 6 English for Exhibitions 的教学内容，以学生小组创建的虚拟医药公司参加第 131 届广交会为主轴，设计具有工作逻辑的课堂教学内容，挖掘开放包容、交流合作、文化自信、沟通能力、服务意识、思辨能力等思政元素。

（2）设计丰富多样的思政融入方式。

授课过程中，以"参加广交会推介公司产品"的主任务为载体，学生通过展示、讨论、表演等多样化的形式，锻炼其思辨能力、沟通能力、团队协作、服务意识等职业素养，同时教师通过"专题嵌入式"和"隐性渗透式"的方式将国家意识、文化自信等其他思政要素融入"展会英语"教学，例如：

①广交会介绍。

引导学生登录广交会官方网站英文版，了解展会规模、参展商数量、成交意向等数据，这既是英语学习的拓展资料，同时也可让学生体会到改革开放所带来的经济繁荣发展，国家认同感和自豪感油然而起。

②产品介绍。

教师发现大多数小组公司产品选用中成药。2020 年以来，中成药在抗击新冠疫情发挥了巨大的作用，获得了全球更多关注和认可，增强了学生的中医药文化自信和民族自豪感。

（3）具体教学流程。

在教学中实施基于产出导向法的混合式教学模式，包括"驱动""促成"和"评价"三个环节，通过课上＋课下、线上＋线下的有效融合，拓展教学时空。

环节 1：任务驱动，激发热情。

课上播放第 131 届广交会开幕式，引出学习主任务：学生小组代表其创建的虚拟公司参加广交会，向参展外宾推介公司产品。授课期间恰逢广交会，真实的交际场景立即调动学生的学习热情，有效实现任务驱动，同时增强学生的国家认同感以及开放包容、交流合作的国际意识。

环节 2：语言促成，产出成果。

将主任务分解为三个子任务：

任务一，分析产品的特点及卖点。课前，教师线上发布话题讨论"Supposing your company will attend Canton Fair to promote your product，please analyze what features of your product will attract the visitors"，同时上传产品介绍的微课，要求学生课前观看学习（融入学习能力的培养），并根据小组公司的具体产品，分析其特点和卖点（融入思辨能力的培养），在线留言；课上小组讨论发言，师生共同总结归纳产品介绍的要点。

任务二，了解产品推介的常用表达和流程。将产品介绍的常用表达设计为线上听力学习任务，课上引导学生在线完成听力任务，根据平台即时反馈讲解学生易错词汇和句型，接着组织学生小组讨论如何用英语介绍产品的特点和卖点，最后请小组代表汇报（融入团队精神的培养），师生共同归纳产品推介的常用表达和流程。

任务三，角色扮演呈现产品介绍场景。课上指导学生小组根据公司产品撰写产品推介文稿（融入团队精神、沟通能力、交流合作的培养），邀请 2 个小组表演，师生点评，共同制定评分标准，要求学生根据评分标准进一步完善小组表演。课后，教师线上发布口语任务，要求拍摄产品推介场景视频（融入创新能力的培养），同时上传拓展学习资源"云展会微课"等，学生课下自主学习云展会模式（融入学习能力的培养），可借鉴线上直播模式拍摄其产品推介场景。

环节 3：多元评价，以评促学。

听力任务：学习通平台即时反馈。

口语任务：课上检查点评个别小组口语展示，与学生共同制定评分标准，明确思政视角的评价内容，如团队精神、思辨能力、服务意识、沟通能力、开放包容等，要求学生根据评分标准完善小组口语表演。课后线上开展小组自评、互评和教师评分活动，将评价作为学习的强化、深入阶段，发挥以评促学的作用。

三、 实施效果

1. 给养积极转化，三维目标有效达成

通过思政元素、思政融入渠道手段、课堂教学模式和思政评价体系的改革创新，促成学生给养积极转化，有效达成教学三维目标。授课班级学生参加高等学校英语应用能力等级考试（B 级），2021 年与 2022 年考试通过率全校排名分别为第一（84.19%）和第三（86.51%）；大部分学生能用英语完成求职面试、电话沟通、接待外宾、公司介绍、产品推介等职场任务，提高了英语应用能力；较好地锻炼了创新能力、沟通能力、团队协作意识等职业素养，同时通过在教学中鲜活的思政素材，自然融入"家国情怀""国际视野"等思政要素，帮助学生树立正确的价值观和理想信念。

2. 英语技能大赛有机融入思政元素，有效实现德技双融

依托"中国故事"为主题的各类英语技能大赛，通过班级选拔赛、校赛、省赛三层递进，实现了运用英语讲述中国故事、传播中国文化的目的，有效实现德技双融。近两年指导学生参加校级英语口语比赛，一等奖 3 人，二等奖 3 人，三等奖 4 人；参加校级英语写作大赛，一等奖 2 人，二等奖 1 人，三等奖 1 人；参加校级"中医药文化"短视频大赛，一等奖 2 人，三等奖 10 人；指导学生参加 2023—2024 年度广东省职业院校学生专业技能大赛（高职组）英语口语赛项，获二等奖，参加 2022 年"中国教育电视台·外研社杯"职场英语挑战赛演讲大赛，获广东赛区二等奖。

3. 课程思政教学设计满意度较高，教学效果较好

职业英语课程思政教学改革得到授课学生的认可。问卷调查结果表明，98%的学生认为职业英语课堂上教师注重家国情怀、职业素养和国际视野的培养，96%的学生对职业英语课程思政教学设计表示满意；教学改革效果较好，近 3 年评教得分均在 95.9 分以上；教学案例"创新教与学，构建职业英语智慧课堂"获 2021 年校级高等职业教育"课堂革命"典型案例立项，《职业英语（下）》课程思政团队获 2023 年课程思政示范项目校级立项。

四、 创新与示范

1. 理论创新

发挥双重理论逻辑"叠加效应"：一是生态给养理论，在宏观层面上创新课堂教学环境的思政要素设计和浸润路径，使其符合学生的学习需求和效能，有效转化为积极给养，激励学生产生学习内动力。二是产出导向法教学理念，在微观层面的课堂教学中，实施任务驱动、语言促成和多元评价的教学流程，践行学用一体。

2. 教学示范

（1）思政元素系统化、丰富化。

依据"以学生发展为中心、以英语学科属性为引导、以专业特色为依托"的原则，深度挖掘与拓展职业英语思政素材，主要包括家国情怀、职业素养和国际视野三大类。

（2）思政融入立体化、多样化。

采用"主课堂＋第二课堂"为思政融入主阵地。课内以任务为载体，通过展示、讨论、表演等多样化的形式，培养学生思辨能力、沟通能力、团队协作、服务意识等职业素养，同时通过"专题嵌入式""案例穿插式""隐性渗透式"等方式将家国情怀、国际视野等其他思政要素融入教学；课外利用学校社团"英语俱乐部"开展多样化的第二课堂活动，如"中国故事"主题的演讲大赛、写作大赛等。

（3）思政评价具体化、多元化。

任务前，与学生共同制定评分标准，明确思政视角的评价内容，要求学生根据评分标准完成各项任务。任务后，线上开展小组自评、互评和教师评分活动，将评价作为学习的强化、深入阶段，发挥以评促学的作用。

五、 反思与改进

第一，课程思政评价体系还需进一步完善，在多元评价的基础上开展增值评价，如课后将学生思政转化效果分别与课前或往届学生学情进行对比，关注学生的成长和进步，为把握不同起点的学生的成长创造条件，有助于关注到每个学生的发展变化过程。

第二，作为高职公共英语教师，缺乏企业实践经验。目前职业英语课程思政内容中的"职业素养"仅仅是基于授课教师对各行业及职业岗位广泛调研获得的，教师必须深入企业实践，才能更深入了解行业和企业对高职高专毕业生英语技能和综合素质的要求，才能在职业英语教学中真正实现教学内容与职业岗位的有机融合。

传承中医药文化， 提升中药学服务英语技能
——课程思政视域下中药学服务英语的教学设计

兰丽伟①

本教学案例为广东食品药品职业学院中药专业群人才培养方案中"公共必修课职业英语（下）"课程标准中的专业模块：药学英语单元第三次课，其教学内容选自本案例设计者主编的"新里程职业英语教程"系列教材中的《职场英语教程》"Unit 13 English Pharmaceutics"中"Listening & Speaking"模块，教学主题为"At a TCM Pharmacy"。

本次教学基于中药药师岗位，培养学生牢记习近平总书记对新时代中医工作作出的重要指示，树立"爱国、敬业的工匠精神，传承中医药文化，践行使命与担当，用英语讲中医药历史人物故事"为思政育人目标，以价值为引领，以"中药药店服务英语"为主题依托，以掌握"中药药店服务英语工作过程"为任务驱动，从而达成培养学生用英语讲好中医药传统文化故事和习得中药师岗位技能为导向的教学目标。教学中基于信息化教学手段，采用线上、线下相结合的混合式教学模式，教师通过文化导入法、项目教学法、示范讲授法组织课堂教学。学生通过网络探究法、小组合作学习法，角色扮演法和自主学习法完成思政情境学习，以"一体两翼"的形式进行课堂教学设计并组织实施（一体是指以教学步骤的展开为主体，两翼是指同时兼顾学生能力的提升和思政要素的融入），采用以学生学习成果为导向的多维度教学评价体系，收到了"四共"（即师生之间的"共情""共振""共成长""共促进"）的课堂成效。

一、 解决的问题

1. 如何将课程思政元素有效融入教学

针对思政元素融入教学生硬的问题，利用启发式教学手段，通过"香港中文大学药学院院歌""国医大师张伯礼典型事迹""患者用药错误案例"，启发学生

---

① 兰丽伟，硕士，副教授，广东食品药品职业学院国际交流中心大学英语教研室主任。广东省第六批高校"千百十工程"校级培养对象，校级教学名师。主要从事大学英语教学与研究工作。研究方向为英语应用语言学与跨文化交际。

药剂师应具备的职业素养，潜移默化地引导学生树立努力考取执业药师资格的目标，培养执业药师的敬业精神和工匠精神，有效地将价值塑造融入课堂，达到了"如盐洒水""润物无声"的成效。

2. 如何解决教学中重难点

针对本次课的知识重难点，利用信息化教学手段，将本次课重点（药店服务工作场景常用的术语和句型的英语表达）和难点（根据不同药剂型，药剂师如何用恰当的英语表达指导患者用药）录制成微课，让学生利用碎片时间提前充分预习，有效预复习，掌握根据不同药剂型，药剂师如何用恰当的英语表达指导患者用药表达，促使学生治学严谨，养成良好的自学习惯，进而提升教学效果。

3. 如何解决 100 人以上大班英语教学难问题

针对大班英语教学中口语教学难，特别是专业口语单元部分学生职场英语口语技能有待提高的问题，基于项目教学法和小组合作学习法，通过小组团队形式完成职场英语口语视频大赛，要求学生将作品上传到超星学习通平台，并完成教学评价（师评 40%，小组互评 40%，组内自评 20%）。这不仅解决了大班英语教学中难以实施学生职场英语口语技能的实践教学问题，还能通过参与教学评价使学生做事态度更加严谨，从而达到价值塑造和知识传授有效融合的思政育人目的。

4. 如何做到因材施教

针对学生英语水平参差不齐，但其他能力如文本撰写、视频编辑等能力较强的情况，通过作业布置分层、作业作品化、赛制化形式，逐步培养并提高学生自主学习能力；同时发挥学生各自专长，培养和提升学生团结协作能力、创新能力。

5. 如何将英语课程思政教学与学生专业相结合

针对中药学专业特点，通过布置中医药文化英语展示拓展作业，达成培养中药学专业学生讲好中药学传统文化故事、做好中医药文化传承者的思政育人目标。

6. 如何挖掘思政元素

针对教材中思政元素少、融入方式单一的问题，潜心修订教材，如在"导入"模块增加中医药著名人物李时珍、孙思邈、屠呦呦的介绍，在"文化沙龙"模块增加传统文化二十四节气等。

二、 解决问题的策略

1. 思路

本次课总体设计思路是基于"一个中心""两种能力""三个方面""四个素养",即"以药剂师特定的工作岗位药店服务职场工作任务"为中心,培养并提升学生"职场英语工作能力"和"用英语讲中医药文化"的两种能力,规范学生"职场工作语言、工作流程、工作要点"三个方面,提升学生的"爱国、敬业、职业道德、团结协作"四种素养。

2. 过程

(1)从学生的知识背景、认知结构、信息技术素养和中医药文化素养四个方面进行学情分析。

①知识背景:学生已经具备一定的语言知识,且接触到本专业相关课程的学习并掌握了中西医诊断和治疗疾病的基本原理及差异,但学生语言基础参差不齐,缺乏行之有效的学习方法,有畏难情绪,需要调动学生学习积极性。

②认知结构:学生已掌握从输入到吸收再到输出的语言学习过程,能做到对语言材料的书面理解,但听力及口语表达能力有待提升。

③信息技术素养:学生具备良好的信息技术素养,乐于通过移动设备和网络去获取信息和资源。学生100%拥有智能手机,这些都为信息化课堂教学开展提供了有利条件。

④中医药文化素养:学生对中国中医药传统文化感兴趣,但了解不够深入,相关英语表达方面知识匮乏。

(2)从知识、能力、思政育人目标三个方面制定教学目标。

①知识目标:掌握药剂师药店服务工作场景常用的术语和句型的英语表达。

②能力目标:基于药店英语服务流程,能够熟练地用英语询问病人的症状,向病人推荐药品及指导病人如何正确服药。

③思政育人目标:培养学生爱国、爱岗、敬业的品质,精益求精的工作态度,安全用药的科学素养,服务患者的职业精神,严守药规的职业情操,践行使命与担当,文化自信,用英语传播中医药文化的能力。

(3)依据教学内容,确立教学知识点及重点、难点。

知识点:药店服务英语的流程及药店服务中重点词汇及常用句型。重点:药店服务工作场景常用的术语和句型的英语表达。难点:根据不同药剂型,药剂师如何用恰当的英语表达指导患者用药。同时重难点录制微课以利于学生利用碎片时间随时随地学习。

（4）结合教学目标和学情分析，进行有效的课程思政主题教学任务的教学设计。

3. 做法

在实践教学中基于信息化教学手段，采取线上、线下相结合的混合式教学方式，以学生英语俱乐部为第二课堂，采用文化导入法、任务驱动教学法、小组合作学习法和角色扮演法，将爱国、敬业、工匠精神、文化自信、职业道德等思政元素通过案例穿插式、隐性渗透式、画龙点睛式等方式，将以 4P（profession，position，procedure，point）与中医药文化为载体的教学内容，学生岗位需求的英语语言知识和能力提升相融合，形成价值引领、知识传授、能力培养三位一体化的教学模式。教学过程分为课前、课中和课后，思政要素融入教学全过程。具体见图 1 至图 4。

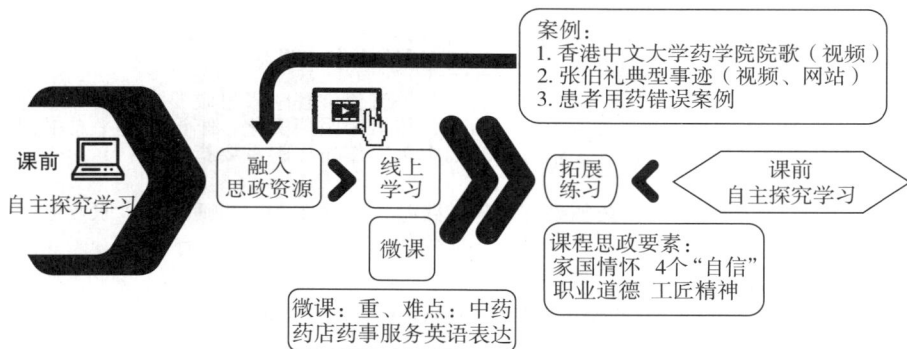

图1　Unit 13（3）At a TCM Pharmacy 课程思政教学设计流程图

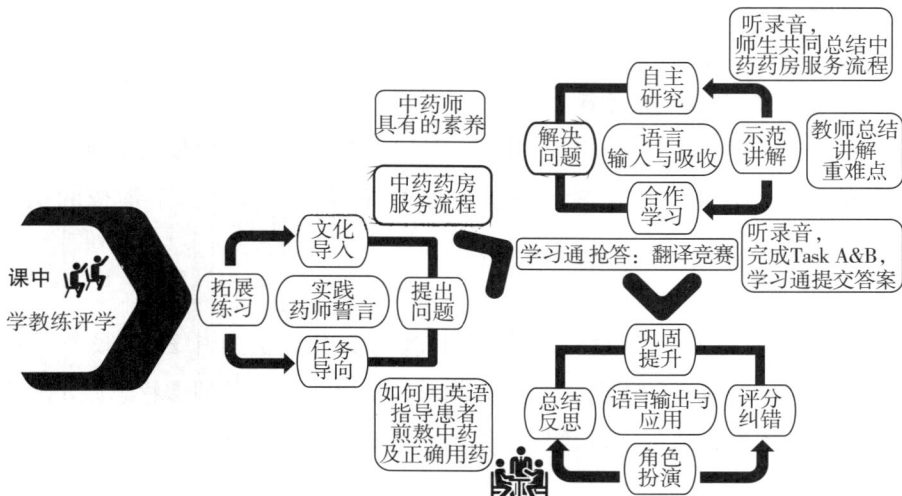

图2　Unit 13（3）At a TCM Pharmacy 课程思政教学设计流程图

图 3　Unit 13 （3） At a TCM Pharmacy **课程思政教学设计流程图**

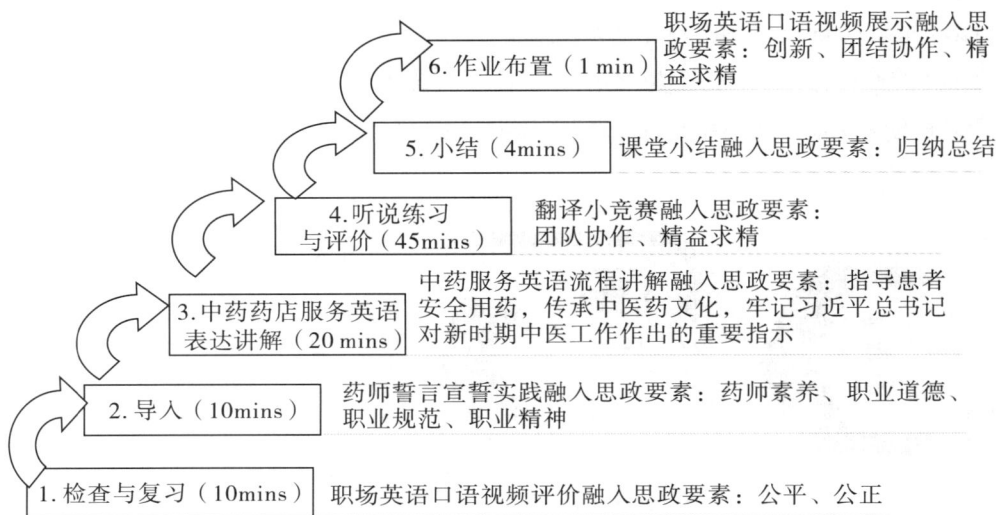

图 4　**课中教学步骤（含思政要素融入点）**

三、 实施效果

1. 课程思政课程建设方面

笔者成功申报的"职业英语（下）"课程思政示范课获得校级立项，这标志着该课程在思政教育与英语教学结合方面的探索和实践得到了学校的认可和支持。

2. 教师教学能力方面

（1）笔者的思政教学设计"传承中医药文化，提升中药学服务英语技能——课程思政视域下的中药学服务英语的教学设计"在首届课程思政示范课堂大赛中荣获二等奖，体现了该教学设计在思政教育与专业技能培养结合方面的创新性和实效性。

（2）笔者教学团队本案例设计的微课在第五届全国外语微课大赛广东赛区

中获得三等奖，并在第 25 届全国教育教学信息化交流活动中获得研讨作品奖，这表明该微课在教学设计和信息化应用方面具有一定的水平和影响力。

（3）笔者的"基于价值塑造与能力提升融合理念的药学服务英语教学设计"获得校级"课堂革命"典型案例立项，这反映了该教学设计在推动课堂教学改革和提升教学质量方面的积极作用。

3. 指导学生技能大赛方面

以赛促学，以赛促教，以赛促改。在广东省岭南杯英语写作技能大赛中，笔者指导的 4 名学生获得三等奖，这反映了作业作品赛制化与英语写作能力提升方面的成效；在"中国教育电视台·外研社杯"职场英语挑战赛演讲大赛广东赛区中，笔者指导的学生获得二等奖，这展现了在英语教学中将"用英语讲好中国故事"作为教学目标之一及将中医药文化等思政要素融入教学，在教学中培养学生英语口语和演讲能力方面的成果。

4. 教材建设方面

结合思政要素融入教学内容，对笔者主编的"新里程职业英语系列"教程中的《职场英语教程》中的文化沙龙模块进行修订，有效地将中华优秀传统文化思政要素融入职业英语课堂教学。

5. 学生作业展示方面

学生的中医药文化英语展示作业形式多样，包括 PPT 展示和短视频等，内容充实、主题鲜明，展示效果好，这体现了学生在英语学习中的创新性和实践性，也反映了教师在作业设计和指导方面的用心和成效。

四、 创新与示范

在实施课程思政教学过程中，构建了教学相长、教师和学生共同成长的双通道模式，提升了教育教学水平，收到了"四共"的课堂成效，创新与示范主要表现在：

1. 因材施教，作业布置形式多样分层化

这不仅优化了学习效果的输出，而且提高了学生积极的自我效能感，达到培养好学、乐学、善学素养的课程思政育人目标。

2. 以赛促学，作业完成形式作品赛制化

基于信息化技术和手段，一方面通过各种技能大赛检验学生所学知识的掌握水平和职场应用能力情况；另一方面培养了学生诚实守信、公平竞争、团结协作及创新能力的素养，达到课程思政育人目标。

五、 反思与改进

1. 反思

本次教学案例在教学理念更新、教学内容重塑、教学手段完善、教学模式创新等方面取得了一定的成效，特别是基于"传承中医药文化，提升中药学服务英语技能"理念的职业英语课程思政教学设计与实施，有效地将价值引领融入英语语言知识的学习与综合能力的提升。一方面提高了学生的职场英语运用能力和用英语讲中医药文化的能力；另一方面激发了学生的学习兴趣，培养了学生自主探究和创新学习的能力，提升了学生的团队协作意识和竞争意识，同时也增强了学生对从事未来工作岗位的信心和作为执业药师所具备的职业道德素养。但课程思政要素的挖掘和融入方式还有待深入和提高，课程思政效果的考核方式还有待完善。

2. 今后改进方向

（1）基于"课程链"理念，丰富职业英语课程链课程思政要素资源库建设。

（2）加强形成性评估在课程思政教学中的应用，继续完善课程思政教学效果的考核，制定并实施课程思政教学效果评价表。

依法检测，把好质量安全关
——以"自来水总硬度的测定"为例

倪明龙[①]

"分析化学"是面向药学院学生开设的课程，"自来水总硬度的测定"属于该课程中非常重要的一个实训项目。课程组教师经过共同备课，通过结合制药用水的水质安全、职业素养的提高等社会热点问题，有机融入思政元素，调动学生学习积极性，培养学生依法检测的法治意识和精益求精的工匠精神，达到立德树人的效果。

本课堂按照"思想性、情境性、协作性、自主性、探究性"进行教学设计，以"思政元素"为切入点，立足培养德才兼备的药品检验人才。课堂以价值为引领，深度挖掘梳理该知识点中蕴含的思政元素，以企业实际检测项目为依托，将依法检测、爱岗敬业、诚实守信、精益求精、团结协作等思政元素与课程知识体系有机结合起来；以工作任务为驱动，融入培养药品质量安全把关人的育人内容。让学生在工作任务中熟悉检测的原理，掌握自来水总硬度的测定的实践技能，强化学生依法检测的使命意识、责任意识，培养学生诚实守信、精益求精的工匠精神，把做人做事的道理、社会主义核心价值观融入课堂教学中。教师以该项目与制药企业用水的重要关系为导入，通过强调实验成本和实验设计的重要性，引导学生思考实验成本和环境污染等问题，提升学生的环保意识。

一、解决的问题

1. 思政元素如何有机融入教学内容

基于课程知识内容，围绕教学目标，需要解决"如何使检测项目承载价值引领的目标，实现从教学到教育的跨越"，"思政元素如何有机融入教学内容，如

---

① 倪明龙，硕士，广东食品药品职业学院实验实训中心实验师，工程师，研究方向为化学类实验教学、食品加工及质量安全检测。学校金牌讲师，广东省职业院校技能大赛一等奖指导老师，获广东省职业院校技能大赛教学能力比赛二等奖。

盐溶水般自然"等问题。目前教学团队挖掘了很多思政元素，但在融入教学的过程中存在生硬、顾此失彼的情况，实施课程思政教育手段单一，极大地损伤了课程思政的教育教学效果，育人效果不理想；应该尽可能挖掘和选取学生感兴趣的教学案例，在案例分析中实现专业知识和思政元素的有机融合。

2. 课岗融通，培养学生职业责任感。

通过学习，学生了解药品企业实际检测中的岗位职责，知道接到检测任务后如何分析问题，解决问题，解决了学生对职业岗位认知不足的问题；了解自来水总硬度检测技术发展的关键影响因素，提高了学生综合认知能力；通过具体检测手段的学习，启发学生思考如何保证检测结果的准确度，如何进行结果判断，如何做一名优秀的药品检测人员，把好质量关。

二、 解决问题的策略

（一）思路

本课堂围绕教学目标，以企业实际检测项目为载体，基于产出导向理念的项目驱动法，拓展学生对实际样品分析、国标方法的理解，从解决小问题到完成检测任务，循序渐进地锻炼学生的综合应用能力。首先，借助案例或者问题构筑链接点，如生活中的水垢问题与总硬度结合起来，激发学生对事件的思考，通过针对性的讨论达成看法和态度的共识，进而形成对分析工作者职业素养和社会责任的价值认同。其次，滴定终点的颜色判断环节引入量变引起质变的哲学原理，引导学生学会独立思考。针对该课堂进行创新教学设计，引导学生从认知到思辨，感悟和实践，让思考从课内延伸到课外，让思维从当下拓展到人民健康等重大科学问题。在知识学习和实践技能培训过程中，培养学生爱岗敬业、依法检测、精益求精的工匠精神，达成教学目标，提高育人效果（见图1）。

（二）过程

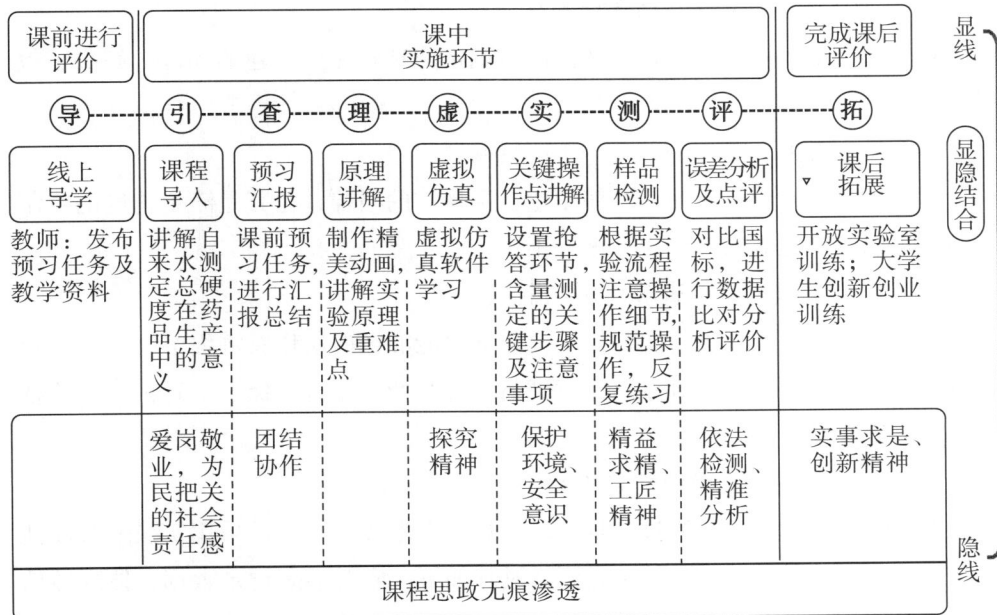

课前进行评价	课中实施环节							完成课后评价	显线
导	引	查	理	虚	实	测	评	拓	显隐结合
线上导学	课程导入	预习汇报	原理讲解	虚拟仿真	关键操作点讲解	样品检测	误差分析及点评	课后拓展	
教师：发布预习任务及教学资料	讲解自来水测定总硬度在药品生产中的意义	课前预习任务进行汇报总结	制作精美动画，讲解实验原理及重难点	虚拟仿真软件学习	设置抢答环节，含量测定的关键步骤及注意事项	根据实验流程注意操作细节，规范操作，反复练习	对比国标，进行数据比对分析评价	开放实验室训练；大学生创新创业训练	
	爱岗敬业，为民把关的社会责任感	团结协作		探究精神	保护环境、安全意识	精益求精、工匠精神	依法检测、精准分析	实事求是、创新精神	隐线
课程思政无痕渗透									

图1 "自来水总硬度的测定"教学实施过程

1. 第一步：课前线上导学（导）

课前采用自主学习法、任务驱动法，教师在超星学习通平台发布预习任务，学生分组完成，引导学生自行查阅资料了解国家标准、自来水总硬度的概念及意义的了解。教师进行课前评价。

2. 第二步：课堂学习（引—查—理—虚—实—测—评）

（1）引：课程导入（3分钟）。

通过引入最新《药典》对制药用水的分类，以该项目与制药企业用水的重要关系为载体，强调制药用水的安全性对药品企业的影响，让学生懂得药品的安全关系到人类健康，告诫未来将走上药品质量检测岗位的学生要爱岗敬业，做好药品质量的把关人。

（2）查：学生预习汇报（6分钟）。

课中先由教师总结预习情况，采用参与式教学法，邀请不同组别学生代表上台分享预习内容，团结协作，自主查阅国家标准，增强学生职业使命感。通过"烟博士说健康"水垢的案例，考查学生对总硬度的概念的理解是否正确，并且引导学生关注水质安全。设置加分抢答环节，让学生参与分组讨论，进行抢答，活跃课堂气氛，体现以学生为中心的教学理念。

（3）理：测定原理讲解（7分钟）。

播放自制的动画视频，把生涩的配位滴定原理转化成有趣的动画，解决了教学重难点。

（4）虚：虚拟仿真软件学习（10分钟）。

通过虚拟仿真软件学习，培养学生自主探究的精神，尤其是滴定速度的控制环节，可以直观地观察到滴定速度的不同。

（5）实：关键操作点讲解（10分钟）。

将教师的示范操作进行实时投屏，让学生能够把握操作关键细节，解决滴定速度控制、终点颜色判断难点。注意试剂不要浪费，要有环保安全意识，渗透精益求精的工匠精神。

（6）测：学生实践操作（44分钟）。

在关键实操环节中，通过反复训练，强化学生实操技能，采用实操—阶段性总结—实操—阶段性总结的教学方法，过程如下：实时准确记录数据，体现诚信意识，完成实操环节视频拍摄并上传视频，供教师评价。

（7）评：教师总结性评价（10分钟）

总结本实训项目学生存在的问题，进行误差分析，培养学生依法检测的理念，给出考核结果，除了根据客观分值，也要结合学生操作过程的表现。

3．第三步：课后拓展训练（拓）

课后组织赛事训练和开放实验室进行拓展训练，让学生进行相关知识的学习和实操技能的训练，培养学生拼搏、创新精神。

（三）做法

营造"春风化雨、润物无声"的全方位思政传播氛围，形成以世界观方法论引领、国家价值引领、专业特色引领、绿色环保意识引领、学生关切引领的"五引"为导向的"思政"凝练指导方案。参照此方案进行课程思政建设，把思政元素和课程内容有机融合。本课程教学团队在授课中要求党员佩戴党员徽章，教室中张贴思政标语。积极推进"三全育人"，将精益求精、追求卓越的工匠精神融入人才培养全过程。充分挖掘学生的潜力，学生分组课前精心准备化学小故事、化学史、名人事迹、科学实验等并在课中分享给其他同学，从而从师生互动扩展到生生互动，思政元素有机融入，提升学生的职业素养。

三、 实施效果

1. 激发学生学习兴趣

通过思政元素的有机融入，激发学生对大国工匠的向往，增强职业自豪感。将"做好药品质量的把关人"的思政理念润物无声地融入，精心制作化学家思政手册，引导学生认识职业使命，诚实守信，塑造学生奉献与担当的品格。课程学习后参加社会志愿服务活动的学生人数有所增加，学生的社会责任感与奉献意识有所提高。思政元素的有机融入，使该班学生在废液收集、仪器清洗、试剂归位以及实验台面整洁度等方面有较大提升，树立学生良好的环保意识以及劳动精神（见表1）。

表1 2023年4月实验室日常维护检查工作表

	废液收集		仪器清洗	试剂归位	实验台面整洁度
第1周	废液回收率52%	记录：一般	累计20名学生未清洗	较凌乱	一般
第2周	废液回收率65%	记录：一般	累计18名学生未清洗	一般	良好
第3周	废液回收率77%	记录：良好	累计7名学生未清洗	一般	很好
第4周	废液回收率85%	记录：好	累计6名学生未清洗	大致整齐	很好

2. 提升学生实操能力

"知识、能力和价值"三位一体的培养体系，增强了学生的实操能力、设计实验能力和社会责任感。在精益求精的工匠精神的引领下，学生在近三年的广东省职业院校技能大赛化学实验技术和工业分析与检测赛项中表现卓越，取得全部参赛学生获一等奖的优异成绩。

3. 提升教师教学素养

育人先育己，提高了专业教师的育人情怀，教师的思想境界全面提升，教师言传身教、学生耳濡目染是课程思政最基本、最有成效的方式。教师提高了教学素养，提高了自己的业务水平，在近两年的广东省职业院校技能大赛教学能力比赛中获得二等奖1项、三等奖2项。

四、 创新与示范

1. 以典型工作任务为依托，培养学生职业责任感

突出课岗相结合，融入法规意识、环保安全理念、工匠精神，借助数字化技

术，强调学用一体，课岗协同，基于企业岗位能力需求和典型工作任务，开展项目式教学；将实际的企业监测项目搬进课堂，让学生提前感受工作情境，培养学生为民把关的社会责任感。结合生活案例延伸第二课堂，提高了学生的学习兴趣。

2. 以"赛"为媒，深化课赛融合

以"赛"为媒，深化课赛融合，有效发挥"以赛促教，以赛促研，以赛促建，以赛促改"的作用，形成比学赶帮超的浓郁氛围。学院将技能大赛项目融入人才培养方案，专门设置"化学技能大赛"拓展课程，项目"配位滴定法"等都是将大赛内容与课程教学内容的结合。加入"赛"这一元素后，更有利于激发学生的拼搏、创新、责任意识；职业技能比赛的参加培养了学生吃苦耐劳的劳模精神、精益求精的工匠精神。

五、 反思与改进

1. 引入典型案例，提升课堂教学效果

通过不同层面案例的引入，以及相关的教学设计，学生全面深入地了解药品检验人员的职责。相关案例的引入和学习，提升了学生的思辨能力、职业判断能力，使得学生树立了正确的职业价值观念，明确了药品检验工的基本职责要求，树立了正确的职业发展意识和敬业精神。下一步继续挖掘与课程教学内容相关的典型案例，融入课堂教学，进一步提升课堂教学效果。

2. 巧妙设计思政元素融入手段

目前思政元素融入方式比较单一，如何实现巧妙融合和潜移默化进行，是值得每个专业教师思考的问题。课程思政效果的检验是在实施过程中值得深思的问题，如何通过典型人物、群体性事件、数据分析等方法和手段检验和体现效果值得深究。这也需要教师在日常教学过程中不断探索、挖掘和积累。

3. 科学制定思政提升评价机制

在教学实施过程中，设立合理的评价、奖惩机制非常必要，尤其是针对思政方面的评价需要进一步优化。分数是学生学习的指挥棒。当评价、奖惩机制合理完善时，自然可以取得良好的教学反馈。比如在本教案的具体教学过程中，教师通过学习通平台的经验值以及学习通中的积分，有效激发学生的学习主动性和积极性。但分数的"贫富差距"太大，非但没有鼓励那些落后的同学，反而让分数排在后面的同学"破罐子破摔"，从而没有了学习的动力，排在前面的同学也放松了学习。因此，分值设置应在合理范围内。

显微阐幽，惟民其康

——"微生物的人工培养与鉴别"教学思政探索

黄海潮①

本课程选自药品生物技术专业课程"微生物基础"中第二模块，该模块包含教材第二、第三章及第四部分的实训一、三、四。本课程为该课程知识与技能结合紧密的模块，是微生物知识技能与项目化应用的衔接模块。案例以"显微阐幽，惟民其康"为主线，结合该模块思政蕴含的生物安全、劳动精神、工匠精神等思政元素，通过思政领学，将教学内容分成五个部分并凝练出对应的思政元素，引导学生在学习过程中"微"中明"德"，掌"技"见"知"。教学中采用"三阶六学"创新教学模式，探索"三教改革"——创新建设数字教材，教学团队引入企业工匠，言传身教，将素质、能力、知识在教学、生活中融为一体，极大地扩展了学习场域；实训课堂运用"互联网＋"技术，虚拟仿真等信息技术走进并引入企业实际，做到工学结合；综合运用多种教学方法，帮助学生理解吸收知识及技能，突破教学重难点。通过以上教学改革实践，学生思想觉悟明显提高，整体成绩普遍提高；学生获得技能竞赛奖项 30 多项；就业率稳步提高，达成教学目标，具有引领示范作用。

本课程为 2016 年广东省精品在线开放课程，国家精品在线开放课程遴选项目（后备遴选项目中排第一）。本课程作为本校唯一校代表参加 2022 年广东省职业院校技能大赛教学能力比赛专业二组现场决赛并获二等奖；同时为校级课程思政示范课堂，校级课堂革命案例（见图 1）。

---

① 黄海潮，硕士，广东食品药品职业学院实验实训中心实验师，主管药师，执业药师，研究方向为药理学、微生物实验教学，学校金牌讲师。获广东省职业院校技能大赛教学能力比赛二等奖。

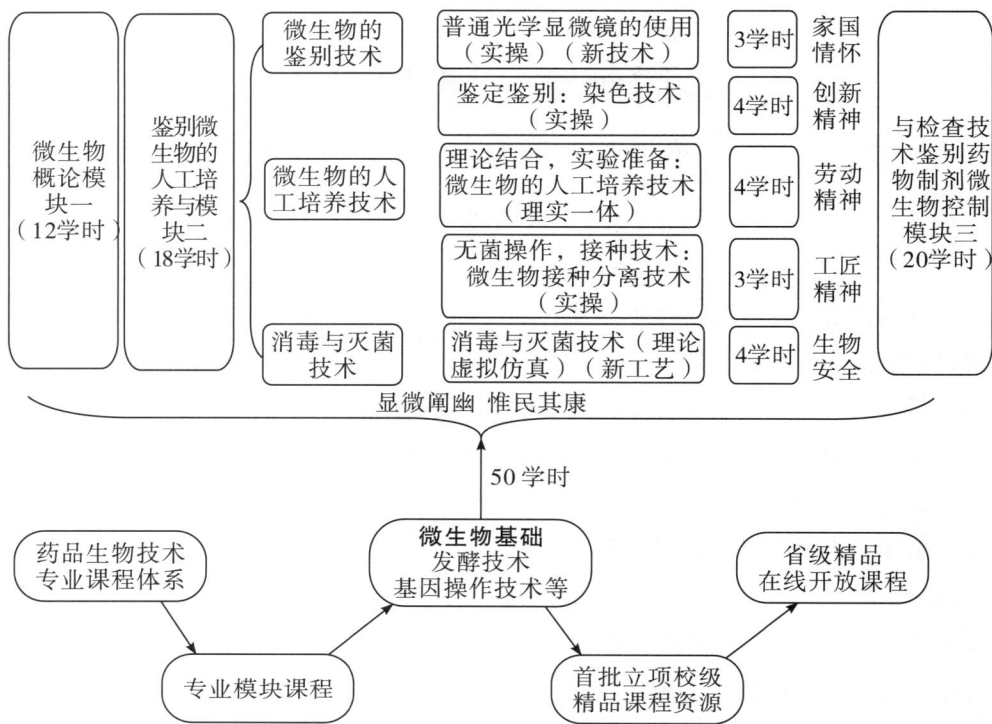

图 1　案例课程体系

一、　解决的问题

1. 素质培养（德）：内涵缺乏，素质难悟

该模块理论学习难度较大，技能复杂，学生不甚了解课程蕴藏的思政元素，导致缺乏追求工匠精神的动力，并因不明不懂导致缺乏职业安全意识，甚至导致实验安全事件的发生。微生物实训准备工作和事后处理工作多而杂，学生在进行相关实践活动时出现嫌弃、抱怨等现象，缺乏吃苦耐劳的劳动精神；在团队实训中出现重活、累活、苦活相互推诿的现象，缺乏奉献精神。

2. 能力训练（技）：因"微"难习

在实训操作中，学生只顾埋头蛮干，但因不熟悉操作流程和不清晰操作规范而对能否达成学习目标信心不足；在实训开展时，多数学生觉得操作虚幻，如同"皇帝的新衣"，无法获得实时的实验效果，对实验没有掌控感，且因为实验室条件有限，难以把握无菌操作技术。

3. 理论学习（知）：因"微"难明

在现实生活中，微生物看不见、摸不着，学生对微生物缺乏直观感性认知，学习起来觉得天马行空、枯燥难明，具体表现在对微生物的形态、生物特性，人工培养、无菌操作等具体内容的学习存在较大困难。

二、 解决问题的策略

1. 思路

根据课程"显微阐幽，惟民其康"的思政主线，基于建构主义教学理论，以"德技并修，工学结合"为教学出发点，实施"三阶六学"教学策略，解决问题（见图2）。

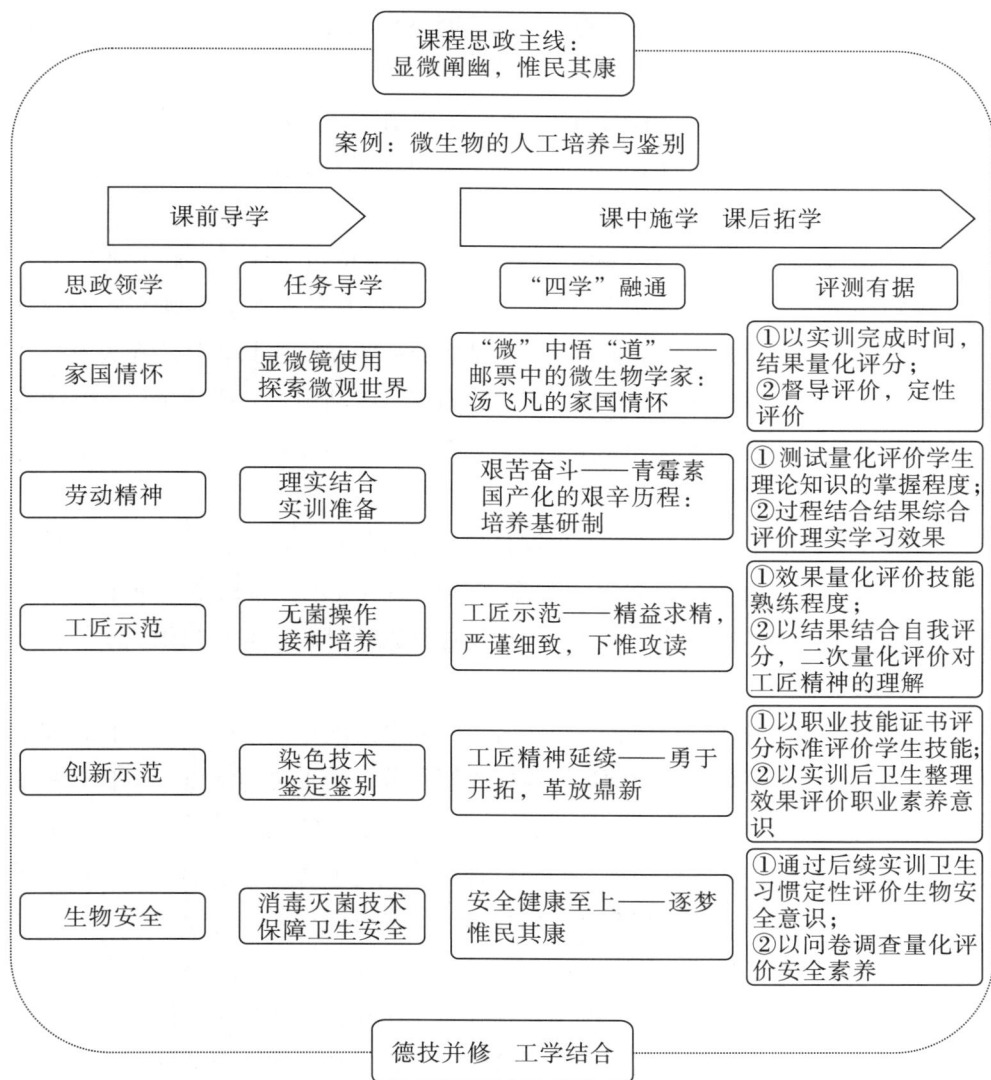

图2 解决思路与策略

2．过程

将该模块知识技能重构成五部分，以"五部四学"融通为主，展开"三阶六学"教学实施过程，详细如下：

（1）课前导学。

思政领学：通过学习平台，引导学生查阅知识技能中蕴涵的思政元素，通过中国故事/科学故事，培养学生热爱科学的精神以及爱国主义的情怀。

任务导学：通过平台发布学习任务，引导学生找到完成任务的方向、方法和步骤，培养学生形成自主探究式的学习习惯。教师通过学习平台上学生完成课前导学任务的反馈情况，确定教学的重难点，调整教学策略，帮助学生在课上突破重难点。

课中、课后，"四学"融入思政元素：工匠精神、创新精神、劳动精神、健康安全意识，确保学生在教学开展的过程中思想觉悟得到提升。

（2）课中施学。

授课教师均为"双师型"教师。采取理论及虚拟仿真课堂实施专业教师和企业导师共同授课的"双导师"授课模式，实训课堂实施专业教师与实训教师共同授课的模式，教学紧贴企业实际，邀请企业导师深度参与教学，在关键技能点甚至邀请企业导师进行教授评价，将工匠精神、劳动精神、团队精神、健康安全意识融于教学中。教学以团队合作的方式参与课堂学习，以此培养学生的团队合作意识。具体实施如下：

讲解助学：学生通过学习平台反馈自学情况，教师分析学生自学情况。教师在课堂中通过案例教学、企业展示等方式解答学生疑难，帮助学生理清学习思路，保持学习动力，培养劳动精神。课中，通过视频讲解、动画视频演示等，帮助学生突破重难点。

示范促学：通过任务导向、工学结合，开展贴近岗位实际的实训项目，在专题实训、虚拟仿真实训中，教师通过技能投屏示范、师生协同示范，结合专业技能岗位特性，邀请企业导师深度参与教学，通过企业导师线下教学示范，线上创新展示，言传身教地将工匠精神、创新精神潜移默化地融入教学中；在实训中提倡做中学、学中做，全方位提升学生的技能。

评价互学：教学过程采用教师评价＋企业导师评价＋生生互评＋教学平台评价的全方位评价体系，测评学生的学习情况及工作任务完成效果。评价内容包括知识、技能、素养，把思政元素融入评价体系，将工匠精神、劳动精神及拥党爱国的精神内化于心，外化为行。

（3）课后拓学。

平台拓学：教师通过教学平台发布课后知识延伸任务，完成拓展测试，查漏补缺。通过企业平台拓展、巩固学生专业技能，加强岗位和职业素养认识，以此形成良好的职业劳动习惯，特别是与本专业紧密相关的生物安全与健康意识。全过程跟踪记录学生的学习情况，对于个别学生给予精准辅导，做到教与学的无微不至。

3．做法

落实职业教育国家教学标准，对接职业标准（规范），强化工学结合、知行合一、德技并修的育人机制。以学生为主体，教师主导，引导学生"微"中明"德"，掌"技"见"知"；根据课程思政特点、教学内容与职业教育"工匠精神"的内涵，提出"显微阐幽，惟民其康"的教学思政主线。采用"三阶六学"的教学模式，即课前导学—课中施学—课后拓学三个阶段；思政领学—任务导学—"四学"融通（讲解助学—示范促学—评价互学—平台拓学），将思政、知识、能力、素质在教学、生活中融为一体，推进"三全育人"。

根据教学思政主线，强化"以学生为主体，以教师为主导"的教学实施，以工作任务为驱动，根据建构主义教学理论，激发学生学习需求，内化知识应用，培养劳动习惯。

"思""工""学""证"结合，重构教学内容，将该模块分成 5 个部分：①显微镜使用技术（家国情怀）；②理实结合，实训准备（劳动精神）；③无菌操作，接种培养（工匠示范）；④染色技术，鉴定鉴别技术（创新示范）；⑤消毒灭菌技术（生物安全）。

根据学情分析，因材施教、施学，以小组为单位，进行团队学习；将课堂学习与工作岗位紧密相连，以动手实训为主，理论学习为辅，组织课堂教学。

充分利用信息化技术，探索应用数字化技术，采用"线上＋线下"混合式教学模式，保证课堂覆盖的全面性，使其成为贯穿课前导学—课中施学—课后拓学全流程教学的重要手段。

综合运用多种教学方法，通过案例故事，贯穿运用情感教学、任务导学引导学生开展课前学习。课中，运用虚实结合教学法、演示教学法、视频教学法等解答学生学习中的疑难，突破教学重难点。学生通过仿真学习法、分组学习法、练习法、实验探究法等学习方法，理解吸收并在实训中反复练习、实操，臻于至善；课后通过学习平台、企业平台、生活案例拓展学习，增长知识技能。

教学中以学生为主体，通过校企深度融合共建校内外教学环境，智慧教室、微生物实训室、企业都是教学一线。案例充分应用工匠的示范引领作用，创新性引入企业导师到实际教学中，实现知识与技能的无缝对接，做到言传身教。依托超星学习平台，基于真实的工作任务，运用任务驱动、实训教学的方法，结合职业教育规划教材、微课视频、工作手册、电子文档、虚拟仿真等资源，通过"线上＋线下"混合式教学模式，培养学生自主学习、规范操作的能力，以及精益求精的职业精神。

"以学生为中心"，合理开展教学评价。课前，通过线上线下分析评价学生自学效果，让学生互动学习，增强学习动力。课中，通过师生、生生、企业评价等多元评价方式，增强学生的学习积极性。课后，通过横纵对比，评价学生学习效果，调整教学方法。

三、 实施效果

1. 产教融合，校企合作育人，言传身教，达成"德""知""技"三位一体的教学目标

知识技能通过思政引领，做到学习中处处见真理，学生思想觉悟明显提高，在该模块教学后，加深了学生对微生物的认识，改变了学生的卫生习惯。调查显示，30％的学生在学习本课程后卫生习惯得到改善（在该模块实训中，已杜绝学生在实验室吃喝的不良习惯）。通过案例结合任务驱动，激发学生的强烈求知欲。实训设置对接企业，设置工作任务，做到企业零对接；企业导师深入参与教学及课程建设，使学生切身领悟工匠精神，助力学生知识建构，知识增值明显。锤炼技能，为学生参加微生物技能大赛、鸡新城疫抗体水平测定大赛奠定技能基础，逐步改善学生心智模式。显微阐幽，"微"中明"德"，掌"技"见"知"，达成了三位一体的教学目标。

2. 践行"三教"改革，分析教学动态，提高学生安全意识，破解教学重难点

根据不同学习背景的学生开展学情分析，结合课程标准，通过企业导师引导创新使用活页教材丰富教学内容，拓展学生专业知识。教学中注重学生状态的动态变化，调整教学方法。教学虚拟空间与实体空间相结合，企业与学校相结合，团队引入企业导师深入课程建设，形成线上线下相融合、工学结合的立体课堂。多方面数据采集表明，学生的健康安全意识明显提高，学习积极性明显提升，有效破解了教学过程中的重点和难点，提高了教学效果。

3. 评测有据、客观，提高课堂效率

教学过程利用信息化技术，收集学生学习前后的知识、习惯、技能变化情况，探索开展增值评价，突显学生中心地位。通过课前诊断，确定重难点，展开考核与评价，课中过程性评价、课后终结性评价等动态评价和双导师评价、学生自评、小组互评等多元化评价有机结合，完善综合评价，学习效果可评可测，提高了学生的主体意识和竞争意识，提高了课堂效率和学习效果，励志逐梦惟民其康。

四、 创新与示范

1. 创新教学理念，展开以"学"为中心的教学模式，提出结合专业技能特色的思政主线

教学中提出"显微阐幽，惟民其康"的思政主线，微观世界蕴涵大国情怀，将专业知识与思政元素有机结合，引导情感教学，培养学生艰苦奋斗的劳动精神，确保教育方向的正确性。注重言传身教，坚持"立德树人、为祖国培养技能人才"的初心。注重突出学生中心，因材施教、施学。在教学过程中，本团队采用"三阶六学"的教学模式：思政领学、任务导学、讲解助学、示范促学、评价互学、平台拓学，覆盖课前、课中、课后三个阶段，把多种评价机制融入其中，从感情、工作、生活多方面激发学生自发探究的热情和不断探索的精神。

2. 探索三教改革，引企业工匠深入课程建设

教学团队包括工匠（企业）、理论教师、实训教师，以工匠示范教学，培养学生的工匠精神以及创新精神。在教材创新中，通过编辑结合企业元素的活页教材，满足企业新需求；开发电子教材（拓展）实验室安全手册、生物安全手册等，宣传企业技术动态以及生产安全意识，特别是本专业相关的生物安全意识，拓展企业安全知识，让学生明白安全生产的基本国策及安全对企业的重要性，形成工作安全意识，知行合一，工学结合。

3. 同步教学，满足企业新需求

在教学中，通过企业展示，企业连线，引入企业评价，知识技能与企业同步，实践技能与岗位结合，做到学习即现场实操、学完即达标上岗。在实训中，探索教学同步实操，提倡做中学、学中做、做中思、做中求进步。

该案例注重思政元素在教学的引领作用，发挥精神的力量，将求学领技的需求内化于心。在教学行为中，教师注重言行举止对学生的影响作用，做到以身作则，躬亲示范，传递正力量；企业在教学中起引导作用，言传身教工匠精神以及

不畏艰辛勇于创新的探索精神，深入教学，指导教学改革，以企业之所需完善活页教材，以企业对品质的严格追求评价学生的技能，确保学生所需满足企业所求。该案例思政主线与专业技能交相辉映，企业导师诠释工匠精神、创新精神，产教融合，校企共进，具有较大的推广价值及示范引领作用（见图3）。

图3　特色创新示范

五、 反思与改进

（1）学生对微生物多有抽象难懂的传统印象，学生难以理解、掌握知识与原理。教学团队成员一直在教学中分析学生对理论知识的接受程度，计划在未来教学中，建设、开发动画卡通视频以及3D动画等数字化资源，将微观原理及复杂的生物结构可视化、简单化，并结合大数据分析，动态精准把握学情，力争教学臻于至善。

（2）学生缺乏职业认识，对专业岗位认识不足，导致职业发展可持续性较低，毕业三年内工作变动频率较高。因此，加强学生的职业认同感尤为重要。通过专业助力职业生涯规划，在教学中尝试通过专业性科研工作知识教育、科普性工作知识教育，促使学生将课程知识技能在生活、学习、工作中学以致用，并形成终身学习的态度，使其职业生涯行以致远。